帝国的智囊团

大宋名相

姜 峰／著

中国华侨出版社

总序

居庙堂之高则忧其民；处江湖之远则忧其君。是进亦忧，退亦忧。然则何时而乐耶？其必曰"先天下之忧而忧，后天下之乐而乐"乎？噫！微斯人，吾谁与归？

这是宋代范仲淹在他的代表作《岳阳楼记》中留下的千古名句。一段话道尽了自己身为庙堂之臣的心路历程。事实上，这也是历史上这群被称作宰相的人所处的尴尬位置，和他们当中的杰出者的崇高志向的真实写照。

宰相可以说是古往今来最令人为难的职务。虽然历朝历代称呼不同，秦、汉、唐都习惯叫丞相，宋代叫参知政事，明代叫内阁首辅，清代叫军机大臣，但其职权范围却变化很小。我们可以用"总理政务，调和阴阳"这八个字来概括其职权范围。

何谓"总理政务，调和阴阳"？"总理政务"指的是宰相的日常工作。皇帝身为一国之君，在国事上可以抓大放小，但宰相身为百官之首，在国事上却必须事无巨细。全国大大小小的事务由各部门统一汇总到宰相那里，宰相再选择其中最重要的部分呈递给皇帝御览，这是中国自古以来最基本的行政流程。

"调和阴阳"指的则是宰相在国家机器当中所扮演的角色。事实上，宰相向来都是皇帝与百官之间的枢纽。在皇帝眼中，宰相是百官之首，是百官的代言人；而在百官眼中，宰相却是皇帝的助理，是皇帝的代言人。因此，身为宰相，就必须懂得如何调和阴阳，平衡皇帝与百官之间的关系。

这两点既是宰相的职责，同样也成了宰相难做的原因。总理政务让宰相庶务缠身，一刻不得清闲；调和阴阳又使得宰相劳心劳力，时时在皇帝与百官之间斡旋。由此可见，国之宰辅一方面位高权重，于运筹帷幄之间决定整个国家的兴衰荣辱；另一方面却又不得不忧谗畏讥，小心翼翼，否则这一刻还"居庙堂之高"，下一刻便会被流放，"处江湖之远"。

正是由于宰相这个职位的特殊性，使得宰相这个群体拥有了别样的精彩，这也正是本套丛书成书的原因。身为个人奋斗所能达到的最顶点，身为国家政策的制定和执行者，我们可以在历代的宰相们身上看到个人奋斗与王朝兴衰之间那千丝万缕的联系。

由此，本套丛书选取了秦、西汉、唐、北宋、明、清这6个最有延续性也最具代表性的朝代，每个朝代选取数位名相。透过他们的个人经历，我们可以清晰地看到一个王朝的发展脉络，看到这个王朝究竟因何而兴、为何而衰。

以史为鉴，可以知兴替；以人为鉴，可以明得失。古之名相，无不是人中之杰，今之人可以此为鉴。

目录
Contents

第一篇　赵普——叱咤风云的"小吏"

第一章　风云际会 …… 003
　　战火燎原 …… 003
　　奇才与明主 …… 007
　　黄袍加身 …… 015
　　荣登相位 …… 022

第二章　王朝初立 …… 025
　　杯酒释兵权 …… 025
　　兵制改革 …… 029
　　中央与地方 …… 033

第三章　乱世的终结 …… 040
　　计灭后蜀 …… 040
　　徒劳的挣扎 …… 045
　　北宋的隐痛 …… 051

目录
Contents

第四章	三起三落	055
	罢相	055
	最有力的盟友	060
	终亡任上	065

第二篇　寇准——千秋是非谁评说

第一章	奇才出世	073
	少年梦	073
	科考之路	078
	巴东令	082

第二章	惊险的仕途	087
	君臣之交	087
	澶渊定策	100

	君子与小人	109
	公道自在人心	114
第三章	力挽狂澜	119
	一封"天书"	119
	沉浮	125
	真正的大节	130
第四章	雨打风吹去	135
	过招	135
	皇帝的背叛	140
	遥远之地	147
	尘与土	152

目录
Contents

第三篇　范仲淹——出将入相，千古一叹

第一章　他日之相 159
　　励志图强 159
　　初仕 163
　　言官生涯 168
　　父母官 171

第二章　文臣掌兵 177
　　出镇鄜延路 177
　　烽火连天 182
　　议和 187

第三章　艰难的变法 192
　　参知政事 192
　　大改革 196

		短暂的成功	202
		再赴西北	206
第四章		发挥余热	210
		邓州任上	210
		慈善第一人	214
		鞠躬尽瘁	218

第四篇　王安石——一生心血唯变法

第一章		初露锋芒	225
		第一任老师	225
		大显身手	229
		游走地方	233

目录
Contents

第二章　荣耀的登场　　　　　　　238
　　上书　　　　　　　　　　　　　238
　　新的开始　　　　　　　　　　　242
　　执掌朝政　　　　　　　　　　　246

第三章　熙宁变法　　　　　　　　250
　　"三不足"　　　　　　　　　　　250
　　王安石的"野心"　　　　　　　256
　　军事变革　　　　　　　　　　　260

第四章　改革之外　　　　　　　　264
　　水利与科举　　　　　　　　　　264
　　斗争　　　　　　　　　　　　　268
　　终老江宁　　　　　　　　　　　273

第一篇

赵普
——叱咤风云的"小吏"

赵普，小吏出身，但却绝不是一个普通的小吏。赵普很清楚，对于每个人而言，一生的时间很长，但关键之处也就那么几步。对于历史而言，虽然更加漫长，但决定其走向的也往往只有几步。于是赵普抓住了机会，从一个小吏变成了北宋王朝不可或缺的缔造者，在青史中留下了属于自己的那一笔。

第一章
风云际会

综观赵普的初期奋斗历程,抱负二字可谓贯穿前后,这让他在风起云涌的五代末年脱颖而出,同时为北宋王朝的建立做出了卓越贡献。幼年赵普随父亲四处颠簸,所见所闻都让他肩负起了历史的责任感,以至于对天下苍生怀有兼济之心。入仕之后的赵普虽然屡有不得意,但是其志向始终未改,这就让他的个人能量越积越大,只待一个合适的机会,就会大举释放出来。遇到赵匡胤之后,赵普随即明确了自己的人生道路,他想尽办法赢得赵匡胤的信任,然后又帮助他定鼎乾坤,表现出了经天纬地的惊人才干。

战火燎原

唐朝末年,地方政权尾大不掉,分裂割据愈演愈烈,中央政府渐感不支。唐天祐四年(907),朱温篡唐建立后梁,大唐帝国寿终正寝,五代十国拉开序幕。

当时的天下，可谓一片混战。朱温虽然名义上建立了政权，但大多数藩镇只是迫于其势力强大，暂时不敢与其作对，真心归附者屈指可数。与此同时，一些较大的军政势力都在和他唱对台戏，比如晋、歧和吴，依旧奉唐朝年号，并且视朱温为叛臣逆贼。其中，占据太原（今山西太原）的晋王李克用，尤其兵强马壮。在朱温称帝之后，他随即誓师征讨，双方兵马连年混战。幽州作为他们争夺的焦点地带，常年沐浴在战火之中，生活在这里的百姓不断遭受蹂躏。

此时的幽州，是卢龙节度使刘仁恭的势力范围，由于势力较弱，他只能依附于朱温，属于半独立政权。李克用死后，其子李存勖继承了他的遗志，持续对后梁用兵，幽州作为交战地仍旧兵祸不断。最终，李存勖利用刘仁恭父子内斗的机会，成功将幽州纳入自己的势力范围。后梁龙德二年（922），赵普就出生在李存勖统治下的幽州治所蓟县（今天津），从此开始了他不平凡的一生。

赵普出生的第二年，李存勖宣布建立后唐政权。这个时候，他已经将整个后梁势力彻底剿灭，在中原地区风头一时无二。可惜，乱世之中从不缺少战争，就在李存勖建立后唐的同时，居于我国东北地区的契丹族势力迅速崛起。在其首领耶律阿保机的带领下，马背上的契丹士兵神出鬼没，来去如风，对后唐政权形成了极大威胁。幽州作为边镇重地，首当其冲地暴露在了契丹的兵锋之下。

事实上，在赵普出生的前一年，耶律阿保机就曾率众包围幽州城。当时，守城将士拼死抵抗，全城百姓也被调动起来，前后苦苦支撑了百日有余。最后，李存勖亲率5000精骑赶来解围，才迫使耶律阿保机无功而返。这个时候，幽州城内的情景已经惨不忍睹，四处弥漫着硝烟，能吃的东西都已经被啃食干净，受伤的将士相互搀扶着艰难前行，普通百姓更是面如死灰，十室九空。赵普一家就夹杂在这些人群当中，他们一起协同后唐将士作战，一起迎接李存勖进城，虽然筋疲力尽，心头却存有一丝欣慰，毕竟这是保家卫国的胜利。

在这样的环境中长大，让赵普对家国形成了极深感情。然而，家国的概念在少年赵普的心中又是那样模糊，此时的汉族政权仍然处在一片混战之中，他们相互攻伐，不断开启战端的同时，也在不断制造灾难，苦果最终都要由老百姓吞咽。值得庆幸的是，赵普的祖上都是读书人，即使在如此乱世，仍然能够找到一处安身之所。比如他的曾祖父赵冀，曾经做过三河（今河北三河）县令；祖父赵全宝，曾经做过澶州（今河南濮阳）司马；父亲赵迥，曾经做过相州（今河南安阳）司马。相对优越的成长环境，让赵普在遭受战乱之苦的同时，也在发愤读书。

赵普4岁这一年，战火中的幽州城再度发生形势变化，还好这是一次好的转折。当时，耶律阿保机为了免除后顾之忧，开始全力进攻渤海国（今辽宁大凌河以东地区），因而对于幽州的战事无暇多顾。李存勖抓住这一难得机遇，果断调整全局部署，主动出击，派出大将赵德钧治理幽州边境一带。等到耶律阿保机荡平了渤海国，再度率兵来到幽州，赵德钧已经夺取各处险要地势，并且建立了坚固的防御工事，同时驻扎大军。耶律阿保机无计可施，只能放弃无谓的进攻，幽州的百姓终于得到一丝喘息机会。

然而，一波未平一波又起，外部祸患刚刚缓和，后唐政权的内部又出了乱子。定州（今河北定州）节度使王都忽然起兵反叛李存勖，耶律阿保机为了策应他，迅速派出精兵进攻后唐边疆，战火再一次燃烧到了幽州。还好，此时的后唐政权正值兵强马壮，李存勖接连调兵遣将，先是消灭了孤军深入的契丹援军，接着又攻入定州城，及时镇压了王都的叛乱。但经过如此一番祸乱，刚刚恢复一点元气的幽州百姓，再次遭遇家破人亡的悲惨命运。

赵普将这一切看在眼里，内心当中越来越清楚，战乱不是短时间内能够平息的，同时也不会平息在这些自私自利的军阀手里。在他的内心深处，非常渴望有一位名君能让天下太平，让百姓过上安稳日子。事实上，赵普的祖辈虽然都是小官小吏，但本质上属于读书人。只是五代时期武夫当道，他们才被排挤到了官场边缘。出于乱世谋生的需要，他们只能在官府当中充任小吏，这也是当时大多数读书人的无奈。但是尽管无奈，他们仍旧以国家命运和民族未来为己任，赵普也是这样的人。

赵普15岁这一年，幽州又发生了一件事，让他对军阀彻底失去希望。当时，李存勖已死，后唐政权陷入内乱，河东节度使石敬瑭为求一已私利，居然自毁长城，引契丹兵进入中原，帮助自己扫除障碍。作为交换条件，他把中原政权的北方屏障"燕云十六州"拱手送给契丹，幽州自然也在其内。如此一来，幽州成了沦陷地，赵氏一族也跟着成了亡国奴。读书人的气节在这个时候显现出来，赵普一家心系祖国，他们举族搬迁，逃离幽州，来到常山（今河北正定）安居下来。

在这里，赵氏一族与当地望族魏氏交好，赵普还因此迎娶了一位魏姓女子，成为他的第一任正妻。可惜天不遂人愿，赵氏一族本想过几年安稳日子，偏又逢常山节度使安重荣举兵反抗石敬瑭，常山很快成为这场战乱的中心。父亲赵炯为了避祸，决定脱离族人，带领全家继续逃命，最终在洛阳（今河南洛阳）定居下来。这里地处我国中部地区，相对于战乱频发的东部而言，已经有几道险关可守，因而政治局势相对稳定。在这种情况下，赵普在父亲的指引和帮助下，开始进入官场做事。

官场上的玄机难不倒赵普，他生性聪慧，又饱读诗书，对人对事都有着自己的思考。更为重要的是，在长年的颠沛流离中，赵普目睹了太多的百姓疾苦，对于百姓的内心诉求也感同身受，因为小吏的工作本身就是和百姓打交道。他很清楚，战争之源乃是各地军阀的私心私欲，如果混乱的局面得不到终结，天下将永无宁日，百姓会一直生活在水深火热之中，甚至亡国灭种的灾难都随时可能发生。所有的这一切，对于赵普最终的思想建立，无疑都起到了至关重要的作用。

奇才与明主

从赵普一家的搬迁史可以看出，其父赵炯并不希望一家人生活在战火之中，所以才最终来到了局势相对稳定的洛阳定居。遵从父亲的遗志，赵普出仕后也选择了相对安定的西北一带为官。这里地处我国函谷关以西，而函谷关自古就有"一夫当关，万夫莫开"之说，雄关一闭，便可安享太平。赵普自己也曾说过"普托迹诸侯十五年"，所言就是这一段经历，以他说这句话的时间进行推算，可知他入仕的年龄在 25 岁左右，而此时的他已经练就了不世出的吏治之才。

史料记载，赵普"少习吏事，以吏道闻"，可见他的才干是从这一时期的吏治生涯中得来的。然而后世评价赵普，多认为他不读书，甚至借此诽谤他的政事能力，这显然是有失公允的。所谓读万卷书不如行万里路，赵普志向远大，从仕途历练中摔打出来，其能力和见识并不在读书出身的官员之下。何况，五代十国是一个典型的乱世，习武从军是当时的社会风气，读书人只能依附着军事豪强，生存和发展空间极为有限。受此历史潮流影响，赵普虽然读尽天下书，却只能屈身小吏，庆幸经过一番摸爬滚打，到底还是练就了一身实打实的政治本领。

具体来说，赵普先后在凤翔节度使和永兴节度使帐下效力，如《丁晋公谈录》曾记载他做过陇州（今陕西陇县）巡官。在这段时间里，赵普除了公干，还做了一件意味深远的事。包括太宗李世民在内，关中地区共有 18 位唐朝皇帝的陵寝，然而这些陵寝都被先后挖掘毁坏。挖掘者只识珍宝，不顾棺椁，因而大部分唐朝皇帝的遗骨都被抛诸荒野。赵普听闻此事之后，不禁扼腕叹息，但他能够做的，也只是耗尽家财，收集唐太宗李世民的遗骨并妥为安葬。李世民是我国历史上有名的圣君，赵普对他格外崇敬，由此表明其希望国家统一富强的宏伟愿望。

在他 33 岁这一年，静观时变的赵普迎来了自己的人生转机，他被刚刚上任的永兴军节度使刘词聘为从事，自此进入地方军阀的核心机构。此时，中原地区已经几次易主，先是石敬瑭的势力被契丹人攻灭，其麾下大将刘知远在太原建立了后汉政权,并且抓住机会重新统一了中原地区。后来,大将郭威遭到后汉隐帝的猜忌,郭威制造兵变,成功取代后汉,随即建立后周政权。郭威死后,养子柴荣即位,是为后周世宗。而刘词正是柴荣麾下的主要军事将领之一,赵普也由此登上历史舞台。

刘词此人,比较注重招纳人才,因而他的幕府当中人才比较充实。其中很多重要谋士,都在后来成为响当当的大人物,赵普接触到的人,也由此发生了层次上的变化。在这段时间里,赵普兢兢业业地为刘词谋事,很快得到了他的认可。为此,刘词不仅能重用赵普,还在去世之前将他推荐给了柴荣。很快,刘词的推荐名单就受到了一位军事将领的注意,这个人就是赵匡胤。

名单中的楚昭辅和王仁赡在当时名望很大,赵匡胤知道他们到朝廷报到后,立即找到柴荣要人,并很快如愿得到两人。而赵普虽然同在推荐之列,却因为资历较浅,没有受到赵匡胤的关注。更为尴尬的是,朝廷也没有正式任用他,只是让他留在都城开封(今河南开封)待命候缺。此时,赵普已经 35 岁,有着十余年的吏治经验,同时也在节度使幕府中得到了认可,却仍然还要等下去。如果换做一般人,可能早就沉不住气了,但是赵普却没有丝毫怨言,只是静静地蛰伏了下来。

与此同时,整个后周政权正处在风雨飘摇之中。柴荣即位之初,北汉皇帝刘崇趁其立足未稳,发兵讨伐。当时的后周将领多不能战,世宗柴荣为了稳定大局,只能御驾亲征。战场上,大将樊爱能与何徽畏战奔逃,把世宗置于危险境地。时任宿卫将的赵匡胤见形势危急,与张永德分兵两路冲击北汉阵营,最终大获全胜,解了世宗皇帝的危局。这一战史称高平之战，此战中，赵匡胤身先士卒，带头冲杀，其锋芒之锐利无人能挡。功过赏罚，樊爱能与何徽等七十余名将领被诛，赵匡胤则因表现突出受封殿前都虞侯，同领严州刺史。

一方面是为了加强军力，一方面也是为了收束权力，世宗柴荣在高平之战后，进行了一系列内外改革。如此一来，大批郭威时期的老将被裁撤，年轻的将领们开始掌握兵权。而赵匡胤作为大家公认的军事奇才，自然得到了着重提拔，殿前都虞侯一职的任命，就是一个显著的标志。后来，世宗整顿禁军，赵匡胤更是主要负责人之一，这也为他后来升任殿前都点检打下了基础。

军队既然整顿完毕，接下来就要攘外图强。当时，后周政权面临的局势仍然相当险恶，刚刚被打败的北汉虽然不足为虑，但是其背后的契丹仍然是心腹大患。而在南方，南唐和后蜀的势力同样不容小觑，只是相比较而言，他们的威胁比契丹要小一些。通过朝臣商议，世宗确定了"先南后北"的征战方略，即先消灭南唐和后蜀政权，再回过头来消灭契丹及其附属的北汉政权。在加强了北部边境的防务之后，世宗决定首先进攻后蜀的秦（今甘肃天水）、成（今甘肃成县）、阶（今甘肃武都）、凤（今陕西凤县）四州。

虽然初战告捷，但是后蜀君主孟昶很快反应过来，他一面调兵遣将迎击后周军，一面联络北汉和南唐政权，请求他们出兵围攻后周。北汉和南唐都知道唇亡齿寒的道理，尽管不肯大举进军，却也在边境陈列重兵，因而牵制了大量后周军队。很快，兵力不足的后周攻势陷入了停滞，两军在凤州相持不下。这个时候，以宰相王景为首的后勤班底，认为战事不宜久拖，建议世宗收兵。世宗不愿就此作罢，派赵匡胤赴前线视察，希望找到取胜之法。赵匡胤不负众望，深入敌军腹地调查，很快发现后蜀军也已经是强弩之末，只要后周军再坚持一段时间，后蜀防线将不攻自破。

回到军中，赵匡胤将探听到的情报回禀世宗，并积极献计献策。世宗认同了他的计策，于是率领大军一起压上，后蜀军果然不敌，全线溃退，从此对中原政权的威胁大为减小。大败了后蜀军队，世宗再接再厉，兵锋直指南唐。南唐的势力纵横江淮流域，可谓沃野千里，物产充盈。后周若将其纳入自己的势力范围，将得到源源不断的后勤补给，到时候再去征战契丹，就可以毫无后顾之忧了。然而，世宗的想法如此，南唐君主李璟的想法却更进一步。他趁着世宗进攻后蜀的机会，出兵灭掉了更南方的闽、楚两国，此时正待联合北汉和契丹，南北夹击后周。

为了加大胜算，世宗决定先发制人，趁着淮河水浅之际忽然发动进攻。战事发展和先前进攻后蜀时如出一辙，开始的时候很顺利，然而当兵锋推进至寿州（今安徽寿县）时，南唐主力赶到，双方形成僵持局面。为了振奋军心，世宗亲临前线，并且动手搬运炮石。随军护驾的赵匡胤更是组织敢死队，驾着竹筏率先冲入护城河突击。城上后唐守军见状，一排连发弩射下来，如果不是副将拼死保护，赵匡胤很可能命丧于此。两国在此激战了百日有余，寿州城却仍然岿然不动。这个时候，雨季已经临近，南唐的浩大水军正在上游摩拳擦掌，随时准备冲下来给后周军队致命一击，形势对后周越来越不利。

千钧一发之际，世宗及时转变策略，改为进攻寿州周边的几座小城，以此来彻底孤立寿州。作为世宗的得力干将，赵匡胤得到了最艰巨的任务——攻占滁州（今安徽滁州）。此城前卫清流关易守难攻，且有大将重兵驻扎，赵匡胤数次进攻都被压了回来。但守城的后唐将士并不知道，赵匡胤的几次进攻，其实都是试探性的，同时也是为了纵敌自傲，使其放松警惕。入夜，赵匡胤带领小队人马秘访山民，得知有一条小路可以绕过清流关，直通滁州城。因此，等到后周大军第二天出现在滁州城下时，真可谓神兵天降，守将皇甫晖猝不及防，被赵匡胤活捉，滁州城破。

消息传来，后周军士气大振，世宗为了巩固战果，令赵匡胤暂时驻守滁州。既然要守城，就要派遣有吏治能力的官员，相关事宜由留守开封的宰相范质统一安排，正在候缺的赵普闻讯之后立即开始运作，最终顺利当上了滁州军事判官。当时，那么多肥差美职都没能让赵普动心，为什么他偏偏要去滁州前线这种危险的地方做官呢？事实上，赵普一直在密切地关注着时局，英明神武的赵匡胤早就已经吸引了他的目光。此次滁州大捷，进一步坚定了赵普追随赵匡胤的决心，眼见时机已到，他自然不会再继续等下去，去滁州做军事判官正是他进入赵匡胤视线的大好机会。

到滁州城履职之初，赵普虽然每天认认真真地工作，但是赵匡胤忙于军务，并没有过多地注意到他。后来，有位将领抓来大批战俘邀功，但是据赵普判断，这位将领很可能抓了无辜的百姓假冒战俘来领赏，通过审讯确实如此。这位将领的做法，也是赵匡胤所深恶痛绝的，只是当时这种情况比较普遍，他也只好睁一只眼闭一只眼。赵普将此事揭发出来，正好给了赵匡胤一个契机，他借此整顿三军，在大幅加强了军队作战能力的同时，也进一步巩固了自己的权力。当然，赵普也因此开始得到赵匡胤的关注，见面交谈之后，二人顿时有相见恨晚的感觉，从此建立了密切的关系。

很多史料记载，赵普之所以得到赵匡胤的青睐，是因为他的足智多谋。实际上，赵普固然足够深谋远虑，但其实他在同时代的人物当中并不突出，而且他一无家庭背景，二无资历名望，之所以得到赵匡胤的垂青，大部分原因是他与赵匡胤的家人交情很深。据史料记载，赵匡胤守滁州期间，其父赵弘殷同在后周军中作战。后受伤来投，赵匡胤每天忙于军务，赵普便主动担起了照顾老人的责任。他对赵弘殷的照顾无微不至，以至于老人对赵普"待以宗分"，用现在的话说就是视如己出，为人至孝的赵匡胤自然对赵普感激不尽。

随着时间的推移，后周和南唐两国之间的战争进入了全面僵持阶段，世宗根据形势发展再度转变策略，开始集中兵力主攻寿州。为了服从大局，滁州被主动放弃，赵匡胤也率军连夜赶往寿州参加会战，保护赵弘殷转移的重任则落到了赵普肩上。在转移的路上，赵弘殷不幸伤重离世，赵普以人子之礼为其送终。赵弘殷虽死，但赵匡胤的母亲杜氏把赵普的孝行看在眼里，再加上赵普对她的侍奉同样殷勤备至，老人家对赵普的感情甚至比赵匡胤还要笃厚。

赵匡胤率部赶到寿州后，还没等参加围城战，就被派往扬州救急。这一次，他得到的仍是最艰巨的任务，即驻守军事重地六合（今江苏南京北）。六合是兵家必争之地，南唐大将李景达很快率兵两万来攻，而此时的赵匡胤手上只有两千人马。但是李景达听说自己的对手是赵匡胤，畏战不出，只是积极修筑工事，对外宣称要等弄明情况后再作打算。赵匡胤知道他被自己的威名吓阻，立即率军冲入敌阵，南唐军始料未及，大败而逃，自相践踏和坠江溺亡者不计其数。六合一战，赵匡胤威名远播，世宗再次擢升他为殿前都点检，同领匡国军节度使。

接下来，赵匡胤抖擞精神，在寿州战场上屡立奇功，终于帮助世宗拿下寿州城。整军再战，赵匡胤所部俨然成为世宗的尖刀部队，整场战役下来，几乎无往不胜。最终，南唐军溃退至捷州（今江苏淮安），以赵匡胤为先锋军的后周军队转瞬追至，一通冲杀之后，南唐就此退出中原地区。归朝之后再次论功行赏，赵匡胤领忠武节度使，就此成为后周举足轻重的军事将领，赵普也正式进入了他的幕府当中，任掌书记。

南方既定，按照此前的战略规划，世宗经过一番准备，便开始北伐契丹。战事发展非常顺利，后周军出发仅一月有余，就接连攻下三州十七县，益津关（今天津西南）、瓦桥关（今河北雄县）和淤口关（今河北霸州）尽皆攻破，被契丹奴役的百姓更是对后周军队夹道欢迎。后周军兵锋进至燕山脚下，世宗担心大军太过深入，才终于稳住阵脚，驻扎下来和文武大臣商议进取幽州的稳妥方法。然而，世宗这一停，就再也没有继续推进，原因并不在战场上，而是他的身体经过多年舟车劳顿，再也支撑不住。加强防务之后，世宗在一众大臣的苦劝之下，才勉强回京养病。

其间，世宗怀疑另一员大将张永德有不臣之心，免去他的所有职务，赵匡胤的权势也越来越大。显德六年（959）六月初二，世宗爱女夭折，他的病体更加沉重。十九日晚，世宗不幸辞世，其子柴宗训即位，即位时只有7岁。

黄袍加身

世宗为什么如此信任赵匡胤？原因不只在于他战绩显赫，更在于他虽然功劳很大但却从不居功，而且对政治也不感兴趣。然而，赵匡胤虽然出身行伍，处事风格比较粗线条，但是其头脑并不简单，他给世宗和众人留下武夫印象，正是其高明之处。不过，赵匡胤的智慧最多也就是明哲保身，等到赵普加入其阵营后，就开始潜移默化地催动其进取之心了。

后周军事力量的组成主要有三个部分，分别为殿前司系统和侍卫司系统中的马军司和步军司。世宗即位之初，这三大系统分别由樊爱能、何徽与李重进掌管。高平之战后，樊爱能与何徽被诛杀，世宗心腹张永德接管殿前司，李重进则统领侍卫司。在接下来的日子里，张永德和李重进始终处在明争暗斗中，矛盾也是越积越深。赵匡胤虽然在张永德麾下效命，且得到他的高度欣赏，却并未以张永德的家臣自居。在赵普的建议下，他注重结交当时的杰出将领，比如杨光义、石守信、李继勋、王审琦、刘庆义、刘守忠、刘廷让、韩重赟和王政忠，此九人在后来和赵匡胤进行了结拜，被称为"义社十兄弟"。

这个时候，赵匡胤想要更进一步，只有取代张永德的位置。但是张永德位高权重，李重进尚无法撼动其地位，赵匡胤又有什么办法呢？

很快，赵普给了赵匡胤一个满意的答案，那就是借世宗之手拔掉张永德。然而，世宗和张永德的关系非比寻常，根本不可能听赵匡胤的话，借他之手拔掉张永德谈何容易。对此，赵普又给出一条计策，那就是帮助张永德发展个人势力。这一计策乍看上去无关痛痒，实际上无比歹毒。唐朝灭亡的例子就在眼前，此时的君王最忌讳的就是武将坐大，而张永德一心想着和李重进斗法，自然乐得赵匡胤如此做，丝毫没想到他是想置自己于死地。

果然，世宗开始渐渐对张永德生出戒心，并且在病危之际解除了他的兵权。赵匡胤的计策得逞，且恰逢如此良机，真是天命使然。不可思议的好事还在继续，世宗为了防止身后有变，安排赵匡胤掌管禁军，同时派李重进赴边境驻守，以防敌国发难。这所有的一切，似乎都在为赵匡胤铺就一条康庄大路，这同时也是赵普所乐见的。事实上，世宗死后，新君年少，整个后周政权都弥漫着一股"山雨欲来"的浓重气息。因为自五代十国以来，政权更迭时有发生，大将篡权的事情更是屡见不鲜。赵匡胤虽然也萌生了不臣之心，但是慑于世宗的威严，却从没有想过要付诸行动。如今世宗已亡，自己又大权在握，再加上赵普一班人的不断鼓动，他便再也坐不住了。

后周显德七年（960）正月初一，世宗尸骨未寒之际，后周与辽国边境忽然发生一场小型骚乱。这场骚乱其实并没有继续蔓延开来，但消息却越传越凶。镇州（亦指今河北正定）和定州的边报到达开封时，已经变成了"辽国与北汉联合，要对后周发动大规模进攻"。然而，就在所有人都皱起眉头的时候，赵普却露出了不易察觉的微笑。朝堂之上，太后与幼帝慌作一团，只得将内外权力委任于宰相范质。范质为人正派，丝毫没有意识到事有蹊跷，因而不辨消息真假，立即派遣赵匡胤赴前线平乱。

如果是在开封城内，赵匡胤的权力还会受到重重节制，他想要举事也没那么容易。一旦他出了开封城，那就大大不同了，所谓"将在外，君命有所不受"，赵匡胤瞬时就会成为出笼的猛虎。大年初三，赵匡胤率大军经开封爱景门出城，在郊外举行规模盛大的践行仪式后，三军开始向边境进发。但是仅仅到了傍晚时分，大队人马行至陈桥驿（今河南封丘陈桥镇）时，便缓缓停了下来。赵普联名赵匡义、石守信和王审琦等大将，忽然发动兵变，拥戴赵匡胤为帝。

赵匡胤装作始料未及，假意推脱。赵普则慷慨激昂地当众陈述天下大势，表明若无一人定鼎乾坤，世宗遗志将无人继承和光大。赵匡胤不是没想过当皇帝，但是当这一刻真正到来的时候，还是让他感到天旋地转般地惊诧。此时，赵普已经把事情做绝，前一天晚上，他就命人散播了赵匡胤称帝的消息。此消息不胫而走，很快便世人皆知，开封城内更是上下乱作一团，守城将士已经在忙着修筑工事。

正月初四，赵匡胤率领大军回师开封，在内应的帮助下顺利进城。赵普命人颁下告示，约束三军不得骚扰百姓，违令者严惩不贷。如此一来，赵匡胤大军虽兵临城下，却各自有序回营，赵匡胤只带少量亲兵入城，前后甚至没有引起骚动和混乱。史料记载，赵匡胤率军入城时，"兵不血刃，市不易肆"。幼帝禅让诏书下达后，赵匡胤便以藩地宋州（今河南省商丘市）为国号，建立赵宋王朝。其间，城中也有兵将想要反抗，但赵普已经准备多时，并没有让这些人掀起多大的波澜。

宰相范质率领群臣往赵匡胤军中质问，赵匡胤无言以对，泪流满面，表示自己是被部下逼迫。范质等人见此情形，越骂越起劲，一个个泄起私愤来。帐前卫士罗彦瑰得赵普令，闯进帐内，拔剑而立，大声喊道："检点（指赵匡胤）已贵为天子，再有犯上者，立斩！"范质等人知道大势已去，既然私愤已泄，接下来就得表态。赵匡胤之所以容忍他们如此无礼，也是在等这个下文，毕竟他还要给满朝文武和天下百姓一个交代。数人当中，王溥得到赵普授意，他看明形势，首先当庭下跪，口呼万岁，向赵匡胤行天子礼。范质等人顺势拜伏，赵匡胤则立即上前搀扶，从此将众人收为臣僚。

赵匡胤并不是一个残忍凉薄的人，赵宋政权建立后，他不仅对有功之臣大加封赏，对于后周王室成员同样待遇优厚。有宋一朝，后周王室的遗老遗少都是名门贵族，如《水浒传》中的小旋风柴进，一出场便尽是风流倜傥，无论是政府官员，还是村野民夫，或者是地痞流氓，见到他都要礼让三分，可以算作一个佐证。此外，"狡兔死，走狗烹"的时代悲剧，也没有发生在宋朝，赵匡胤在临死前更是留下了"不杀文士"的遗训，因而知识分子在宋朝的地位得到极大提升，这也让宋朝在文化与科技方面硕果累累，空前绝后。

与此同时，"陈桥兵变"也创造了我国历史上的一大奇迹，那就是建立一个偌大王朝的政变，竟然真的可以兵不血刃，和平进行。此次变局中，由于赵匡胤推行赵普的"严敕军士，勿令剽劫"政策，非但宫廷和官员没有遭到祸乱，连普通百姓的生活也没有受到影响，可谓"都城人心不摇，四方自然宁谧"。其实，古往今来，用什么样的方法取得成功，或者说用多大的破坏为代价获取成功，是判断一位政治家远见卓识的重要依据。"陈桥兵变"能够在波澜不惊的情形下完成，这一方面得益于赵普运筹帷幄的能力，另一方面也得益于赵匡胤当机立断的王者风骨。

如今，引发"陈桥兵变"的那场边境骚乱，是否为赵普故意谋划，已然不可考了。但是这件事显然帮了他的大忙，如果没有这场骚乱，赵匡胤只能继续留守京师，风起云涌的政治斗争随时可能将他湮没。届时，不要说建立一个王朝，就算全身而退都将成为奢望。退一步讲，即使赵匡胤在政治斗争中获胜，在"大将一出，黄袍加身"事件不断上演的当时，也会被后周王室严防死守，他想要取代后周基本是不可能的。这场骚乱发生的时机实在太巧，而且"陈桥兵变"之后，赵匡胤并没有派兵出征，而边患却自动解除，这种种情由不得不引人遐想。

后周显德七年（960）正月初五，赵匡胤改年号为建隆元年，定都开封，正式建立大宋王朝。此时的赵普也因功得到擢升，开始进入政府机构，任右枢密直学士，兼右谏议大夫。然而，这样的封赏并不足以与赵普的功绩相配，很多人都为他叫屈。但赵普很清楚，此时天下未定，如果内政不稳，赵匡胤就会陷入内忧外患。要想确保内政平稳，后周一朝留下来的大批旧臣就必须得到妥善安排，因为这些人虽然没什么能力，挑起事端来却一个比一个聪明。何况，枢密院是掌管军国大事的核心机构，赵匡胤将他安排于此，自然有更深远的意味。赵普作为一名成熟的政治家，如果在这个时候跳出来争长短，就显得太失水准了。

事实上，赵匡胤取代后周建立宋朝之后，真正的恶战才刚刚开始。首先是盘踞在各地的节度使，这些人虽然势力大小不一，但是想要过一把皇帝瘾的却大有人在。只是因为赵匡胤作战英勇，且手握重兵，他们才不敢轻举妄动，一时只是持观望态度。其次，还有一群前朝留下来的重要将领，这些人多是封疆大吏，为后周政权镇守一方，麾下将领多身经百战，对中央政府尚且态度轻慢，赵匡胤用非正常手段上位，这些人自然不会真心实意地归附于他。最后，还有在边境外虎视眈眈的敌国军队，如果赵匡胤不能迅速平定内乱，随时可能招致敌国的大举入侵。

第一个打起反宋大旗的人是李筠，此人是后周太祖郭威时期的老将，当年建立后周政权时劳苦功高。世宗继位后，李筠被安排在北部边境驻扎，防备契丹入侵。由于长年与契丹军交战，李筠不但战功显赫，在后周军中具有极大威望，而且手下的将士更是能征惯战，死命效忠。而李筠之所以挑头反宋，还有一个更深层次的原因，那就是他也已经窥视后周皇权很久了。此次，他打着剿除叛逆的旗帜对赵匡胤用兵，如果能够胜利，也许就会开创中原政权的下一个朝代，他本人也将成为新的皇帝。

北汉君主刘钧得知李筠反宋，立即倾全国之力来助，但李筠并不领情，因此双方只是貌合神离，并无实质性合作。然而，赵匡胤却丝毫不敢怠慢，他安排大将韩令坤到南部边境设防，以防有变。安排自己的弟弟赵光义（因避赵匡胤讳改名）留守开封，自己亲领大军出征，赵普陪伴左右。李筠并未想到赵匡胤出兵如此神速，被石守信和高怀德率领的先锋军打了个措手不及，只得退守泽州（今陕西泽州）。赵匡胤率领大队人马赶到，立即催动三军猛烈攻城，很快将泽州拿了下来。李筠见大势已去，投火自尽，由他挑起的祸乱就此平定。经此一战，其他持观望态度的各地节度使一时也就没了异动。但是赵匡胤想要坐稳江山，还有一个人必须解决，那就是盘踞在扬州（今江苏扬州）的李重进。

李重进和李筠一样，也是后周太祖郭威时代的老将，当年郭威去世时他就是托孤大臣，如今世宗柴荣去世，他又是托孤大臣。而且李重进此人有勇有谋，他在军队中一级一级地拼打上来，威望之高比李筠有过之而无不及，他的手中也握着后周政权整个侍卫司系统的兵马。但李重进和赵匡胤共事多年，深知他的勇武谋略远在自己之上，心中早有惧意，只想着向赵匡胤称臣了事。可是他一方面不愿放弃手中的权柄，一方面又觉得自己乃是前朝重臣，赵匡胤必定不会放过自己，一时陷入两难之中。

赵普早已在他身边安插了耳目，得知他的种种想法后，便向赵匡胤献上逐个击破的计策，进攻李筠的同时，派人给李重进送去丹书铁券，以安其心。李重进果然中计，他和李筠勾结在先，却在对方危难之际坐视不理，直到赵匡胤把李筠的势力荡平，他才如梦方醒，仓促起兵。赵匡胤既然消灭了李筠，正愁没有口实收拾李重进，李重进主动撞上来，他立即下定了出兵平乱的决心。

这一次，赵匡胤照例还是御驾亲征，赵普仍然陪侍左右。由于李重进从一开始就做好了固守扬州的打算，赵匡胤顺势将扬州城团团包围。此时，李重进的部将知道大势已去，作战并不卖力，再加上赵普积极联络内应，扬州城三日即破。李重进得知城破，重蹈李筠的覆辙，带着一家老小投火自尽。赵匡胤进城后，只处死李重进的死党百余人，其他人等并不追究，同时委派赵普赈济受灾百姓，迅速平定了乱局。

赵匡胤虽然僭位篡权，但是在赵普等一批谋士的帮助下，制定了一系列高瞻远瞩的战略方针，以至于在半年时间里迅速平定内乱，安稳地完成了国家的权力过渡。当然，摆在赵匡胤面前的难题还远没有结束，且接下来的事情还会更加棘手，同时赵普的命运也将进一步和赵匡胤绑在一起，并借此登上历史大潮的中央舞台。

荣登相位

　　赵匡胤建立政权以后，为了得到尽可能多的人的拥护，基本上留用了后周的所有官员。如后周重臣范质、王溥和魏仁溥，便先后成为北宋王朝的宰相。作为回报，三人也都不遗余力，为宋朝政权的稳定做出不少贡献。当然，赵匡胤的做法实际上只是权宜之计，他真正倚靠的是以赵普为首的谋士集团，以及"义社十兄弟"为首的武将集团。北宋政权建立后，他们被封的官职虽然不高，却都是一些掌握实权的要害部门，赵普所担任的枢密直学士就是一个典型代表。

　　枢密院起源于唐朝代宗时期，由一些掌管机密文件的太监组成，这些太监都是皇帝的心腹，没有职位却权力巨大。不过，没有职位毕竟不好办事，很多事情也不适合太监去办，因而发展到五代时期，枢密院开始由皇帝的心腹人士组成，并且正式掌管军国大事。赵匡胤沿用了这一行政机制，他虽然任用范质、王溥和魏仁溥为宰相，却剥夺了他们参与枢密院事务的权力，因而，他们的职权只涉及行政事务。

赵普作为赵匡胤的心腹，进入枢密院之后渐渐掌握了实权，识趣的人都唯其马首是瞻。

李筠之乱平定后，赵普因功得到提升，成为枢密副使，也就是枢密院的二把手。事实上，谁都知道赵普成为宰相只是时间问题，所谓的加官晋爵，只是走个形式罢了。范质、王溥和魏仁溥三人能够历经三朝皇帝而不倒，自然都非等闲之辈，他们早就看明了势头，赵匡胤的江山正在日趋稳定，自己的作用越来越小，兔死狗烹的悲剧在历史上可是屡见不鲜。因此，三人屡次上书，想要告老还乡，同时举荐赵普做宰相。

宋乾德二年（964）正月，随着范质、王溥和魏仁溥的接连离任，赵普终于如愿以偿，成为大宋王朝的宰相。这个时候，赵普42岁。他自幼胸怀大志，通过吏治练就个人才能。结识赵匡胤后，以私交得以近身，又帮助他积极谋事。平定内忧外患后，赵普仍旧一声不响，隐忍待发，此时终于修成正果。之前，赵匡胤为了握紧权柄，将国家权力分为行政、军事和财政三大块，由参知政事、枢密使和三司使（户部司、盐铁司、度支司）分别掌管。但是到赵普出任宰相后，赵匡胤"事无大小，尽咨决焉"，让他总领行政、军事和财政事务，使之成为名副其实的宰相。

值得一提的是，范质、王溥和魏仁溥三人为相，前后不过四年，而赵普一人为相，就长达十年之久。其间，他"独断政事"、"参总庙权"，得到赵匡胤毫无保留的信任，这在我国历史上是非常少见的。要知道，君权和相权自古就是一对矛盾共同体，而在我国长达数千年的历史中，二者之间的矛盾显然占据主要地位。通俗来讲，天下的事情太多，皇帝一个人是忙不过来的，因而需要百官辅佐。即便如此，统筹百官仍然不是一件轻松的事，皇帝如果想让自己轻松一点，同时把国家治理得更完善，最好的办法就是找一个出类拔萃的人代替自己管理，宰相的职位由此而生。

而作为皇帝来讲，让人办事就要给人权力，可权力一旦给了出去，想要收回来就没那么容易了。因此，一旦相权过重，就会不可避免地威胁皇权，甚而导致宰相谋权篡位，取皇帝而代之。为了避免这种情况出现，皇帝必须想尽办法束缚和牵制宰相，总体来讲有两种方法：一种是加强监督，就是将自己的心腹安插到各个部门，一旦宰相有异动，皇帝就能够及时察觉；另一种就是分权，比如北宋初期，宰相范质、王溥和魏仁溥就只能分管行政事务，军国机密则由赵普所在的枢密院决定。当然，更多的时候，皇帝会兼用以上两种方法，甚至采用其他更多的方法。如赵普这样，能够统领国家权力，得到皇帝的绝对信任，就足以证明他登峰造极的为臣之道。

第二章
王朝初立

宋王朝的建立，虽然大有帝国崛起之势，但是其内部环境仍然危机四伏，其中最主要的威胁仍是藩镇割据。如果这种情况得不到改善，新生的宋王朝很可能重蹈五代十国的覆辙，成为下一个被新王朝取代的对象。为了让国家长治久安，中央集权的加强势在必行，为此，赵普策划了一系列改革办法，将零碎的国家权力重新集中起来，表现出了一名政治家应有的智慧和果敢。在此之后，"君弱臣强"以及"中央弱地方强"的社会局面不复存在，宋王朝的综合实力开始飞速发展。

杯酒释兵权

在赵普的帮助下，赵匡胤基本稳定了原后周势力范围内的朝野局势，而随着外部矛盾的大幅减弱，内部矛盾随即上升为主要矛盾。对此，当时的赵匡胤主要有三点担心：首先是后周势力的死灰复燃；其次是以赵普为首的文官集团把持朝政；再有就是以"义社十兄弟"为首的武将集团干涉朝政。

面对后周残余势力，赵匡胤的政策是既拉又打，只要对方没有树起反旗，他就采取各种方法拉拢安抚。但只要对方树起反旗，他就会予以坚决打击，前面提到的李筠和李重进就是这种情况，自此二人及其势力被消灭后，后周残余势力实际上已经不足为虑。至于文武两大集团，因为平定天下和治理天下需要依靠他们，赵匡胤的忧心虽然越来越重，却丝毫不敢贸然做出举动。但是，为了避免重蹈梁、唐、晋、汉、周的命运，赵匡胤又不能坐视不理。最终，他作出的决定是以文制武，即依靠文官集团牵制并打击武将集团，这就给了赵普更大的政治舞台。

宋初的军事体制，实际上沿袭了五代十国，而五代十国的军事体制，又是唐朝军事体制的发展结果。

从经济方面来讲，唐朝各地方的税赋，只有一部分交给中央，地方政权可以留下一部分进行自主建设，这其中自然也包括军事力量的建设。安史之乱时期，安禄山和史思明掀起的波浪不可谓不壮阔，但是即便他们拿下了大唐首都长安城，还是在各地武装那里屡屡碰壁。一番消耗下来，唐王朝还是唐王朝，安禄山和史思明却被永远烙上了叛贼印记。唐王朝的统治阶层在这种国家体制上尝到甜头，不顾此一时彼一时的基本历史发展规律，继续加强这一国家体制的建设，最终导致中央政府的大权旁落。到唐朝末年，地方豪强已经完全不把中央政府放在眼里，武装割据时代由此形成，这才有了五代十国的大乱局。

进入五代十国末期，武装割据的社会局面进一步升级，地方豪强称帝建元的事件层出不穷。后晋一朝的成德节度使安重荣就曾说过："天子，兵强马壮者为之，宁有种耶！"在这种形势下，几乎所有手握重兵的将领都想过一把皇帝瘾，而只要他们打了大胜仗，就会把这样的想法付诸实际行动。可惜，这些武将有定天下的神通，却没有治天下的方法，在他们谋权篡位之后，大多会被后来者赶下台，如此循环不止。以至于五代十国短短五十余年间，居然换了五个朝代，出现了十三位皇帝，其中不乏死于非命者，欧阳修对此曾经表示说："五代之乱，可谓极也。"

大将篡权的事情频频发生，自然导致君主对大将提防之心日重，而大将为了提防君主痛下杀手，也不得不采取各种办法自保，"黄袍加身"有时也属无奈之举。这种"君不信将，将不信臣"的现实，不仅苦了君主，更苦了大将，因而为君为臣者都期望这种情况能得到改善。建立政权之后，由于赵匡胤的亲兵部队足够强大，其他将领想要篡权夺位的通道基本被堵死。上述两点，为赵匡胤解除大将兵权，包括解除各地武装，创造了得天独厚的历史机遇。

不过，具体怎么做，赵匡胤还是要依赖赵普。长期的君臣合作，已经让他明白了一个基本道理：哪怕必须使用军事手段解决问题，经过赵普带领的文官集团运作，也能够把解决问题的难度降到最低。有时候，甚至不必使用军事手段，仅凭赵普集团的运筹帷幄，就能够让问题迎刃而解。经过一番周密考量，赵普慎重地提出了兵制改革策略，即"先中央，后地方"，同时建议赵匡胤首先解除"义社十兄弟"的兵权。令人难以置信的是，赵匡胤居然对此存在犹豫，因为他认为自己的"兄弟"断然不会背叛自己。何况，一旦国家出现乱局，还要依靠他们去平叛。

为了打破赵匡胤的幻想，赵普明确地告诉他，如果不按照自己说的办，北宋将会成为下一个后周，他也将会成为下一个世宗。听了赵普的话，赵匡胤终于下定决心，采纳赵普的建议。一日朝议之时，赵匡胤故意把时间拖得很晚，然后顺势设宴，款待众将领。菜过无味，酒至半酣，赵匡胤忽然吩咐闲杂人等退出，然后颇为感慨地说："世人都觉得做皇帝好，朕却觉得这是天下最苦的差事，真不明白为什么还有那么多人想做皇帝。"

赵匡胤的话一语双关，明面上是说其他国家的君主，实际上却暗指在座的各位将领。在座的各位都是人中龙凤，赵匡胤此话一出，自然明白他的意思。因而齐刷刷地跪倒在地，表示自己是真心拥护赵匡胤，绝对没有二心。

赵匡胤却说："朕当然相信你们，只是担心你们的属下贪图富贵，胁迫你们做天子。到了那个时候，你们受到形势逼迫，就算不想做皇帝，也会身不由己啊。"

众将不知如何作答，只好请赵匡胤明示，这才听他说道："人的一生是多么短暂啊，我们拼死拼活地征战四方，说到底就是为了享受荣华富贵，最多也就是想让自己的子孙过上好日子。既然如此，何不释去兵权，置办良田美宅，从此安享齐天之乐呢？朕欲与你们结成亲家，这样你们的子孙就是朕的子孙，世世代代享尽荣华富贵。"

众将这才弄清赵匡胤的真实意图，他们也早就厌倦了五代十国的乱世纷争，再加上赵匡胤的恩威并施，因此谁都没有提出异议。第二天，众将领纷纷递上辞呈，称病求退。赵匡胤再假意挽留一番，随即批复了他们的请求，这就是我国历史上著名的"杯酒释兵权"事件。事后，赵匡胤说到做到，不仅赏赐众将大量财物，而且与他们结成亲家，修永世之好。为了进一步巩固权力，赵匡胤将诸将兵权进一步解除，同时提拔越来越多的年轻将领和底层士兵。这些人对赵匡胤怀有崇高的敬意，手中权力又非常有限，自然不敢窥视皇权，来自朝中大将的威胁就此消弭于无形。

兵制改革

对于此次兵制大改革，赵普有一段极为精辟的论述，实际上乃是他改革的理论基础。赵普认为，国家权力自古都是由兵权和政权组成，此二者有一个本质的区别：兵权宜分不宜专，而政权宜专不宜分。如果国家兵权集中在某位将领手中，朝廷就会对他失去有效的节制，这位将领很容易因手握重权而生出异心。与此同时，如果国家的政权分散到多人手中，将很难出台统一政策，国家治理注定会举步维艰。

有了这样的理论指导，赵普在谋划一系列政权和兵权策略时，就能够拥有足够的高度和深度。比如赵匡胤建立政权初期，看似一切风平浪静，实际上却暗藏不尽杀机。试想，一旦赵匡胤像后周世宗柴荣那样英年早逝，其麾下大将谋权篡位几乎会成为板上钉钉的事。而赵匡胤出身行伍，多少有一些意气用事，他并不信自己的结义兄弟会篡夺自己的江山。另外，以石守信为首的结义兄弟，也是赵匡胤倚重的重要军事力量。若在此时解除他们手中的兵权，很容易让人寒心，甚至激起他们的不满和反叛。

赵普却能够冲破这些思想局限，他不遗余力地游说赵匡胤，一定要尽早将兵权收归国有，庆幸最终得到了赵匡胤的认可。事实上，建立北宋政权之初，正是赵匡胤进行兵制改革的最佳时机。首先，大家至少在名义上都拥护赵匡胤，他在这个时候发布命令，一定能够得到最广泛的支持；其次，赵匡胤的亲兵部队实力强劲，任何想要违背其命令的人，不仅要担心被扣上欺君罔上的罪名，还要担心遭到实际征讨；最后，以"义社十兄弟"为主的将领，虽然手中握有重兵，但他们的势力均在赵匡胤之下，尤其政治羽翼并未丰满。在这种情况下，赵匡胤才得以成功举事，顺利完成权力过渡。

当然，将权力收归国有只是第一步，接下来如何划分和驾驭才是关键。对此，赵普的改革思想还是分权，具体就是把军队的人事权和指挥权一分为二，人事权继续由枢密使掌管，指挥权则进一步分成三大块：包括殿前都指挥使司、侍卫亲军马军都指挥使司和侍卫亲军步军都指挥使司，三人共同管理禁军部队，是为"三衙"体制。需要提出注意的是，"三衙"虽然都是武将，但枢密使基本都是文臣，这也是有宋一朝"以文制武"局面的开端。

发动大规模作战的时候，赵匡胤为了确保万无一失，通常会临时任命一些将领统辖军队，战事结束后再各归其职。这样既可以防止握有重兵的将领在战时做强，也可以防止指挥作战的将领在平时做大，实际上是人事和指挥二权分立的升级做法。与此同时，这种战时临时组建的统帅部，还会被赵匡胤糅进副职武将和主职文官。其中，副职武将通常和皇帝的关系更近，主要在军事上牵制主职武将。而文官则通常被任命为监军，以便在兵政上牵制主职武官，同时充当皇帝的耳目。

不得不说的是，这种军事体制虽然有利于维系皇权，在战场上却会不同程度制约军事主将的正常发挥。但凡事有利必有弊，我们衡量一个制度是否合理，以及制定和推行这一制度的人是否独具智慧，要看这种制度是否适用于当时社会的实际情况。赵匡胤在以赵普为首的文官集团帮助下，高瞻远瞩，审时度势，为了改变当时"主弱将强"的不利局面，采用这种政策方针显然无可厚非。经过如此一番梳理，宋朝的军官可谓"彼此相制，罔敢异志"，武将篡权的局面基本得到了遏止。

军队部署方面，赵普向赵匡胤提供的政策以"相互制衡"为原则，实际上还是"分权"思想的演变。虽然名义上皇帝是天下兵马的统帅，但他不可能顾及全国所有驻军，因而必须由将领代管。而如果兵权落到有异心的将领手中，对于皇帝来说，将等同于自取灭亡，至少也是自找麻烦。为此，赵匡胤将一半禁军派往全国各地的军事要塞驻扎，另一半则留在京师附近驻扎，同时又在都城内和皇宫内安排两股防御力量，以求全面拱卫中央权力。由于两部分禁军实力相当，如果地方军队有变，可以派中央军去平叛；如果中央军队有变，也可以调地方军队来平乱，是为"内外相维"政策。

在此基础上，赵普还别出心裁地想出了"更戍法"，并且得到了赵匡胤的认可。具体来说，就是国家的所有军队，都要不断地更换驻地，以防他们在同一个地方驻扎时间长了以后无限制地坐大。这个政策当中，最大的亮点是中央禁军和戍边禁军的换防，在当时有一举三得之妙。首先，可以避免戍边禁军尾大不掉，威胁中央权力；其次，也能够让中央禁军在行军途中和边境作战中得到锤炼，保持其作战能力。或者说，在这一政策的贯彻实施下，根本就没有中央禁军和戍边禁军之分了；最后，还能让禁军士兵对全国地形有所了解，以便在作战的过程中增加胜算。

总体来讲，赵匡胤治兵遵循了赵普提出的三条原则，即少、严、精。首先是少，主要指士兵的年龄，因为年少的士兵身体强壮，思想单纯，很容易培养成为优秀的职业军人；其次是严，主要指对军队的管理，赵匡胤对各级士兵奖惩进行了全面细致的规定；最后是精，主要指对士兵的磨砺，在赵匡胤的授意下，赵普进行了各种训练科目的设定，同时派遣文官和经验丰富的将领讲解兵法，赵匡胤还曾亲自给士兵上课，并且用自己的战斗经历现身说法。

由赵匡胤发起，由赵普主持的此次兵制大改革，让当时的宋朝军队为之面貌一新。但是让他们没有想到的是，这次兵制大改革也对后世产生了一定的负面影响，那就是君将之间的不信任，而且这种不信任经过制度和法律规定，一直深化到了各级军官和基层士兵当中。发展到后来，皇帝对将领的要求，以及上级军官对下级军官的要求，都是忠诚大于能力，以至于大批能力平庸的将士得到提升任用，导致了宋朝"养兵而不强兵"的异常局面，彻底背离了赵匡胤和赵普最初的治兵初衷。对于这种局面的形成，还有更深一层的原因，会在后续内容中逐步阐明。

中央与地方

自赵匡胤平定李筠和李重进之后，地方权力便不复对中央权力构成威胁，但是中央对地方的管理权限过小，中央和地方基本上属于两个世界。当时，地方政权不仅建立了强大的私人武装，而且具有人事任免权，同时还掌控着财政大权。他们名义上隶属中央，每年按时缴纳税赋，实际上却自成一体。只要中央政权有变，就会纷纷恢复到之前的割据状态，不再向中央缴纳税赋，甚至称王称帝，与中央分庭抗礼。这也是自唐朝藩镇割据以来，一直没有得到根本解决的基础性社会问题。赵匡胤建立宋朝以后，由于不断征战四方，中央政权无暇顾及地方事务，地方权力暂时留在了地方政权手中。此时天下既定，中央重要军事将领的兵权也已经解除，是时候对中央与地方的关系进行一次大洗牌了。

根据当时的具体情况，赵普提出了"稍夺其权，制其钱谷，收其精兵"这三大纲领。

其中，"稍夺其权"并不是一次性政策，而是一种持续性政策，即一点一点地夺取地方政权。这里的微妙之处就在于一个"稍"字，因为当时的地方政权虽然势力较小，但是，如果中央操之过急，激起大范围不满，很有可能迫使地方政权联合起来对抗中央，到时必将生出祸乱。因而，这实际上是一条"温水煮青蛙"的政策，就是让地方政权在不知不觉中被消解殆尽，等到他们终于反应过来，已经彻底无力反抗。当然，就算他们此时起兵反抗，也根本不是中央政权的对手。赵普之所以这样做，是为了确保万无一失，让地方权力尽可能平稳地过渡到中央手中。

其次，"制其钱谷"是一条釜底抽薪之计，地方政权之所以无视中央，根本原因就是他们掌握着财政大权。有了钱粮，就可以招兵买马，有了兵马就可以攫取更多钱粮，从而进一步壮大自己的势力，这就是地方藩镇的自肥之道。赵普对地方财政大权加以限制，乃是从根本上断了地方政权的生命线，只要假以时日，随着中央政权对地方财政的控制力度逐步加强加大，地方政权就会失去"活水之源"，迟早面临土崩瓦解。

再者，"抽其精兵"是一条保险之策，在"有枪便是草头王"的当时社会，精兵强将是地方政权赖以坐大的资本。只要断了地方藩镇的兵源，就算他们有心谋反，且积攒了足够的钱粮，也要掂量一下自己的胜算。再加上中央军队（禁军）连年行军打仗，地方军队（厢军）只是维持社会治安，二者的实战能力便越来越悬殊。如此一来，中央政权的军事力量越来越强大，地方政权的军事力量越来越弱小，地方政权也就逐渐成了中央政权的附属。

经过如此一番整治，"禁军强悍，远胜前朝"的局面最终形成，一个强大的中央集权制国家也由此初具规模。这里需要说明的是，在赵匡胤以前，也有很多君王想要推行这样的改革，但是由于他们没有重用像赵普这样的文官领袖，也就没有得到文官集团的大力支持，因而都未能制订系统的改革方案,其改革计划也就多半面临中途夭折的命运。后周世宗皇帝柴荣,原本可以有一番建树,可惜天不假岁,英年早逝,呕心沥血建立的大好局面,让赵匡胤捡了便宜。赵匡胤此人,虽然出身行伍,且隐隐有意气用事的风范,但是对赵普的信任和依赖,让他享受到了文官治国的巨大红利,因而才能完成前人所不能完成的伟业,建立起一个庞大的北宋王朝。

一般认为,赵匡胤之所以采取和风细雨的方式收取地方权力,其完全掌控了当时的局面自然是强大外因,但主要功绩还是要归于以赵普为首的文官集团。从统治者的角度来讲,赵匡胤急于平定内部,以防外敌发难,采用疾风骤雨式的方法解决问题最为合适。但是在赵普看来,既然地方政权已是囊中之物,就应该使用相对温和的政策,如此名正言顺,不仅能够让地方政权折服,而且能够使百姓免受战乱之苦,使赵匡胤的德治美名远播四方,何乐而不为?即使从军事角度来讲,我国自古推崇"不战而屈人之兵",改革事宜同样急不得。

当然,无论到了什么时候,总有一些不识时务的跳梁小丑。赵匡胤剿灭"二李"之后,持观望态度的各地藩镇统帅纷纷上表称臣,这些人当中有些是真心称臣,也有人不过是做出权宜之计。但不论藩镇统帅们持何种心思,每个人都以为事情到此便告一段落了,因为这样的事情在之前已经发生过太多次。直到赵匡胤和赵普的改革方案推行下来,这些藩镇统帅才终于意识到了问题的严重性和迫切性,他们也由此开始面临真正的抉择。很多人顺势而动,选择归顺中央。但也有些人雄踞一方惯了,完全无视赵匡胤的政令,甚至想出了一些旁门左道对抗中央政策。

对于这些人,赵匡胤就没那么客气了,为表明改革决心,他也需要这样的"出头鸟"来杀一儆百。首先以身试法的是义武节度使孙行友,此人独镇易州(今河北易县)长达8年时间,对平定边乱有功绩,对百姓有福泽,势力由此盘根错节。赵匡胤和赵普推行改革后,孙行友纵容境内的土匪做大做强,然后上表中央,想要继续留任剿匪。孙行友的这种做法,在政治上有一个专用名词,叫作"养寇自保"。如此伎俩对付别人还行,在赵匡胤面前未免显得不自量力,何况他身后还有一个运筹帷幄的赵普。

为了达到出其不意的效果,赵匡胤密令正在巡边的阁门副使武怀节,趁孙行友疏忽大意之际,率军进入易州城,迅速控制了局面。与此同时,武怀节发兵剿匪,一群乌合之众根本不是大宋王师的对手,顷刻间灰飞烟灭。匪首被处死,并运回开封当众焚烧,以儆效尤,余众四散逃亡。孙行友最初被监禁,后来赵匡胤为了表示自己德行高远,再度将他起用,并且一再提拔,算是赵匡胤恩威并施的一个典型案例。

对于那些敢于露头的反叛势力,赵匡胤和赵普坚决予以痛击,而对于那些积极采取合作态度的势力,他们则是恩宠备至。比如赵匡胤曾经的直属上司张永德,被后周世宗柴荣罢权之后派驻许州(今河南许昌),赵匡胤称帝之后,他立即入朝觐见,称臣献地。赵匡胤为表其功,不但没有削去他的职位,反而一再加官晋爵。且每次赵永德进京朝见,赵匡胤都会让赵普等近臣作陪,甚至举行家宴招待他。这对于张永德来说,乃是至高的荣耀,同时和他情况相仿的一批前朝老将也由此得到了安抚。

还有一些特殊的地方势力，赵普则进行了区分对待，那就是驻守边疆地区的少数民族藩王。这些人虽然作战勇猛，兵强马壮，但是无心于中原政权。在派遣文官牵制后，赵匡胤允许他们长期驻扎自己的封地，并且允许他们的子嗣世袭职位。当然，作为代价，他们不许踏出自己的封地一步，同时必须担起抵御外敌入侵的责任。对于这些将领，赵匡胤同样礼遇有加，封赏更是从不吝啬。这些将领也被赵匡胤的恩德折服，不但按时进贡辖区内的特产，比如定难节度使李彝兴，镇守夏州（今内蒙古乌审旗），每年进贡大量优质战马，戍守边防也很卖力。

然而，赵匡胤真正让天下人信服的，还是他对"自己人"的做法。比如天雄节度使符彦卿，乃是皇弟赵光义的岳父，他经营自己的属地多年，接到朝廷的调令后拒不执行。当时，为了避免直接忤逆赵匡胤的旨意，他谎称自己病体沉重，需要留在属地内休养。赵匡胤看到赵普递上的报告，明知他是故意推脱，却还是许以百日假期。百日之后，符彦卿还是不愿动身，并且摆出大堆借口。这个时候，几乎所有人的目光都集中到了符彦卿身上，每个人也都在等着看赵匡胤会怎么做。很快，圣旨公开发布，符彦卿被革除节度使职务，同时交由御史台调查其任内的不法事宜。

应该说，此次对地方政权的大举改革，赵普的身影并不时常出现。之所以如此，是因为他要做另外一件更重要的事情，那就是培植大批新生骨干力量，同时择优派往全国各地担任重要官职。这些人不仅是中央政府的重要耳目，同时也是宣传中央思想的重要机器，而且清一色的都是文官。实际上，在赵普的统一规划和运筹下，一个最为庞大的计划已经开始悄然执行，那就是用文臣代替武将，或者说用文治代替武治，这就为宋朝的"文治天下"奠定了坚实基础。

当然，以赵普的心思之缜密，以及想法之熟虑，也不会允许赵匡胤把权力放心地交给文官。为此，他们参照了排布禁军的做法，对文官实行"三岁一易"政策，即文官在某地任职三年之后，必须调往另外一地任职，以防止其专权做大。其间，有北海（今山东潍坊）知军杨光美廉洁强干，受到百姓热烈拥戴，期满后有数百人前往京都请愿留任。赵匡胤先礼后兵，在遣人劝说无效的情况下，派兵强行驱散，并逮捕带头者，才将此事镇压下去。为此，赵匡胤还曾立下律法，禁止吏民进京请愿官员留任，甚至不允许百姓为官员立碑撰颂。

在此基础上，赵普还加了一道保险，就是在每个地方文职官员身边都安排一个副职，称为通判。通判不掌实权，但他是连接地方和中央的主要纽带，地方官员的所有举动都会通过他们直达圣听。为了避免通判流于形式，宋朝的法律还规定，所有经地方官员颁布的法令，都必须有通判的署名才能生效，这也是赵普"稍夺其权"政策的具体显现。而为了避免通判的权力过大，其调遣频率比地方官员更高，有时候甚至一道任命接着一道任命下达，身为通判者只能全国各地不停地跑。

总而言之，经过"稍夺其权，制其钱谷，收其精兵"三大政策的推行，北宋王朝的地方政权基本归于中央。地方藩镇的权力也被缴了，钱粮也被收了，就连他们赖以起家的兵权都渐渐丧失。在这种情况下，不要说谋权篡位，就是维系自己的割据地位都成了天方夜谭。于是，赵匡胤将整个国家的权力牢牢握在了自己手中，接下来他要做的事情，就是循着后周世宗的脚印，开疆拓土，强盛中华。

第三章
乱世的终结

后周世宗征战四方，已经把北汉、后蜀和南唐等国政权赶出中原，但是在赵匡胤取代后周自立的过程中，由于主要精力用于平定内乱，这些势力又借机发展壮大起来。等到赵匡胤和赵普终于让政局稳定下来，他们已经隐隐有了联合之势，严重威胁到了新生的北宋政权。在这种情况下，赵匡胤和赵普又开始了新一轮的征程，他们纵横捭阖，往来驰骋，谱写了军事神话的同时，也终于结束了五代十国以来的纷乱局面。

计灭后蜀

赵匡胤建立北宋，实际上只是继承了后周的统治疆域，大抵相当于今天的华北地区、关中地区和淮南地区。在其他广大疆域上，还盘踞着十余个大小不一的政权，他们虽然偏安一隅，却也是北宋的隐患。能否将这些政权逐一平定，关系到北宋王朝能否长治久安，更关系着赵普作为宰相能否帮助赵匡胤实现统一天下的宏愿。

实际上，赵匡胤早就想对外用兵，当初平定李筠之乱时，他便计划趁势进攻北汉。但这一计划被赵普及时劝阻，因为当时北宋国内局势不稳，一旦兵败，就会造成局面失控。何况北汉兵力虽少，但将士精锐，又有契丹做外援，短期之内很难攻克。与此同时，赵普也做出了比较长远的打算，即派遣精锐游兵去北汉国内搞破坏，尤其骚扰其农事，使之社会根基动摇。再者，赵普还派出谍战人员，到契丹和北汉境内去散播谣言，离间二者的关系。当然，相同的操作，赵普也在其他政权内操纵，只待时机成熟，便可发兵征战。

一个大雪纷飞的冬夜，赵匡胤辗转反侧，不得入睡，轻装简行来到赵普家中。赵普也未睡下，正在对着雪幕思索，君臣二人一相见便知道对方心里想着什么。果然，赵匡胤一语道破自己的担忧：卧榻之侧，岂容他人酣睡。按照他的想法，还是先取北汉，平定北方。赵普立即予以否定，原因是北汉虽然危险，实际上却是契丹和北宋之间的缓冲。如果消灭北汉政权，虽然可以勉力为之，却要直接面对强大的辽国（契丹于916年建国，定国号为"辽"）。不如先将南方各个政权逐一平定，免去后顾之忧后，再集中精力对付北汉及其背后的辽国。赵匡胤一听，深以为然，"先南后北"和"先易后难"的征战策略随即敲定。

宋军南下，首当其冲便是盘踞四川的后蜀政权。自古以来，中原军队进攻四川，主要有两条路线可走。第一条是走陆路，从关中平原翻越秦岭，再突破剑门关之后，便可进入四川腹地直逼成都（今四川成都）；第二条是走水路，从鄂西经三峡进入四川，同样可以进入四川腹地威胁成都。由于中原军队多不识水战，因而选择第二条路线的人为之甚少，再加上后蜀和北宋之间有荆南、湖南隔绝，后蜀便将主要防御力量部署在了第一条路线上，第二条路线的防御力量则大为薄弱。赵匡胤的计划是从水路进攻，以便达到"出其不意，攻其不备"的奇袭效果，从而迅速解决战事。但赵普认为，四川境内崇山峻岭，速战断难奏效，因而建议水陆并进，互为策应，最终会师成都，灭亡后蜀。

正如前面所说，北宋想要从水路进攻后蜀，必须经过荆南和湖南，而这两个地区，此时都把持在地方军阀手中。然而，这一次上天站在了北宋一边，就在赵匡胤和赵普苦苦寻找突破口的关头，割据湖南的周行逢忽然病逝，其幼子周保权即位后，即遭大将张文表反叛，仓促之际只得向赵匡胤求援。周行逢是楚国旧将，楚国被南唐攻灭后，他率众击退后唐军队，从此盘踞在湖南自立为王。由于势力较弱，周行逢一直对中原政权称臣纳贡，赵匡胤称帝后，他照例行事，虽然官封中书令，但实际上仍旧盘踞湖南。方今湖南大乱，幼主周保权上表乞援，正欲南图的赵匡胤自然不会坐视不理。

不过，当时的湖南地区和北宋又不接壤，中间还隔着荆南地区，这无疑给赵匡胤出了一个难题。但是好运来了挡都挡不住，此时的荆南政权也发生了内乱，情况和湖南政权如出一辙。在这种情况下，赵匡胤便以前去湖南平叛为由，向荆南幼主高继冲借道。高继冲不敢不借，北宋大军一到，还派使者去军中慰问，实际上是惧怕赵匡胤假道灭虢。接待使者的都监李处耘虚与委蛇，以安其心，使者回到都城江陵（今湖北荆州）禀报，高继冲随即放下心来。不料北宋大军尾随使者而至，高继冲无可奈何，只得率众出城迎接。宋军顺利控制江陵城，高继冲乞降，荆南地区就此纳入北宋版图。

　　局势稳定之后，赵匡胤征集荆南政权的数万水陆大军，一起向湖南进发。而这个时候，张文表之乱已经被湖南政权自行平定，周保权立即遣使到北宋军中请求罢兵。然而"请神容易送神难"，统军大将慕容延钊得赵普密令，根本没有理会周保权的请求，继续率军向湖南挺进。周保权平定张文表之乱后军心正盛，因而选择对抗宋军，并先行大举破坏交通，以迟滞宋军的兵锋。赵匡胤发文谴责周保权，令他束手就擒，又许以富贵，结果遭到拒绝。赵匡胤不再犹豫，水陆大军分两路齐下，先在岳州（今湖南岳阳）大败湖南水军，后攻陷都城朗州（今湖南常德），湖南遂成为北宋疆土。

　　荆南和湖南二州地处长江中游，宋军占据此二州，势力随之发展到长江以南。更为关键的是，这一地区在南唐、后蜀和南汉的势力范围中间，在地缘上切断了三大政权的联合。此时，宋军以迅雷不及掩耳之势成功灭掉荆南和湖南，浩浩荡荡从水路奔袭而来，整个后蜀政权随即陷入前所未有的慌乱。此时，后蜀政权内部已经有人看清历史大势，即北宋势必成为天下共主，因而主张投降。但后蜀君主孟昶拒绝接受这一主张，他已经习惯了威震一方，不愿屈居人臣，于是决定凭借四川的沟壑阻隔，与北宋政权抗争到底。

　　这个时候，赵匡胤要进攻后蜀，也要找一个理由，哪怕只是找一个借口，所谓"名不正则言不顺，言不顺则事不成"。当然，这样的事不可能难倒赵普，在他的策划之下，一场关乎后蜀命运的谍战悄然拉开帷幕。当时，后蜀君主孟昶得知北宋大军来攻，首先想到的就是遣使联络北汉，以便在大局上对北宋政权形成南北夹击之势。然而，赵普早已经料到了这一点，当孟昶的谍报人员怀揣密信进入北宋境内，准备借道进入北汉时，赵普派出的谍战人员一直尾随其后，时机成熟后立即将其俘获。如此一来，赵匡胤遂便以"后蜀勾结北汉共谋犯宋"为借口，命令大军发动进攻。

有意思的是，赵普此时却正在京城开封督建一座豪宅。史料记载，这座豪宅内的大小房屋达五百余间，占地上万亩，各种设施用品穷尽奢华。按照常理来讲，赵普鞍前马后地献计献策，帮助赵匡胤平定内忧外患，功劳之高无以言说，享用这样的豪宅当无任何异议。但知道内情的人却无不感慨，因为这座豪宅的未来主人并不是赵普，而是后蜀君主孟昶。赵匡胤为出征将领饯行时，曾指着这座在建的豪宅问："能'请'来孟昶入住否？"将士答道："若孟昶在天上，自然办不到；若他在地上，定让陛下如愿。"由此可见北宋君臣的决心，尤其是赵匡胤统一天下的气概，以及赵普高瞻远瞩的智谋。

进攻开始，赵匡胤命陆路军队率先进入后蜀境内，很快形成破竹之势，不到一月便攻下军事重镇兴州（今陕西略阳）。随之发动进攻的水军更是锐不可当，迅速突破了后蜀军队的嘉陵江防线，并于同月攻占军事重镇利州（今四川广元）。到第二年正月，北宋陆军已经进逼剑门关，孟昶急忙派出太子支援。可惜太子不堪重任，完全一副纨绔子弟做派，他视军情如儿戏，行进路上游山玩水，姬妾环绕。很快，陆路宋军成功突破剑门关，太子闻讯仓促逃回成都，陆路宋军立即尾随而至。与此同时，水路宋军也已经溯江而上，突破成都门户夔州（今重庆奉节),又连克万州(今重庆万州)、忠州(今重庆忠县)、遂州(今四川遂宁),进逼成都,水陆大军成功完成了赵普的战略目标。

北宋大军兵临城下,前后仅66天,孟昶深知天意不可违,只得遣使向宋军投降。随后,孟昶一家及其重要臣僚被押往开封,住进了赵普为他们准备的豪宅。

徒劳的挣扎

北宋大军攻占荆南和湖南的时候,还顺便攻下了郴州(今湖南郴州),为进攻南汉做了一个铺垫。后蜀被迅速攻破之后,南唐和吴越等国受到极大威慑,都主动向北宋表示臣服,唯有南汉态度强硬。按道理来讲,北宋势大,南汉势小,即便不愿臣服,也应该像南唐和吴越一样暂避锋芒,等待时机成熟再另做他图。退一步讲,就算南汉非要以强硬姿态面对北宋,至少应该励精图治,以便让国家越来越强盛。可惜南汉君主刘鋹荒淫无道,朝政由宦官集团把持,对百姓又实行高压统治,他的强硬姿态简直是自取灭亡。

当时,赵匡胤和赵普拿下后蜀,本想顺势进攻南汉。但这个时候北汉政权忽然发生内乱,北宋的战略方向随即发生变化,转而对付陷入内乱中的北汉政权。然而,北汉政权未可轻取,赵匡胤和赵普只得继续执行先前的"先南后北"和"先易后难"策略。在这种情况下,南汉政权就成了他们的主要进攻目标，为了尽可能降低消耗，赵匡胤还不遗余力地安抚南唐和吴越等国，从而避免它们一同起兵发难。

经过一番准备，北宋大军以雷霆万钧之势直插南汉腹地，南汉将士无心迎战，防御战线一触即溃，北宋大军很快兵围军事重镇贺州（今广西贺州市）。刘鋹这才如梦方醒，急忙派遣大将伍彦柔率重兵前去支援，但北宋军队提前获知情报，设伏击败了南汉援军，并俘杀了伍彦柔。守卫贺州的南汉部队眼见待援无望，宋军又加紧进攻，无可奈何之余只好出城投降。宋军再接再厉，以声东击西之策，连下昭州（今广西平乐）、桂州（今广西桂林）、连州（今广东连州市）。

战败的消息不断传入兴王府（今广东广州），刘鋹却仍在痴人说梦，他告诉左右，宋军攻占的地方原本都属湖南领地，只要得到这些地方，宋军就会心满意足地撤兵。结果，宋兵马不停蹄，在攻破南汉的北大门韶州（今广东韶关）后，兵锋长驱直入，眼看朝着兴王府奔袭而来。刘鋹只能勉力为战，他收拢了自前线溃退下来的散兵游勇，七拼八凑地组建了一支临时军队，仓促迎战北宋大军。两军交战之际，已知无力回天的刘鋹，居然将后宫嫔妃和金银珠宝装上大船，准备出海逃难，结果还被宦官盗走。

刘鋹欲哭无泪，只得回身继续和宋军作战，可惜败局已定，不堪一击的各处军事要塞接连失守，统军大将也陆续战死。兴王府城破前，刘鋹下令焚烧宫殿，准备像李筠和李重进那样投火自尽，却终因胆怯临时退缩，于次日出城投降。至此，经过北宋将士殊死拼杀，南汉政权终于宣告覆灭，整个岭南地区也终于归入北宋。很快，刘鋹被押往开封，他虽然有逆反之罪，但赵匡胤并没有为难他，其待遇和后蜀降主孟昶大致相同。

接下来，唯一对北宋政权称得上威胁的，便只剩下南唐。在此之前，南唐君主李璟也曾逐鹿中原，并且取得不小战果。但是自从被后周世宗夺取淮南之地后，南唐国力便开始一泻千里，只得退踞江南，偏安一隅，向中原政权称臣纳贡以自保。赵匡胤称帝后，为免四处受敌，曾主动向南唐示好，剿灭盘踞扬州的李重进势力时，李璟还曾遣使慰劳北宋军队，身在军中督战的赵匡胤也接见了来使。

不过，南唐虽然以低姿态得到了暂时的安宁，每年进贡北宋的大批财物，以及防御宋军所花费的巨额军事开支，却使其国力一直没有得到恢复。在这样的巨大压力下，尽管李璟把都城从金陵（今江苏南京）迁往南都（今江西南昌），还是很快郁郁而终。其子李煜是一位才华横溢的词人，但是作为皇帝却并不称职，他贪图安乐，沉于声色，面对北宋的步步紧逼只知一味妥协。事实上，赵匡胤进攻后蜀和南汉时，李煜本应该有所建树，比如出兵灭掉吴越政权，他的很多臣将也都看明形势，纷纷游说他有所作为。可惜李煜性格柔弱，只知一味讨好赵匡胤，不敢有丝毫越矩动作，希望借此苟得偏安。

事实上，赵匡胤已经多次让李煜到开封觐见，想要以和平方式收归南唐政权，但李煜却迟迟不愿就范。解决南汉政权后，赵匡胤再没有任何顾忌，开始着手对付南唐。而北宋要想用军事手段解决南唐，首先面临的问题就是如何渡过长江天堑，这对不习水战的北宋军队来讲，无疑是最大的困难。应该说，赵普统领全局，已经注意到了南征诸国需要水军作战，因而在以往作战过程中，非常注重网罗被俘虏的敌军水兵，并且集中到开封训练，同时开造大船巨舰，以备横渡长江，击破南唐。

李煜虽然无志逞强，但见到北宋大军急欲来攻，也不愿坐以待毙。他一面调遣部队沿江设防，企图利用防御性作战策略将局势拖入僵持，以便让劳师远征的宋军知难而返；一面又修书给吴越政权，希望得到对方的支持，避免腹背受敌。但吴越政权和北宋有盟在先，且与南唐政权有世仇，当即拒绝了李煜的请求。这个时候，李煜性格中强势的一面被激发出来，他修书给赵匡胤，表示自己委曲求全，只想保全祖先宗祠，如果连这样的愿望都无法实现，就只能拼死抵抗了。

赵匡胤正愁征讨南唐没有口实，接到李煜的文书，立即以李煜"拒绝来朝"为理由，向南唐发起大举进攻，同时命吴越王钱俶率军北上，夹击南唐。最先进入南唐境内的是北宋统军大将曹彬，他率领水军从江陵出发，溯游而上进抵湖口（今江西湖口）。南唐守军以为他是在例行巡察，忽遭大举冲击，不及防备，很快败下阵来。曹彬迅速扩大战果，袭占峡口寨（今安徽贵池），紧接着又连下池州（今安徽池州）、铜陵（今安徽铜陵）、芜湖（今安徽芜湖）、当涂（今安徽当涂），兵锋直指采石矶（位于今安徽马鞍山境内）。

采石矶是金陵门户，一旦有失，南唐都城就会暴露在宋军的兵锋下。由于曹彬作战勇猛，南唐军不及支援，采石矶很快就被宋军攻占。不过，曹彬的进攻乃是孤军深入，犯了兵家大忌，李煜深知曹彬有勇无谋，并没有真正地担忧。哪知曹彬得了赵普的锦囊妙计，攻破采石矶只是虚晃一枪，稳定局势后，他迅速回师，将主要精力用在了搭建浮桥上，在北岸集结的北宋大队人马因此得以顺利过江。

此前，当李煜得知北宋军队要在采石矶架设浮桥过江，仍然颇不以为然，因为此前从来没有人这样做，便觉得曹彬的做法必然不能成事。结果，宋军利用大船巨舰搭设浮桥成功，数万兵马出其不意地渡过长江，立即打乱了后唐军队的整体部署，多处军事要塞的兵力被抽调来援，却被已经分兵的宋军接连攻破要塞。由于李煜过分依赖长江天堑，北宋大军一旦渡过长江，便如入无人之境，再加上采石矶已经被曹彬先行攻下，宋军很快进逼金陵城下。

接下来，宋军并没有着急进攻，而是分兵攻陷了金陵周边的几座卫城，然后才回兵对金陵城完成三面合围。进攻开始后，宋军出其不意地使用火攻，同时派出精锐骑兵涉水横越秦淮河，成功突破金陵外城。这个时候，外围的南唐军还对采石矶发起反攻，企图夺过浮桥，切断北宋军队的后勤补给线，但遭到防守宋军的迎头痛击，只得狼狈逃窜。另一方面，金陵城危在旦夕，李煜居然把城防事务交给部将，自己却躲进深宫，终日和一群和尚念经祈福，希望得免此难。

本来，以金陵城的地势险要，李煜还能够坚持下去。密切关注战局的赵普，也已经有些着急，因为当时已经临近酷暑时节，北宋军队本来就不识水性，再加上高温炙烤，疾病减员越来越严重。但局势的逆转发生在战场另一端，那就是和北宋军队一起夹击南唐的吴越军，此时，他们已经成功突破金陵东面门口润州（今江苏镇江润州区）。双方大军来到，迅速完全四面合围，金陵城由此成为瓮中之鳖。不过，由于金陵城防御工事极为坚固，赵匡胤并没有急于攻城，而是采用了赵普"围而不攻，劝敌来降"的策略。

一年之后，李煜眼见自己的部下接连出城投降，整个金陵城防也已经千疮百孔，三军粮草更是已经消耗殆尽，终于丧失斗志。宋军大将曹彬眼见时机成熟，忽然催动大军攻城，后唐守城再作一番象征性的抵抗，纷纷放下武器束手就擒。金陵旋即告破，李煜出降，南唐政权就此灭亡。赵匡胤举目南眺，南方诸国就只剩下刚刚赶来会战的吴越政权，以及盘踞福建的陈洪进家族了。

吴越国在五代十国建立，以钱镠被后梁封为吴越王奠定基业，后传位到钱俶手中。由于吴越政权和后唐政权世代为仇，且自身实力较弱，因而一直与中原政权为善，以避免被后唐覆灭。赵匡胤称帝后，钱俶照例纳贡称臣，此时北宋征南唐，钱俶也受命前来会战，因而得到赵匡胤礼遇。南唐覆灭后，赵匡胤即令钱俶进京朝见，并承诺在朝见之后放他回去。钱俶别无选择，只得率全家前往开封，赵匡胤派皇子出城迎接。让钱俶没想到的是，赵匡胤居然没有食言，如约放他回去。但钱俶心里明白，赵匡胤之所以这样做，是想让他主动交权献地，同时也是因为吴越政权对北宋威胁过小。

此时，由于南方诸国已经不复威胁，赵匡胤和赵普又急着对付北汉和辽国，遂将主要精力转向北方，因而吴越政权和陈洪进家族并没有及时交出权力。不过，北宋江山已经四平八稳，中央集权更是不可逆转，地方藩镇的时代由此成为历史。到了太宗朝，先有陈洪进主动献地称臣，吴越王钱俶也就有样学样了。

北宋的隐痛

赵匡胤和赵普既然平定南方诸国，接下来就要平定北方，首当其冲者乃是北汉政权。北汉虽然地域狭小，物产贫少，但民风彪悍，地势险要，城防坚固。除此之外，北汉君主效仿后晋开国皇帝石敬瑭的做法，虽然称帝，但是向北方的辽国称儿、称侄，以此来获取辽国的支持。当年高平一战，赵匡胤曾带兵大败北汉军，因而并没有把对方放在眼里，这才在初定国策的时候想要先灭北汉。此后，在赵匡胤平定内忧外患的过程中，几乎每个对手都和北汉存在秘密联络，可以说北汉始终威胁着北宋政权的安全，也是北宋最顽强的敌人。如今着力对付北汉，无论是赵匡胤还是赵普，心中都有新仇旧恨一起算的意味。

事实上，我们前面已经提到过，早在北宋军攻灭后蜀时，就曾将战略重心短时间转移到对北汉政权的进攻上。当时，北汉君主刘钧病逝，其子刘继恩即位。由于宰相郭无为专政，君臣之间的矛盾日渐激化。先是刘继恩计划废掉郭无为，但谋事不密，被郭无为听到风声，于是先下手为强，派人杀掉了刘继恩，转而将刘继元扶植为皇帝。在这种情况下，赵匡胤以为有机可乘，果断派兵进攻北汉，且战事非常顺利，一直打到太原（今山西太原）城下，且迅速形成包围圈。宰相郭无为原本有心顺应历史潮流，接受赵匡胤的招降，但无奈反对的势力太大，只好作罢。

当时，对局势发展有重要影响的还有辽国，他们不愿坐视北汉政权被消灭，在接到刘继元的求援书信后，立即派出大军驰援。北宋统军大将李继勋深知不敌北汉和辽国联军，主动撤围回防，北汉和辽国联军不依不饶，一直追到北宋境内掠夺一番，才心满意足地回撤。赵匡胤自然不肯善罢甘休，既然遣将征伐未果，他便准备率军亲征。此举虽然遭到赵普坚决反对，但赵匡胤认为机不可失，遂派遣李继勋部为先锋，自己则率领大军压阵。赵普见事情已成定局，只得勉力为之，随军参谋。

这一次，赵匡胤的运气似乎用尽了，他虽然依靠赵普制订的周密计划，成功击退北汉和辽国联军，甚至击溃了辽国的后续援兵，并且对太原再次完成合围。但忽然遭遇连日降雨，前后一直持续了半月有余，战事由此陷入僵持。大雨停后，北宋大军抖擞精神，但几番强攻之下，都被顽强抵抗的北汉军击退。这个时候，赵普经过对太原周边地形的侦察，建议赵匡胤用水攻。原来，太原城附近有汾水，再加上连日降雨，只要筑堤截流，待水位上涨到一定高度，就可以引来冲垮太原的城墙。

自古以来，名将无不善于利用水火之力。于是，只有招架之功的北汉军队只能在城头眼睁睁地看着宋军截流引水，却想不出任何应对之策。等到万事俱备，赵匡胤一声令下，洪水倾泻而下，太原城转眼陷入一片汪洋之中。连日浸泡之下，太原城的一段城墙轰然倒塌，宋军随即乘冲锋舟急攻。这个时候，北汉将士顽强拼搏的一面表现出来，他们同样乘着小船进行反冲锋，居然一边作战一边把城墙抢修一新。赵匡胤因此大为震怒，认为冲锋的战士不卖命，因而亲自来到阵前督战，宋军攻城日紧。与此同时，由赵普负责的隐秘战线也在发挥作用，通过积极运作，郭无为终于被策动来降。但是他的举动被刘继元察觉，并及时将其捉住，后在城头缢杀，以示坚决对抗宋军的决心。

这个时候，疟疾等疾病开始在北宋大军中迅速蔓延，辽国大批援军也在蠢蠢欲动，情况对北宋越来越不利。赵匡胤此次亲征北汉，原本势在必得，当下面临如此局面，一时陷入进退两难。始终密切关注赵匡胤心理变化的赵普将一切看在眼里，但他并没有挑明，而是授意太常博士李光赞上书请求退兵。赵匡胤已知无可作为，只好顺势下了台阶，率领大军回朝。但是经过此次征战，北汉国力大为削弱，不复对北宋构成实质威胁，这就为北宋大军继续南征创造了有利环境。

此时，南方诸国尽皆平定，赵匡胤和赵普也得以全面对付北汉。然而，就在北宋大军第三次兵围太原，战事正如火如荼之时，一代英主赵匡胤却忽然离世。继承皇位的宋太宗赵光义随即下令撤军，北宋大军再次无功而返。当然，宋军此次北伐，进一步削弱了北汉的国力。赵光义稳住局势后，第四次对北汉发动进攻，赵普同在军中参谋。这一次，他们汲取了因辽国支援北汉而不得不退兵的教训，只用少数军队围城，反将重兵用于阻击辽军。果不其然，在宋军大败来援辽军之后，北汉政权的抵抗意志终于被撼动。赵光义亲自督战，促动大军加紧围攻太原城，刘继元在耗尽钱粮兵马后，出城投降。

就这样，动乱不安的五代十国正式宣告结束，北宋王朝的真正敌人，只剩下盘踞北方的辽国。然而，正是这个辽国，成了北宋王朝挥之不去的噩梦。众所周知，辽国兴起于东北平原，想要进而威胁中原政权，必须经过燕云一带的崇山峻岭。后晋皇帝石敬瑭将燕云十六州拱手相送，致使中原政权的北方藩篱尽丧，北宋建国后同样面临这一难题。后来宋军虽然攻占太原进而据守雁门关，但这也只能勉强换来西线的安宁。至于更为广阔的华北平原，也就是东部防线，则完全袒露在辽国的兵锋之下，契丹铁骑从燕山山脉一路南下，三五日即可进至黄河岸边，过了河便是北宋都城开封。

因此，无论是之前的后周世宗柴荣，还是宋太祖赵匡胤和宋太宗赵光义，都想要恢复燕云十六州。但是慑于辽国全民皆兵，且兵强马壮，尤其善于野战，谁都不敢轻动兵锋，以至于燕云十六州被辽国慢慢消化，从此对中原王朝占尽了军事主动权。

有人认为，赵匡胤南征诸国时，辽国发生内乱，势力处在最弱阶段。赵普应该同意赵匡胤"先北后南"和"先难后易"的政策，首先出兵平定北方，尽收黄河流域，收复燕云地区，关上中原地区的"北大门"，之后收取南方诸国将轻而易举。但一般认为，赵匡胤的方案较为激进，如果进攻北汉和辽国失败，必招致辽国大举入侵中原，到时不仅新生的北宋政权将面临夭折，整个中原地区也将沦为辽国领土。而依赵普计策行事，至少可以阻遏北汉和辽国南犯，从而保住中原政权。再加上辽国势大力沉，与之征战必然陷入长期僵持，当时的中原地区时常被辽国袭扰，经济已经不足以支持北宋大规模用兵。率先攻占江淮地区，以确保北宋的后勤供给，乃是一条万全之策。

不管怎么说，赵普毕竟辅佐两代君王统一了中原政权，为天下百姓赢得了难得的喘息机会。这对于我国历史的整体推进，尤其对于当时万民的福泽，乃是一件莫大的功绩。

第四章
三起三落

　　赵普大器晚成，到 40 余岁才出任宰相，又因为种种原因两次罢相，但却总是可以重登相位，直到最终死于宰相任上。整个过程当中，赵普经历太祖、太宗两朝，身影出现在北宋初年各大历史事件中，同时亲手策划并亲身参与了很多机要大事，对北宋王朝的建立和发展做出了不可磨灭的贡献。由于不断攀登人生顶峰，一向机敏谨慎的赵普也曾犯下错误，但是他又能够及时改正和补救，并始终屹立不倒。

罢相

　　前面已经说过，赵匡胤之所以能够代周建宋，在五代十国的乱局中脱颖而出，最为关键的原因就是他重用文官，其中又以赵普的作用最大。而在其他政权中，无不以武夫横行霸道，即便有文臣存在，也根本无法起到应有的作用。赵匡胤平定天下之后，更是下令武将读书，这在当时还掀起了一阵读书热潮。看到武将出身的赵匡胤每日手不释卷，赵普等一批文官无不大感欣慰，因而在他们治理国家的过程中，也都愿意拼尽全力。

然而，赵普虽然知识渊博且实干能力卓著，但是对书本上的内容却知之甚少。比如宋朝建立之初，赵匡胤想找一个从来没有人用过的年号，借以彰显自己的盖世功业，这件事自然又落到了赵普手中。为了让赵匡胤满意，赵普和部下一起商讨多时，最终议定"乾德"二字，果然深得赵匡胤欢心。用至第三年，赵匡胤于某日临幸一位贵妃，早起见其梳妆打扮时，忽见一面铜镜上写着"乾德五年铸"字样，一时大为惊奇。后来查明，四川曾经有个短暂存在的小政权，用过"乾德"年号，那面铜镜正是来自这个小政权。赵匡胤因此打趣赵普不读书，并劝他多读些书，莫负了自己"文治天下"的期许。

因此有人说，赵普不爱读书，经赵匡胤劝说才开始读《论语》。事实上，赵普出身书香世家，自幼酷爱读书，《论语》更是早年就读得烂熟于胸。及至成年入仕，经过战场洗礼和宦海沉浮，《论语》一书更是被他理解得透彻无比。后来，赵普曾与成为皇帝的赵光义谈论如何治理天下，其间说道"臣有《论语》一部，半册助君打天下，半册助君治天下"，借以劝诫赵光义以文治天下。后世对赵普遂有"半本论语治天下"之评，实为断章取义者为之，又遭后人以讹传讹。应该说，宋朝始终坚持"文治天下"，赵匡胤更是定下"不杀文士"的祖训，赵普的功劳不可谓不高。

一说赵普不喜读书，因而与赵匡胤生隙，更为无稽之谈。赵普得赵匡胤重用，第一位原因在其私情，第二位原因在其谋略，第三位原因在其老成，至于读书识字，不知要排出多少位去。何况，此时的赵匡胤既得天下，便可谓"普天之下莫非王土，率土之滨莫非王臣"，要多少读书人不可得？赵普乃是文官集团的首领，手握宰相重权，麾下读书人数之不尽，岂能因为咬文嚼字的功课未做足，就被赵匡胤嫌隙。因而我们说，赵普不仅好读书，并且经常劝诫别人多读书，而赵匡胤正是他劝诫的主要对象之一。

要说赵普和赵匡胤之间的嫌隙，却也是有的，甚而可以说是矛盾，但实际上乃是因为权力之争而产生。史料记载，赵匡胤曾经让赵普举荐一人，赵普照例拟定文表名单，并且在朝议的时候如约递上。其中有一人被赵匡胤厌恶，因而未被任用，结果却遭赵普一而再、再而三地举荐。赵匡胤为此大怒，将名单拿去撕成粉碎，赵普却不急不闹，默默将碎纸拿回去粘好，第二天仍旧呈上。赵匡胤拗不过赵普，只得将此人擢用，赵普方才作罢。后人提及此事，多言赵普耿直，赵匡胤英明，或同表君臣二人如李世民和魏征，实乃欲盖弥彰，因为此事恰恰说明赵普和赵匡胤的矛盾已经公开化。

不一日，赵匡胤像往常一样来到赵普家做客，不期撞见桌上放着的十瓶金瓜子。很快查明，乃是吴越王钱俶的行贿钱，意图通过赵普向赵匡胤说情，不要夺取其吴越之地。赵匡胤由此对赵普产生怀疑，尔后提防之心日重，直到将其罢相。然而，史书并未说明，志怀天下的赵普为什么会收下区区十瓶金瓜子，一向机敏严谨的他，又如何会让赵匡胤本人撞见这十瓶金瓜子。实际上，金瓜子不过是一个导火索，或者说是赵匡胤的一个借口，围绕皇权和相权的斗争，才是问题的关键所在。

赵普拜相之初，赵匡胤因为倚重他的地方甚多，才给了他巨大的权力，赵普也由此成为名副其实的宰相。但更深一层的原因，乃是赵匡胤和赵普存在共同的敌人，等到他们共同的敌人被消灭殆尽，赵匡胤和赵普之间的矛盾，或者说皇权和相权之间的矛盾，便逐渐显露出来了。事实上，赵普不见得没有范蠡和张良急流勇退的智慧，只是他已经被权力绑架，不得已才与赵匡胤一步步走向决裂。当时，群臣递给赵匡胤的奏书，都要经过赵普之手阅览。而赵普必先行审批，对于那些不同政见，甚至出言诋毁自己的奏书，他自然会不同程度截留，如此岂能不引起赵匡胤的高度警惕。

与此同时，赵普嗜权的另一个负面作用也显现出来，那就是与其他大臣之间的权力矛盾。有史料称，赵普曾经网罗罪状，公开弹劾王仁赡。要知道，以赵普的位高权重，想要弹劾谁，完全没必要亲自出马，只要有人代为出面，他就可以用宰相职权进行处置。赵普之所以这样做，实际上是因为王仁赡多次单独进宫面圣，而此前单独进宫面圣的几乎只有赵普一人。至于赵匡胤为什么这样做，显然是为了培植力量牵制赵普，以备将来尾大不掉。由此可以看出，赵普的做法，与其说是弹劾王仁赡，不如说是他想裹挟整个文官集团，借而向赵匡胤示警。可惜，赵普以宰相位自居惯了，一时被权力欲望冲昏头脑，因为赵匡胤根本不可能就范，他的想法和做法都太失水准了。

不知不觉中，朝野上下冒出了很多与赵普为敌的人，有些人是明着来，也有些人是暗中操作，实在让他防不胜防。除此之外，赵普的亲信部下，也纷纷被赵匡胤借故调离，至于代替他们的人是否还能对赵普言听计从，便可想而知了。接下来，赵匡胤的动作更加明显。枢密使李崇矩和赵普关系密切，二人是儿女亲家，两大家族可谓荣辱一体。没有任何征兆的，李崇矩因为一个未经查证的罪名，忽然被罢了官。紧接着，曾经因得罪赵普而遭罢免的文官武将，纷纷得到重新任用，有些人甚至进入国家中枢机构。

与此同时，弹劾赵普的奏书蜂拥而至，赵普再怎么截留也无济于事了。就像是约好了似的，弹劾赵普的奏书刚刚送到赵匡胤手里，御史台对赵普的调查就开始了。很快，更大范围的赵普亲信势力被查处，他的根基由此被强烈撼动。反观中央政权，薛居正和吕馀庆先后进入最高机构，在赵匡胤的支持下，他们得以和赵普平分相权。赵普深知，赵匡胤已经决意弃用自己，且由于赵匡胤行事缜密，他并没有组织起像样的反击，因而只能听天由命，在宋太祖开宝六年（973年）八月即遭罢相。

应该说，赵匡胤并没有把事情做绝。他罢免赵普的理由是"均劳逸"，意思是赵普一生担任宰相之职，太过劳累，此时应该得到适当的休息，最好是完全地休息。然而，赵普并不打算轻易放弃，位极人臣的他已经尝到权力带来的巨大荣耀，因而被权力欲望深深吸引难以罢手，如此不明不白地退出历史舞台，是他绝对不能接受的。当然，经历无数沧桑的赵普并没有选择奋起反击，而是顺势沉寂了下来，在隐忍待发中准备东山再起。

最有力的盟友

赵普罢相之后，被贬为河阳节度使，远离了北宋的权力中心。按照赵匡胤的想法，他应该从此安分守己，在心满意足中过完余生。可惜，这只是赵匡胤一相情愿的想法，赵普被贬之后非但没有善罢甘休的想法，反而积极推进着一个惊天动地的计划。当时，赵普的势力已经被赵匡胤打得七零八落，但这些势力并没有得到彻底剿灭，这些人像赵普一样静静蛰伏在各个角落，只待时机成熟，就会跳出来汇成洪流，形成滔天之势。更为重要的是，赵普本人参与了北宋政权的建立和稳固，对于政权内部的玄机再清楚不过了，基本上什么事都瞒不了他。应该说，赵匡胤的仁慈，在很大程度上帮了他，但是在赵普这里，这份仁慈则成了害他的毒药。

当然，如果赵普想要通过自己的势力反击赵匡胤，将无异于螳臂当车，何况他的势力已经被打残，且正被赵匡胤高度警惕中。在这种情况下，赵普作出了准确的判断，那就是一边韬光养晦，一边暗中联络那些与赵匡胤存在矛盾的势力，以期对赵匡胤发起致命反击。这个时候，赵普的想法已经很明朗，既然不可能通过正常手段上位，就只能通过自己的手腕达成所愿。可惜，赵普举目四望，整个北宋政权内部能够和赵匡胤抗衡的，或者敢于和赵匡胤抗衡的人基本没有，联合北方的辽国发难赵匡胤，又不在赵普的考虑范畴内。作为当时最受瞩目的政治家之一，这点见识赵普还是有的，何况郭无为的下场已经摆在那里。

经过苦苦等待，再拨开重重迷雾，赵普终于露出了久违的笑意，因为他找到了一个最有力的盟友——赵光义。赵普和赵光义以盟友关系共同对付赵匡胤，这一想法乍看上去简直有些痴人说梦。作为赵匡胤一奶同胞的亲弟弟，同时又深受赵匡胤的信任，赵光义自然是北宋政权最坚定的拥护者，怎么可能和赵普一起对付赵匡胤。但问题就出在这里，赵光义是北宋政权的坚定拥护者，但他并不是赵匡胤集团的坚定拥护者，这一说法看似矛盾，实际上则透着血淋淋的事实，而这个事实的名字就叫作利益。

赵光义是武将，政局稳定之后便被隔离在国家核心权力之后，如果他想要进一步争取自己的利益，没有一位朝中重臣的帮助是无法想象的。而赵普虽然执掌朝野权力多年，却唯独没有染指兵权，他想要成事，得到一位得力武将的支持至关重要。当然，北宋的武将密如繁星，对付皇帝这样的事又必须保证机密，那些没有胆量和能力，尤其是利益无关者，根本没有考虑的必要。因此，赵光义无疑是最合适的人选，恰好此时的他也和赵匡胤之间生出嫌隙，赵普自然有办法让他生出异心。不管怎么说，在赵普和赵光义共谋举事的那一刻，北宋王朝除了居于核心和正统的赵匡胤集团，另一个足够强大的集团便宣告形成了。

其实，以赵匡胤的智慧，对于自身皇权的漏洞，能够堵住的都已经堵住了，但问题最终出在了他最为倚重的文臣武将身上，真可谓防不胜防。我们前面已经说过，赵匡胤虽然有篡夺后周之举，但是其人足够仁德，极少对人举起屠刀。包括后来降服的大批敌国君主，也只是被他接到了京城供养，哪怕是用武力强行征服的人也不例外。而赵普被弃用，虽然未被赶尽杀绝，心中却怨恨大于感激，他不甘心就此远离政治核心，卷土重来势在必行。那么，赵光义又为什么要铤而走险，选择和赵普一起对付自己的哥哥呢？

在我国古代社会，同一朝代的皇位继承，主要有两种形式：一种叫"父死子继"，另一种叫"兄终弟及"。如果从在位皇帝的主观意愿来讲，基本上都偏重于前者，也就是把皇位传给自己的儿子。赵匡胤也是这种想法，从他已经作出的相关安排来看，在他百年之后，继承皇位的人应该是他的皇次子赵德昭。换句话说，北宋王朝的皇权，将在赵匡胤一脉传承延续，赵光义一脉将永远作壁上观，至少在法律和名义上是这样。在赵普鼓动之下，赵光义的心思活转了：既然皇位更替程序里有"兄终弟及"一条，为什么自己不努力尝试一下，争取过一把皇帝瘾呢？

史料记载，赵匡胤的母亲杜氏在临终前，曾经把赵匡胤叫到床前，赵普在旁记录遗言，杜氏情绪激动地问赵匡胤："知道你为什么能做天子吗？"

看看身边的赵普，赵匡胤心中一百个明白，但是为人至孝的他也动了感情，只能敷衍了事说："都仰仗太皇太后（指杜氏）隆德。"

杜氏已经没心思说这些口水话，直入主题说："你能做天子，只是因为后周世宗皇帝早死，继位的皇子年幼，后周大臣和武将们怀疑幼主的能力，因而才让你有机可乘。如今，我将要离开人世，实在不愿这样的事情发生在你的身上，因而你一定要把皇位传给自己的弟弟（指赵光义），不要传给未成年的儿子（指赵德昭）。（杜氏死时，赵匡胤34岁，赵德昭14岁，但杜氏不可能知道赵匡胤享年多少，也就不可能预知赵德昭以多少岁即位，因而此说杜撰痕迹明显。）"

赵匡胤在这种情况下能说什么呢？只能支支吾吾地表示同意，再说一些诸如让杜氏注意身体，必定长命百岁之类的话。

赵普从旁记录，然后将记录内容封入金匮，是为"金匮之盟"。

对此，我们暂且不论杜氏有没有眼光看出她所说的继位问题，或者说是不是赵普和赵光义教她这么说的。只说在皇位继承问题上，赵普乃是一个外人，就算杜氏能够看清这一问题，并且想要管这件事，也应该是召见自己的两个儿子，即赵匡胤和赵光义，怎么可能让赵普参与其中呢？更为蹊跷的是，皇位继承事件的主要当事人之一赵光义，居然不在现场。而赵匡胤虽然对母亲孝顺至极，但是在皇位继承的大是大非上，恐怕不会如此轻易就范。事实上，从此则史料记载中，我们只能得出一个可靠信息，即在皇位继承问题上，赵光义和赵普动用了杜氏的名义，再无其他。

宋开宝九年（976），赵匡胤病体沉重，眼见时日无多。皇后派出亲信王继恩去召皇四子赵德芳入朝，名为安排后事，实则抢夺皇位。而这个时候，局势已经紧张到空气凝固，赵光义和赵普更是通宵达旦不敢入睡。而被皇后寄予厚望的王继恩，早已被赵普策反，一出宫门就直奔赵光义府中送信。实际上，就算他没有被策反，当时的开封城已经被赵光义和赵普牢牢控制，仅凭一个王继恩实难有所作为。赵光义得到消息，立即在王继恩的带领下闯入皇宫，皇后见事情有变，毫无主张，只是求赵光义不要伤害他们母子。赵光义应允，并许以富贵，皇后便退出寝宫，挡在赵匡胤面前的最后一道防线就此消失。

接下来发生的事情，史官只用了四个字记载——烛影斧声，第二天赵匡胤就驾崩了。可笑的是，后世有很多人对"烛影斧声"四字乱加解释，以表明赵光义得位之正，实为自欺欺人之说。当然，也有人责怪史官不负责任，非要把一场宫廷政变写得如此含糊其辞。对此，我们倒应该设身处地为史官考虑一下，赵光义既得皇位，史官们便是他的臣子，能够将事件含糊其辞地写出来，已是他们所能做到的极限了。而赵光义又允许这样含糊其辞的记载留世，表明他想与当朝后世的明白人保持心照不宣，诸君自可见仁见智了。

对于此次皇位继承事件，还有一个评述混淆视听，就是所谓的"千古疑案"。其实，但凡疑案，不过是有人欲盖弥彰，其目的也不过是遮己之丑罢了。我们只要找出这个人，再找出他惧怕的事情是什么，疑案皆可大厘理清脉络，有些简直可以水落石出。现代刑侦法则当中有一条"利益就近"原理，就是在找不到嫌疑人的情况下，试看当事人的死对哪个人最有利，借此找出嫌疑最大的那个人，结果总是十拿九稳。"烛影斧声"之后，赵光义荣登皇位，赵普也由此重获相权，个中玄机不言自明。

终亡任上

一般认为，赵光义登上皇帝宝座，论功行赏，赵普以最大功劳得封宰相。实际上，帮助赵光义登上皇帝宝座的功臣绝不只有赵普一个，就算赵普在此次事件中的作用最大，也不可能在赵光义眼中功劳最大。因为赵普只是他的盟友，而并不是他的亲信势力，二人早年甚至有过嫌隙和矛盾。换句话说，赵光义并不信任赵普，怎么可能将宰相重权交给他呢？何况，赵普为什么会被赵匡胤罢相？最主要的原因就是因为他专权，赵光义的权力欲望比赵匡胤有过之而无不及，他又怎么可能任用有专权"前科"的赵普为宰相呢？

事实上，赵光义之所以任用赵普为相，一个最简单的原因就是赵普还有利用价值，即铲除赵匡胤的残余势力。赵光义用非正常手段上位，赵匡胤的势力不可能善罢甘休，而赵光义如果亲自出面剿灭他们，很容易激起更广泛的批评和更猛烈的反扑。在这种情况，如果有一个人能够做他的挡箭牌，并且帮他将赵匡胤的残余势力一一铲除，对于赵光义来说，无疑是最理想的事情。那么，最合适的人选是谁呢？不用想也知道，这个人就是赵普。试想，如果没有这一层原因，赵光义在继位之初，很可能就会对赵普痛下杀手。他不缺少这样做的勇气，也不缺少这样做的决心，尤其不缺少这样做的动机。

应该说，作为获得相权的回报，赵普在帮助赵光义铲除赵匡胤的残余势力时，真可谓不遗余力。当时，对赵光义皇权威胁最大的，自然是赵匡胤的几个儿子，因为他们更有理由继承皇位。史料记载，赵匡胤的四个儿子当中，除了皇长子赵德秀和皇三子赵德林早亡，皇二子赵德昭和皇四子赵德芳，都是非正常死亡。在此，又可以看出赵光义的歹毒，因为按照"金匮之盟"，皇位由赵匡胤传给赵光义，接下来要传给赵廷美（因避赵光义讳改名），然后就是赵匡胤的三个儿子。结果皇位尚未传到赵廷美手中，赵匡胤的儿子先死，可见事情的蹊跷。而这个时候，仍然在世的赵廷美作何感想，也就不言而喻了。

为了保住自己的性命，赵廷美做人做事恭谨之至，以至于赵光义一直找不到对付他的借口。但是在赵普介入此事之后，局面立即有了改观，由于他操持秘密工作多年，很快搜集出了大量对赵廷美不利的"证据"，并且送到赵光义案头。可惜，这些"证据"无关痛痒，大都只是一些诸如生活作风之类的问题。于是，赵普又指使亲信不断诬告赵廷美谋反，事情说得"有根有据"。赵光义终于得以将赵廷美撤职查办，贬为西京（今河南洛阳）留守，使其从此远离中央政权。然而，赵光义用"兄终弟及"的名义坐上皇位，只要赵廷美不死，就必须把皇位传给他，否则就会失信于天下。但是赵廷美已经遭到贬谪，赵光义又不能再让他以非正常方式死亡，局面一时之间又陷入僵持。

不过，赵光义一筹莫展的事情，对于赵普来说却是小事一桩。既然赵廷美恭谨至极，没有什么把柄可抓，转而去抓其下属的把柄即可。很快，赵廷美的一大批亲信势力，被赵光义用各种名义定罪。而既然下属出了"这么大"的问题，他们的主子也就难辞其咎，赵光义终于可以对赵廷美下手了。经过群臣朝议，赵廷美对属下有监察不力之失，按照国家律法可以处斩。赵光义不想把事情做得太明显，只是撤除了赵廷美的一切官职，并且将他软禁在私宅当中。赵廷美也知道自己处境堪忧，不知道哪天就要被拉出去砍头，郁郁之中病倒在床，没挨多久便撒手人寰了。

帮助赵光义解决掉所有绊脚石，赵普看似又可以大权独揽了，但即使是他自己也十分清楚，赵光义绝对不会让他一支独大。果然，就在赵廷美死后不久，赵普就发现自己的处境有些不妙，情况和他在赵匡胤时期为相后期如出一辙。很快，在消除赵匡胤残余势力时，赵普辛苦建立起来的权力，就被赵光义一砖一瓦地拆除了。赵普再不敢有专权的奢望，只是企图保留一点宰相的权力和尊严，但是直到此时他才明白，无论是在太祖朝还是在太宗朝，真正让他走入绝境的不是专权，而是"兔死狗烹"。赵匡胤的残余势力被剿灭，赵普的利用价值即宣告失去，当年就被赵光义罢了相。

很难相信，此时的赵普仍然没有放弃对相权的追求，而这一次，他把目光投向了赵光义的次子陈王赵元僖。赵元僖是赵光义最看重的儿子，很有可能成为皇位的继承人，而他之所以能够占此优势，赵普显然居功甚伟。原因很简单，如果不是赵普逼死了赵廷美，皇位还将按照"兄终弟及"的方式传递，根本不会轮到赵元僖。当然，这一原因只在其次，更重要的原因是赵普和赵元僖主动修好，给他提出了很多有价值的建议。应该说，赵元僖明面上是敬佩赵普，实际上却是想倚重他的势力，以便让自己在皇位争夺战中增加胜算。连赵元僖这样的晚辈小子都开始玩弄权术，赵普终于看清，属于自己的时代已经成为过去。

不管怎么说，赵元僖在赵光义面前替赵普极尽美言，逐渐改变了赵光义对赵普的不良印象。与此同时，赵普也在积极向赵光义靠拢，比如在赵光义亲征辽国的时候，兵锋受阻，战事被拖延了下来。这个时候，赵光义已经有心退兵，但是这样做会折损天子的威严，一时只是苦于没有适当的理由。赵普深知赵光义骑虎难下的微妙心态，因而接连上书要求撤兵，赵光义找到台阶下，对赵普深为感谢，因而升了他的官。赵元僖以此为契机，积极运作赵普重任宰相，并最终得到赵光义的应允。就这样，赵普第二次被赵光义任命为宰相，同时也是赵普一生当中第三次出任宰相，时年已经66岁。

不过，赵普很快就发现，自己的宰相职权只是个虚职，赵光义已经大权独揽，自己能够做的事情实在不多。这个时候，赵普的权力欲望已经渐渐变淡，为官更是兴趣聊聊，再加上他意识到天意不可违，便想从此退出政治舞台。于是，赵普以年迈体病为由，接连上书赵光义，要求回乡养老。赵光义最初还担心他到地方之后做大为祸，确信其并无异志后，才同意了他的请求，同时拜赵普为太师，封魏国公。此时，赵普已经是70岁高龄，人生旅途也已经接近尾声，名利得失真正成了过眼烟云。

宋淳化三年（992）七月十四日，赵普卒于洛阳，享年71岁。

赵光义闻讯后，追封他为真定郡王，谥忠献。次年二月，赵普遗体葬于洛阳邙山，结束了辉煌无比又颇具争议的一生。今天，我们综观其政治生涯，前后共约五十载有余，大体算得上是一位富有远见的政治家。他所制定的一系列政策，对于巩固北宋政权，结束动乱纷争的五代十国，以及开创宋朝三百二十年国运，具有不可磨灭的贡献。可惜，在把持国家权力之后，他不幸陷入了权力的斗争旋涡之中，虽然前后三次拜相，成就却一次不如一次。其人生轨迹，也在不自觉中偏离了最初的梦想，并没有做出造福百姓的政绩，这恐怕是他一生中最大的遗憾。

第二篇
寇准
——千秋是非谁评说

寇准是一个正直的人，是又有才能又正直的人，是个胆子又大又有才能又正直的人。上一个这样的人名叫魏征，但寇准却并没能遇到属于他的李世民。于是，为大宋朝立下无数功劳，当了无数次"救火队长"，但却还是只能落得个毁誉参半的名声，千秋功罪只能留待后人评说。这不仅是寇准的悲剧，更是那个时代的悲剧。

第一章
奇才出世

寇准的名字对于大多数人来说并不陌生，在各种艺术作品中，他的出镜率很高。应该说，在宋初的一大批历史名臣中，寇准是一朵奇异的花朵。有些人对寇准的评价很高，认为他对北宋有再造之恩，并且将他喻为忠臣良相的楷模，可谓推崇备至。然而，一些完全不同的标签同样粘贴在寇准身上，不学无术，好大喜功，奢华腐败，甚至晚节不保。归根到底，乃是因为他少年时期的特殊经历，如此才在成年之后形成了独立的个性和高傲的品格，以至于引起当时后世的颇多争议。

少年梦

宋建隆三年（962），寇准出生在华州下邽（今陕西渭南）。寇家虽然世代读书，但当时天下初定，读书人还没有得到大规模起用，寇准一家实际上乃是以务农为生。寇准出生的具体日期是阴历七月十四日，按照我国传统习俗，第二天也就是七月十五日便是中元节，俗称鬼节。在这一天中，家家户户都要请道士做法式，以便让恶鬼得到超度，同时让亡魂得到安息。为了增加气氛，各种民间传统节目也会集中上演，因而大街小巷当中都是一派热闹的景象。按照我国史家的惯用套路，但凡大人物出生，都会被抓住一些神乎其神的预言性事件不放，诸如梦日入怀、金光乍现、紫气腾冲、香阵透天，等等。为此有好事者认为，这一年的中元节，正是为了迎接寇准的诞生。

事实上，寇准出生的年代，似乎比他出生的日期更有意味。众所周知，赵匡胤建立北宋政权是在宋建隆元年（960），而寇准出生在宋建隆三年（962），所以寇准几乎和北宋王朝同时诞生。应该说，北宋王朝的建立，已经隐隐有结束五代乱局的趋势。我们由此可以得出结论，在寇准的早年成长经历中，整个社会的局势发展，是由乱世走向治世的。所谓"久乱思治"，在这样一个时代背景下，整个北宋王朝，尤其是经历了多年战乱的底层人民，对于未来自然是充满希望的。

更重要的是，此时的人们沐浴在新王朝的阳光下，已经摒弃了五代十国的旧习气，同时新时代的坏习气还没有养成，社会风气可谓一片澄清。尤其是读书人的地位显著提升，对于寇准及整个寇家来说，都是再喜庆不过的事情。寇准有如此成长氛围，至少在大环境上是幸福洋溢的，这自然有助于他建立起远大的理想，而且是属于读书人的理想。

至于寇准的成长，基本和大多数人一样，首先是来自父亲的影响。寇准的父亲名叫寇湘，据史料记载，他不仅在后汉朝中过进士，而且是名副其实的状元。只可惜，当时社会正处在五代乱局之中，武人掌权，文人大多不得志，寇湘的状元头衔到底有多少含金量，实在要打上一个大大的问号。不过，寇湘的个人命运尚算不错，因为在他成功考取状元之后，很快被后汉皇帝刘知远的长子刘承训聘为幕僚，这就让他一举进入了国家核心权力阶层。

可以想见，按照当时的社会传统，皇帝的长子最有可能立为太子，也就是国家的准皇帝。寇湘作为刘承训的幕僚，只要取得一定成绩，从而占据一定地位，就可以从此登上政治舞台，甚至实现读书人的最高理想，即当上国家之宰相，这不禁让寇湘的心中燃起一团熊熊烈火。遗憾的是，寇湘的梦想很快就破灭了，刘承训在招纳他不久之后就离世了。不仅如此，整个后汉政权也很快灭亡，寇湘在短期内建立起来的人脉关系也就此消失。遭逢巨变的寇湘报国无门，仕途无望，直到长子寇准出生，才重新燃起希望，他要把自己的儿子培养成栋梁之材。

如今，当我们翻开史书，有关寇准早年的记载并不多，广为搜罗，只有两个小故事见诸记载。

第一个故事发生在寇准8岁的时候，当时的他已经开蒙，被寇湘送入私塾读书。一天，私塾先生指着窗外隐隐可见的华山，让学生们引而为题，即兴作一首诗。轮到寇准时，他已沉吟良久，起身道："只有天在上，更无山与齐。"意思是说，华山很高，普天之下没有山能够与之比肩，而唯一比它高的就是天。既然华山乃是"万山之上，一天之下"，寇准以华山自比，实际上就是想成为"一人之下，万人之上"的宰相。私塾先生听后自然大为惊叹，一个8岁的孩子能有如此志向，且自然而然地融于诗句中，其才华志向实在令人称奇。

后经私塾先生将此事传出，可谓越传越神，等到传入寇湘耳中，自然是莫大的荣耀和欣慰。事实上，寇准的头脑固然聪明，读书识字和吟诗作对也都不在话下，但能够建立如此高的志向，无疑是寇湘终日教导的结果。与此同时，寇准作为世代书香家庭的长子长孙，身上甚至被寄予了整个家族的希望，而且越是聪明就越容易被大家寄予厚望，其担负的压力应当也不算小。通常情况下，在巨大压力下长大的孩子，要么极端反叛，要么极端孝顺，但不管是哪种可能，都躲不过极端二字。值得庆幸的是，寇准的性格属于后者，也就是极端孝顺，这些都对寇准未来的仕途发展影响巨大。

第二个故事发生在寇准 12 岁的时候，父亲寇湘已经不幸英年早逝，寇准只能与母亲相依为命。由于受到家族照顾，母子二人的生活还算过得去，寇准没了父亲的束缚，反而得到了更多的自由。由于年少贪玩，寇准整天在外面疯玩，书也读得越来越糟糕，这自然惹恼了对他寄予厚望的母亲。寇湘离世之后，母亲把所有希望都寄托在了寇准身上，再加上让寇准读书成才是寇湘的遗愿，母亲无论如何也不会让他荒废学业。

一次，寇准把书读得稀里糊涂，却又要跑出去玩。母亲当时正在称东西，对于寇准的做法实在气不过，顺手就抄起一样东西朝他扔了过去。然而，当寇母意识到自己扔的东西是什么后，立即吓得面容失色，因为这样东西不是别的，正是一个圆滚滚的铁疙瘩——秤砣。万幸的是，由于寇准躲闪及时，秤砣只是砸中了他的脚。但即便如此，少年寇准还是忍不住疼，坐在地上哭了起来。母亲终日劳碌，再加上她心中疼惜寇准又怒其不争，并且勾起丧夫之痛，一时竟也跟着哭了起来,且越哭越凶,大有把心中委屈都哭出来的意思。

如此一来,反倒把寇准吓坏了,因为母亲从来都是以坚强示人,从来没有在他面前哭过,更别提哭得如此歇斯底里了。我们说,对于一个孩子来讲,最不能忍受的就是父亲的责骂和母亲的眼泪,这通常也是给我们童年留下印象最深的两样东西。寇准见母亲哭得如此痛彻心扉,想想只有好好读书才能让她欣慰,并且在将来长本事,有出息,以便报答她。这样一想,寇准便如梦方醒,从此发愤读书。其实,我们从第一个故事已经可以看出,寇湘已经在寇准的心里种下了一颗经天纬地的种子。只要这颗种子生根发芽,寇准就会朝着父亲为自己定下的目标,不断前行。

当然,寇准的真正发迹,还要从他登上政治舞台开始,毕竟当时像他一样的莘莘学子数不胜数。就当时而言,寇准只是一个普通家庭的孩子,其父寇湘在前朝的那一段仕途经历,显然也不能帮上什么忙。还好,他给了寇准聪明的头脑,同时也给了他远大的理想和无上的智慧。正是凭借这些用金钱和权势换不来的东西,寇准才创造了此后的辉煌和传奇,而一条帮助他放飞梦想的独木桥,已经在不远的未来等着他。

科考之路

《琵琶记》诗曰"朝为田舍郎，暮登天子堂"，这在宋朝乃是无比普遍和真实的写照。由于五代十国对知识分子的排挤，大部分读书人都已经进入社会最底层，过的是"面朝黄土背朝天"的务农生活。而这种务农还与今天不同，彼时大多是到地主家做工，一年辛苦劳累下来，不仅没有盈余，很可能还要欠下很多债务。北宋建立之后，国家对知识分子的待遇大幅提升，"鲤鱼跳龙门"的科举考试制度也很快恢复，这就让读书人有了重要的社会上升通道，因而改变了千万学子的命运，而这些学子中自然就包括寇准。

科举考试通常每三年举行一次（赵光义一朝的考试比较密集，他继位之后的四年时间里便举行了三次科考，寇准参加的即是第三次），每次至少要花费一年的时间，总共分别为解试、省试和殿试三道关卡。这三场考试，每次都会刷掉大量考生，因而也可以用"千军万马过独木桥"来形容竞争之激烈。其次是"解试"，于第一年的秋天举行，地点分布在全国各地，由各州政府主办。考生通过此次考试之后，就可以进京参加"省试"和"殿试"了；首先是"省试"，于第二年正月举行，这里的"省"并不是指今天省份的"省"，而是指尚书省的"省"，具体是由尚书省下属的礼部主持；最后是"殿试"，在同年三月举行，且顾名思义,此次考试要在宫殿中举行,而主考官正是当朝皇帝。

由皇帝主持最后一场科举考试,有一举两得之功用,首先是能够最大限度避免主考官作弊,这样的事情在各个朝代都有,而且是绝对的可大可小;其次,皇帝也可以通过正常考试和考生建立私人关系,在古代社会,被主考官录取的考生被视为主考官的门生,在官场之上,是一种非常重要的私人关系,用于维护各种各样的群体利益。而如果有皇帝主持考试,被录取的考生就成了天子门生,将有助于维护和巩固皇帝的权力。因此,在我国历史上的各朝各代,皇帝都非常热衷于主持殿试,宋朝当然更不例外。

宋太平兴国五年(980),19岁的寇准经过充分准备,终于开始了他的科考之路。值得一提的是,寇准在参加科考之初,就与大多数人不同。至于具体的不同之处,套用今天的话说,就是他属于一位"借考生"。按照宋朝的科举考试制度,考生参加解试必须选择本州,相当于我们今天所说的地级市,因为寇准应该在华州参加解试。但是寇准却没有按照常规去做,而是到了大名府(今河北大名)参加解试,原因很简单,在大名府参加科举考试成功的概率要比华州大。

至于这次考试的结果,还为寇准赢得了一次小小的辉煌。由于名声在外,当时在大名府参加考试的学生中,有两个人赢得解试第一名(即解元)的概率最大,其中之一就是寇准,另外一个人叫张咏。但就是这两个人,在考完试之后首先做的事,居然是联名给主考官写信,要求如果自己考得解元,就要把它让出去,并指名要让给一个叫张覃的考生。更加不可思议的是,主考官居然同意了他们的请求,最终果真让张覃做了解元。

一般认为，寇准和张咏之所以要让解元，是因为张覃在大名府的名望极高，他们两个人都非常敬重张覃。换句话说，张覃考取解元是众望所归，如果其他人考取解元，不但不会受到大家推崇，反而会招致骂声。事实上，这样的说法显得过于苍白，既然大家是来参加考试，就是要争取名额和名次，根本没必要推来让去。因而真正的原因，只要了解一下寇准、张咏和张覃三人的籍贯，就基本水落石出了。简单来说，寇准和张咏都是外地来的"借考生"，而张覃则是本地人。本地人考取本地的解元，这是再简单不过的道理，寇准和张咏遵循了这样的道理，也因而成功通过了此次考试。

第一次参加解试就高中通过，这让前往京城参加省试的寇准信心满满，但是接下来发生的事情，无异于给他泼了一瓢冷水。来到开封之后，有人告诉寇准，赵光义不喜欢过于年轻的人。当时的寇准只有19岁，即便在殿试中成绩合格，也可能会被赵光义淘汰掉。正在寇准发愁的时候，有好事者给他出主意，就是把填报的年龄改大几岁，由于寇准的长相比较老成，如此自然能够增加通过考试的概率。应该说，这是寇准面临的重要考验，其重要程度甚至要比科举考试更大，因为这意味着他会不会为了达到目的而放弃原则。

寇准想都没想，立即就给出了答复，《宋史·寇准传》这样记载他的回答："准方进取，岂欺君乎？"意思是说，皇上想让我通过我就通过，不想让我通过我就不通过，怎么能为了通过考试，就弄虚作假，欺骗皇上呢？给他出主意的人无言以对。要知道，当时的考试机构并没有像样的检测设备，如果寇准想要谎报年龄，在技术上很容易做到，但他并没有这样做，而且回答得如此坚决。我们由此不难看出，寇准的性格中已经融入了极强的原则性，这无疑将在他的未来人生中起到极大作用。

然而，寇准的原则固然值得表扬，但是他将要面临的风险却丝毫不会因此减少。要知道，赵光义不喜欢年纪轻的考生，乃是千真万确的事实。这其中的原因也很简单，因为通过殿试的考生，马上就会被安排工作，很多人甚至要担任国家重要机构的官员。如果年纪太轻，哪怕考试成绩足够好，也将很难胜任。更可怕的是，所谓科举考试，有时真的要靠运气，一位与寇准同科参加殿试的学生，就是因为年纪太小（只比寇准小一岁）被淘汰。而且这一次遭淘汰之后，他就再也没有考中过，以至于一生都在郁郁寡欢和穷困潦倒中度过。

因而我们说，寇准之所以能够一路通过解试、省试和殿试，虽然不失光明磊落，但实际上是冒了极大风险的。这个时候问题又出现了，既然寇准的年龄同样很小，为什么赵光义没有淘汰他呢？一般认为，寇准的父亲过世较早，他是从责任和压力中长大的，这样的人必定会比较持重。另外，寇准的身型比较高大，而且经常锻炼，看上去比较有气势。赵光义之所以不喜欢年轻人，是因为他不喜欢年轻人的稚嫩，既然寇准身上丝毫没有稚嫩的痕迹，自然也就没有被赵光义淘汰的理由了。而寇准在这样的情况下通过科举考试，他的自信，他的为人固执和光明磊落，也就陪他度过了一辈子。

巴东令

通过考试之后，寇准很快就被派往归州巴东（今湖北恩施）做县令。这里虽然地小人稀，但是对于寒窗十年的寇准来说，也算是有一个施展才华的舞台了。对于我国传统的读书人来说，治国平天下就是一生当中最大的追求，寇准以 20 岁的年纪得赵光义钦赐进士，赴巴东治理一方，心中的意气风发也就可想而知了。不过，现实和理想总是有距离的，巴东作为一个边远小县，可以让寇准作为的地方并不多。这个时候，寇准具有原则性的一面就表现了出来，那就是不管面对的情况如何，都要认认真真把自己该做的事情做好。

史料记载，寇准治理巴东期间，所凭只有两个字——"恩"与"信"。每逢需要百姓纳税和服役的时候，寇准从来不用每乡每户地去催，只要他命人把写好的名单贴在城门口，该纳税或该服役的人马上就会按照国家规定去做。这样的记载看似平淡无奇，实际上却能够看出寇准的政治才干，至少他是被老百姓所信服的。要知道，当时的税收工作并不是那么好做，很多有官僚背景的大户甚至经常抗税，老百姓看到他们不缴税，自然也不愿意交税。我们由此可以推断，寇准是在理顺了诸多关系之后，尤其是对老百姓施加恩信之后，才达到这种政治局面的。

不过，巴东是一个非常小的县城，所有住户加起来也不过百余，基本上只相当于今天的一个自然村，而且还是规模比较小的。在这样一个县城当中做官，寇准真正要负责的事情其实并不多，哪怕有一些官商勾结的抗税者，也很容把问题解决掉。因此可以断定，他在巴东做县令期间，大部分时间还是比较清闲的。而寇准既是理想远大的有志青年，又是精力充沛的年轻后生，自然不会允许自己虚度光阴，所以即便没有事情可做，他也要找出一些能做的事情来做。

寇准首先想到的是修缮县衙，毕竟县衙代表的是国家权力，如果显得过于陈旧破陋，于官民脸上都是无光的。当然，这里所谓的修缮县衙，不仅没有达到劳民伤财的地步，而且完全是寇准带着衙役们亲手完成的，事实上也只是改善一些年久失修的设施。修完了县衙的各种设施，寇准又开始种树，并且在巴东县引起了一阵栽树的热潮，最后他还亲手在县衙内栽植了两棵。后来，这两棵树一直活了很多年，至今仍是巴东著名景点之一，很多崇敬寇准品格的后人都曾去拜祭，并且写下了不少称颂的诗篇，其中就包括著名的大学士苏东坡。我们由此也可以窥见，无论是当时的百姓，还是后来人，都对寇准怀有极高的敬意。

修缮县衙和栽植树木虽然风风火火，但所需时日却并不多，寇准在此之余还是有大把的空暇时间。于是，他开始去游览巴东县内各处名胜风景，其中最常被他光顾的是秋风亭和白云亭，这两处景点被他修葺之后，同样成为当时、后世著名的旅游胜地。后来到南宋时期，著名诗人陆游曾到过白云亭，很是称赞了一番。应该说，巴东的很多地方，都被寇准的高贵人格镀上了一层光辉，以至于人们看到的不仅是一种风景,更是一种独特的文化,或者说是一种不一样的个性。

当然,所谓"熟悉的地方没有风景",寇准最初游览巴东风光的时候,还能够从中感受到美妙,时间一长也就觉得兴趣索然了。于是,为了让自己活得更加充实,寇准开始把大量时间和精力倾注到读书和创作上。读书很好理解,四书五经,动辄成册,都是当时文人最基本的读物。至于寇准的文学水平却很少有人了解,尽管他在诗作方面的造诣非常高。之所以会出现这种情况,恐怕要拜很多艺术作品所赐,那些臆造甚至是虚构出来的寇准的艺术形象,实在无法让人把他和诗文联系起来。

下面,我们来摘录一首寇准的诗作:

春日登楼怀归

高楼聊引望,杳杳一川平。

远水无人渡,孤舟尽日横。

荒村生断霭,古寺语流莺。

旧业遥清渭,沉思忽自惊。

应该说,寇准在巴东为官期间所作的诗,既表现了他的孤独寂寥,也表达了他对未来的憧憬和坚定,以上这首《春日登楼怀归》就具有代表意义。有了这首诗的文采情怀,我们就有必要简略更正一些艺术作品中的错误,比如最常见的,人们对寇准的称呼——寇老西儿。

众所周知,我国自古对山西人有"老西儿"之称,通常在前面贯上某人的姓,比如某人姓张,就叫他张老西儿。一方面是因为山西在太行山以西地区，一方面是因为山西人喜欢吃醋，而醋的古称即为醯，取其谐音就成了西。可是老西儿和寇准都搭不上关系，那么他又为什么会在很多艺术作品中赢得这一称号呢？

原来，按照我国古人的传统，在某人功成名就之后，便不再称呼他的名字，而是用各种各样的尊称。寇准后来成为宰相，又立下巨大的功勋，人们自然要遵循这一惯例，因而称呼他为"上谷寇公"，或者简称为"上谷公"。因为在历史上，上谷地方的寇氏一脉曾经极为兴旺显赫，不熟悉他的人便以为他是上谷人，而上谷就在山西境内（至于寇准和上谷寇氏有没有血统关系，今天已无法考证）。如此一来，便有越来越多的人以为寇准是山西人，由此人们才称呼他为寇老西儿。当然，艺术作品中塑造的寇准形象和真实的寇准形象相比，还有很多谬处，在此就不一一列举了，我们只需知道艺术作品当中的寇准形象和真实的寇准形象大相径庭即可。

三年之后，寇准在巴东县令上任期已满，按照当时的制度规定，需要调他到其他地方继续做官。这一次，他被调到了河北大名府的成安县（今河北成安），职位还是知县，相当于平调。而这个时候，寇准当年的同学已经出现大批京官，甚至有数人做到中央官员，寇准的前途看似越来越黯淡。尽管如此，寇准还是兢兢业业地在成安知县任上断案收税，并且始终不忘自己的远大志向。对此，史料中有这样一条记载，能够充分说明寇准对自己未来前程的信心。

当时，有亲戚劝寇准为父亲寇湘举办葬礼，因为寇湘虽然已经离世十余年，却一直没有举办葬礼，也没有下葬。需要说明的是，这种情况在当时并不少见，因为在古人看来，为离世亲人办葬礼是非常隆重的事情，首先必须选定良辰吉日，其次规模一定要盛大，最后还要使用和死者身份相符的规格，或者说规格越高越好。如果家属觉得不符合自己的意愿，葬礼是可以无限期推迟的，死者遗体则寄存在寺庙当中，直到家属觉得可以下葬时再去领取。亲戚劝寇准给父亲举办葬礼，是觉得他已经当上了县令，完全有能力，也完全有名分让寇湘下葬。

对此，寇准予以言辞回绝，他说自己的父亲曾经中过状元，至少要用国家级别的礼仪才能下葬，因为生逢乱世才不能如愿。为了让父亲瞑目，自己一定要当上宰相，为父亲争取来皇帝的封赐，到那时候才能将父亲下葬。若干年后，寇准的母亲已死，他在洛阳为自己的父母举行了规模盛大的葬礼，也算实现了他早年的理想和夙愿。

第二章
惊险的仕途

　　自古战场之上都是大浪淘沙，成与不成只在一瞬之间，凶险自然不必言说，复杂却总归有限。俗话说，战争是政治的延续，可见到了战争阶段，一切都已经变得简单了。而在官场之上，各色人等都会一齐亮相，其中的关系错综复杂。但是在复杂之后，也写尽了简单，因为每个人的心中都有一杆秤。

君臣之交

　　按照惯例，寇准还需在成安县令任上干满三年。然而，一个突发事件的出现，让他得到了在皇帝面前展示自己才干的机会，从而让他在千千万万个地方官员中脱颖而出。

　　就在寇准任成安知县的第二年，北宋和党项之间发生了边境冲突，党项首领李继迁聚众反宋，转而附辽。党项活跃于西北地区，虽然名义上属于宋土，实际上处于自治状态，拥有极大的自治权限。后来，党项首领李继捧主动放弃自治，带领党项贵族来到开封居住，但又有一个人非要与北宋为敌，并且逃到了大漠里和北宋边军打游击，他就是李继捧的族弟李继迁。为了剿灭这股反叛势力，赵光义开始对西北地区大举用兵，而寇准之所以来到开封，就是被临时抽调而来，他的任务是押运军粮送去西北前线。

然而，寇准并没有满足于押运军粮的任务。一路风沙来到西北前线，眼见一场场惨烈无比的战事，他开始全面搜集各种有价值的信息，用来分析和思考如何解决边患。回到开封之后，寇准利用天子门生可以直达圣听的机会，将自己在西北前线的所见所想写成书面报告，呈现给了赵光义。赵光义看到这份报告，不禁喜出望外，立即召见了寇准，眼见寇准一表人才并对答如流，赵光义自然颇为欣赏。与此同时，寇准因为押运军粮有功，已经被吏部擢升为郓州（今山东郓州）通判，但是在赴任的当天，他忽然接到赵光义的圣旨，调他去"三司"工作。

我们前面已经介绍过，"三司"不仅是中央政府机构，而且掌管着国家的财政大权，或者说掌控着国家的经济命脉。赵光义让寇准去"三司"工作，用意已经很明显，那就是把他培养为自己的股肱之臣。果不其然，寇准在"三司"工作四年之后，即被调入枢密院任直学士。至此我们应该有所了解，当年赵普在担任宰相之前，其职务就是枢密院直学士，寇准升任这一职位，不仅是官位的擢拔，同时也距离北宋政府的核心权力或者说距离赵光义又近了一步。

这样一个职位，不仅让大多数人垂涎，即使寇准本人，也有些受宠若惊。可是在赵光义看来，这个职位仍然给低了，他原本想要给寇准更大的官。据史料记载，赵光义想要提拔寇准，便让宰相们商议，结果从低到高一连说了几个职位，赵光义都不满意。直到最后议出枢密院直学士的职位，赵光义才勉强同意。按照当时的规定，政府任用官员必须按照既定的程序，说白了就是不能让皇帝随便任命官员。赵光义提名寇准升官，实际上是和宰相们进行了一番博弈的，如果按照他本人的意思，寇准得到的官位会更高。

赵光义的态度，向众人展现了一个明确的信息，那就是将来必定要进一步提拔寇准，因而寇准的官运从此亨通起来。两年之后，寇准升任枢密院副使，成为整个北宋王朝主管军事的二把手。这里再具体交代一下，宋朝的中央领导集团，核心人物只有四个，分别为正副宰相和正副枢密使。寇准升任枢密副使，也就意味着他从此进入了国家最高领导机构，而这个时候距离他向赵光义递上那份报告，仅仅过去两年。换句话说，如果没有那份报告，此时的寇准刚好在成安县令任上期满，接下来还可能会被平调到某个县城任县令，不被赵光义所知，更不被天下人所知。

又过了三年，寇准再次得到提拔，这次他的官位是参知政事，也就是副宰相。值得一提的是，此时的寇准只有不到33岁，从此成为整个大宋王朝历史上最年轻的中央领导。那么，赵光义对寇准的赏识究竟能够达到什么程度呢？史料记载，宋朝人有"簪花"的习俗，就是在百花盛开的季节，将花朵折下来戴在头上，以此来表示对春归大地的喜悦和欢迎，乃是一个大型的盛会。在开封西郊的皇家园林金明池，每年都要定期举行一次簪花大会，赵光义会带着大臣们来到这里参加，同时也会让老百姓进园同乐。

寇准任副宰相的这一年，赵光义照例带着大臣们来金明池参加簪花大会，寇准也在众臣之列。赵光义入园之后，文臣武将连同远处的老百姓，铺天盖地般大喊万岁，自然惹得赵光义龙颜大悦。这个时候，有女侍端上花给赵光义佩戴，赵光义从中挑出最美艳的一朵，居然抬手赐给了寇准。寇准接过这朵花，佩戴在官帽上向众人展示，一时间风头无两。赵光义看在眼里，更是颇为满意，笑着对左右大臣说："寇准年少，正是戴花饮酒时。"

如果说，在赵光义的心目当中有一个理想的宰相人员，那么寇准的出现就把他的理想人选具体化了。首先，寇准的才华出类拔萃，而且容貌伟岸，个性又特立独行，这些都是赵光义所欣赏的；其次，寇准的出身比较单纯，思想也比较单纯，没有复杂的社会关系和个人想法，这些又是赵光义所需要的；最后，也是最重要的一点，即寇准确实是一位有历史责任感的人，否则他也不会向赵光义提交那份报告。应该说，赵光义一朝的老臣，基本上都是一些谋私营私的人，当寇准这样有担当的人出现后，又怎么可能不被赵光义重视和重用呢？

史料记载，寇准任枢密直学士的时候，副宰相王沔的弟弟王淮贪污受贿数额巨大，按照国家律法当处斩首抄家。但是凭借王沔的权势，王淮最终只是被带回家里惩罚，一番批评教育就不了了之了。同一时期，有一个名叫祖吉的人，犯了和王淮几乎同样的罪，结果却按律斩首抄家了。这件事，不要说满朝大臣，就是赵光义也是心知肚明，只是碍于王沔的面子才不闻不问。结果寇准却把此事抖了出来，要求按律惩办王淮，而且请注意，这个王淮乃是和寇准一年考中进士的同学，这在当时后世都是非常重要的社会关系。

因而我们可以想象,当寇准在朝堂之上把这件事说出来的时候,包括赵光义在内的所有人都惊呆了。因为大臣们知道这件事,寇准知道这件事,赵光义也知道这件事,同时大家也都心照不宣。寇准把这件事公之于众,实际上相当于将了赵光义一军,这种事可不是谁都有胆量做的。朝堂之上的赵光义犹豫了好一会儿,才终于作势说:"居然会有这样的事,把王沔找来,我要好好地教训他。"大臣们这才松了一口气,赵光义的意思很明显,首先是推卸责任,其次是摆明立场。这件事虽然最终还是不了了之,但寇准给了大家这次教训,连赵光义也不敢随意偏袒谁了,何况是朝堂之下的群臣,北宋政权的风气为之一清。

后世史家认为,赵光义之所以喜欢寇准,还有另外一层鲜为人知的原因,那就是他喜欢以唐太宗自居。众所周知,李世民是我国历史上著名的圣君,由他一手创建的贞观盛世为他赢得了无数人的敬仰。然而,李世民之所以能够赢得贤德美名,却要完全依赖一个人,那就是敢于犯颜直谏的魏征。说到这里,我们可以把寇准和魏征拿来做一番比较,真可谓是有过之而无不及。赵光义每每以李世民自居,如果能有一个"魏征"对号入座,自然可以让他感到心满意足,这才有了寇准的表演舞台。

据说,有一次寇准和赵光义商议某事,寇准照例又像往常一样坚持己见。赵光义实在气不过,站起身要走,意思是不和寇准一般见识。但寇准居然不允,并且伸手拉住他的衣服不放,赵光义只得留下来继续商议,直到达成寇准满意的结果。而在事后,赵光义也只是悠悠地说了一句："朕得寇准，犹唐太宗得魏郑公（即魏征）也。"在此可为佐证。然而，寇准可以是"魏征"，赵光义却很难是"李世民"。赵光义希望用寇准来彰显自己圣君的形象，却又时时因为寇准的棱角自讨苦吃，因而他对寇准的印象便悄然发生了变化。

　　之前，寇准在枢密院任副使的时候，有一天晚上下班，天已经擦黑了。枢密使张逊的仪仗在前，枢密副使寇准和温仲舒骑马在后，这在当时属于国家规定。寇准的心情不错，因而边走边和温仲舒闲聊，就在他们聊得尽兴的时候，忽然有一个人冲向仪仗队，嘴里还不断地喊着"万岁"。显然，这是一个被酒乱了神智的人，被差役制伏之后就移送治安部门了，谁都没有当回事。然而，到了第二天早朝，负责审查此人的官员居然向赵光义报告，这个人拦住了寇准的马头，一边行跪拜礼一边口喊"万岁"。

　　这样的事可大可小，但既然审查官员上报了，赵光义只能找出三名主要当事人，也就是张逊、寇准和温仲舒。寇准早就听明白了，这分明是有人想陷害他，而幕后主使一定就是自己的直属长官张逊。果不其然，寇准为自己辩解的时候，张逊立即跳出来反驳，二人很快在朝堂上吵了起来。实际上，赵光义心中早就厘清了事情的来龙去脉。寇准肯定没有谋反之心，因为没有哪个真心谋反的人会找人到大街上喊自己万岁。张逊也不是真心告他谋反，只是在平时被寇准顶撞惯了，想要教训他一下而已，可惜寇准就是寸步不让，二人在朝堂之上越闹越凶。

　　面对两位不识大体的中央高干，赵光义心中的愤恨可想而知，但是天子的威仪又不能丢，于是只好面不改色地打圆场。张逊为官多年，心知事情不宜再闹下去，就打算从此打住，一时没了声音。可寇准却不依不饶，他抓着张逊不放，非要说出个所以然来。张逊搬起石头反而砸自己的脚，但是在百官面前他实在挂不住脸，一时脑羞成怒地和寇准继续激辩。赵光义看在眼里，终于也忍不住了，他大声斥责了二人，同时罢免了二人的正副枢密使职务，寇准因此被贬往山东青州任地方官，按例又是三年。

　　赵光义的意思很清楚，就是再用三年时间磨砺寇准，希望他能够变得圆滑一些。对于这次事件，虽然张逊和寇准一起受了罚，但赵光义明显偏袒了张逊。因为赵光义在当上皇帝之前，张逊就一直追随在他身边，这也是张逊能力平平而能够坐上枢密使这样的高位的原因。要知道，枢密院虽然从中书省分离出来，但是和中书省同属国家最高行政机构，中书令和枢密使基本上都相当于国家的二把手。在此我们可以看出，如果换作李世民，恐怕是不会这样做的。当然，需要我们继续关注的是，寇准会因为这三年的经历，而磨掉锐利的棱角吗？

　　应该说，在赵光义放弃对辽国用兵之后，整个北宋王朝就陷入一片治世，动辄兴兵大战的氛围已经渐渐远去。在这种情况下，赵光义基本不需要有能力的大臣，这同样也是张逊得以染指国家政权的原因。但是就在寇准被贬青州的第二年，四川爆发了规模庞大的王小波和李顺之乱，他们甚至占据了首府成都，大有蔓延至四川全境的趋势。与此同时，西北作乱的李继迁也是一刻不能安宁，他以游击作战的方式，在宋朝大军前去的时候四散遁逃，等到宋朝大军撤离，他又开始聚众作乱，让赵光义很是头疼。而对于这些问题，赵光义身边的大批近臣，是无法替他分忧的，所以他的目光又投向了寇准。

于是，寇准去青州赴任仅仅七个月后，便被赵光义召回了开封。寇准见到赵光义，心中多少存着一丝怨气，赵光义赶紧动之以情，他露出自己腿上的箭伤说："朕已经年老了，又时时被伤痛折磨，你要能够担起大任啊。"赵光义是很了解寇准的，而且感动他的切入点也找得很准，因为寇准心中始终惦念着国事，赵光义因亲征辽国而留下箭伤，也正是寇准所敬佩万分的地方。为此，寇准很快怨气全消，君臣二人又开始商讨当前战事。寇准的脾气虽然不对赵光义胃口，但是他的能力却显而易见，因为就在这次谈话之后，寇准升任参知政事，也就是副宰相。后来，在寇准的运筹下，国家局势很快得到稳定，这也确实说明了他的超凡能力。

当时，在给正宰相吕蒙正的手书中，赵光义这样写道："寇准是一个很有能力的人，如今得到了应有的教训，又被新近提升为宰相，一定会尽心尽力帮助你把工作做好的。朕已经和他叮嘱过了，一定要和你同心协力，有什么事都必须和你从长计议。希望你们能够同心同德，把上下级关系搞好，为朕分忧，把国家大事处理好。"

应该说，吕蒙正在接到赵光义的这封手书后，多少是有点哭笑不得的。寇准连皇帝的威严都敢触犯，又怎么可能在自己面前中规中矩呢？要知道，寇准在第一次被罢免中央职位以后，已经得到了这样的评价，"寇准上殿，群臣股颤"，在当时广为流传。其实，不仅是大臣们看到寇准会"股颤"，就算是赵光义看到他，心中也多少会有点担忧，就怕他忽然之间又认起什么死理来。吕蒙正得到这样一个名声在外的人做下属，不用想也知道接下来要不得安宁了，但赵光义的圣意又不可违，只好硬着头皮迎接寇准上任。

果不其然，吕蒙正根本禁不起寇准的折腾，仅仅过了半年，就从相位上卸任了。按照赵光义对寇准的宠信和器重，这个时候完全有可能把寇准扶正，但赵光义毕竟还是没有做如此轻率的事情。而是把另外一位老资历的官员，同时也是当时的副宰相吕端扶正，吕端此人城府很深，他知道赵光义对寇准宠信有加，虽然身居正宰相，但无论从日常礼仪上，还是从宰相职权上，对寇准都是能让就让。如此一来，寇准的官位虽然是副宰相，实际上已经和宰相没什么区别了。

然而，寇准和同事之间的矛盾虽然平息了，但是其他方面的矛盾随即暴露出来。古代社会有规定，但凡国家有大型的喜庆活动，都要大赦天下，同时给所有官员提升一级。在寇准看来，这件事的弊病实在是太大了，因为官员没有任何功劳而被提级，很容易打消他们做事的积极性。因此，寇准决定由自己主持考核，条件合格者才予以提级。这实在是一件吃力不讨好的事情，寇准很快就惹来了大范围的非议，其中也不乏跳出来直接挑战他的人。

因为寇准的操作，广州（今广东广州）右通判冯拯的级别不升而降，他心有不服，拒不执行寇准的决定。寇准对此大为光火，立即发文斥责冯拯，但冯拯此人有着和寇准类似的经历，因而也有着和他一样的脾气，不仅没有因他的斥责悔改，反而针锋相对地向赵光义状告寇准专权。赵光义此人最忌讳大臣专权，再加上寇准的举动惹来了大范围抗议，赵光义为了尽快结束此事，就对寇准提出了口头批评，希望他表个态。但是寇准却更加气愤，他把所有审核官员升降的记录拿到朝堂上，一条一条地和赵光义核对，想要以此来证明自己的做法毫无争议。

赵光义实在无可奈何，只能再一次罢了他的中央职务，让他去邓州（今河南邓州）做地方官。然而，让赵光义和寇准都没想到的是，此次开封一别，竟是君臣之间的最后一面，因为就在第二年初，赵光义就驾崩了。应该说，寇准对赵光义还是存在私人感情的，因为在他接下来的人生当中，赵光义曾经送给他的那条腰带，一直都被他带在身边。

寇准的刚正不阿让他得罪了很多人，甚至让赵光义都有所忌惮，却也让他在无意中得到了一个人的感激，这个人就是赵光义的三子赵元侃。就在寇准于中央和地方来回任职的时候，北宋王朝的另一波势力却处在激烈竞争中，他们就是赵光义的儿子，而他们所争夺的对象则是皇位继承人。当时，皇位的主要竞争者主要有三个人，分别是赵光义的长子赵元佐、次子赵元僖和三子赵元侃。其中，长子赵元佐有后宫和宦官的支持，次子赵元僖有国家大臣的支持，三子赵元侃看似势力单薄，却是赵光义最喜欢的儿子，相当于有赵光义的支持。

各方势力打得不可开交，赵光义也被闹得焦头烂额，由于满朝文武，以及后宫和宦官都是皇位继承问题的利益相关者，他想要找一个商量的人都没有。无奈之际，赵光义忽然想到了寇准，我们前面说过，寇准根本没有拉帮结派的意识，因而也没有结交任何一位皇子，不是皇位继承问题的利益相关者，于是赵光义就想听听他的意见。寇准见问，立即不假思索地答道："陛下是为江山社稷挑选新君，您是江山之主，只要相信自己的判断就好。"在寇准看来，自己的这番话，完全是站在公理的角度所讲。但是在赵光义看来，却是找到了一个支持自己的人，因而支持赵元侃的想法也就更坚定了，寇准的表态相当于支持了赵元侃。

当然，事情还远没有结束。赵元佐和叔叔赵廷美关系修好，因而在赵光义把赵廷美逼死的整个过程中，赵元佐实际上站在了赵廷美一边。后来，赵廷美被定下阴谋造反罪，赵元佐也因此受到了牵连，为求自保，他只能整天装疯卖傻，算是彻底退出了太子争夺战。皇次子赵元僖原本是赵光义最看重的儿子，但是有一次，五位大臣联名上书赵光义，要求册立他为太子。赵光义立即意识到了自己的权力受到威胁，不但没有册立赵元僖，反而从此开始疏远他，而且没过多久赵元僖就病逝了。长子"疯"了，次子死了，皇位自然轮到三子赵元侃继承，何况他又是赵光义最喜欢的儿子。

赵光义驾崩后，三子赵元侃即位，改名赵恒，是为宋真宗。应该说，赵恒对寇准是非常敬佩的，同时他也知道寇准在皇位继承上帮了他的忙，尽管帮得不是那么尽然，但是对于当时势单力薄的赵恒来说，也一定是充满感激的。此时，寇准还在邓州做地方官，赵恒却丝毫没有起用他的意思，又是为什么呢？原因其实很简单，赵恒登基之后，首先要做的事情是想办法巩固权力，每天要面对一大群圆滑的大臣。这个时候如果把寇准招回来，以他的脾气非但帮不上什么忙，很可能还会为自己添麻烦。

赵恒对寇准有这样四点评价：资历很深，年龄很轻，脾气很糟，能力很强。我们由此可以看出，一方面赵恒迟早会起用寇准，一方面又不会立即用他。为此，寇准在各地辗转为官，一直到赵恒继位的第五年。这个时候，由于国内外形势的日新月异，赵恒终于想起了快要被他遗忘的寇准。很快，寇准结束了漫长的地方官生涯，奉召入京，出任开封知府。就在这段时间，宰相位忽然空缺出来，很多人都断言，这是赵恒在为寇准铺路，准备让他担任此职。

事实上，城府极深的赵恒确实有意试探寇准，想知道他有没有心思重掌大权，而寇准也及时捕捉到了他的信号。不过，此时的寇准已经不是当年的寇准，虽然他仍然想做宰相，但是几次起落，还是让他展开了深入的思考。他想知道新皇帝的真实意图，至少也要知道他的脾气秉性，因而一时陷入犹豫之中。一天，寇准和一位后生王嘉祐闲谈，由于关系比较亲近，他毫不避讳地说："外面的人都传我要做宰相，你觉得我该去吗？"

王嘉祐说："不该。"

寇准说："为什么？"

王嘉祐说："如果您去做了宰相，会损害以前造就的美名。"

寇准越听越糊涂，接着问："这又是为什么呢？"

王嘉祐说："自古能够建立功勋的宰相，没有不和皇帝相得益彰者，您觉得您能够和新皇帝相处融洽吗？"

这个王嘉祐平时呆里呆气，寇准之所以问他，只不过是随口一说，不想问出如此透彻的道理来，一时也就对赵恒的试探不予理睬了。即便如此，赵恒还是升了寇准的官，让他进入中央政府担任三司使。虽然寇准当年在三司任职过，但是此一时彼一时，经过多年的积弊，这个时候的三司已经一片混乱，再加上征收全国税赋是一件繁重的工作，根本没有人愿意担任三司使的工作。应该说，赵恒让寇准出任三司使，是甩给他一个烂摊子，实际上是想正式考察一下他的能力。

寇准上任之后，立即大兴改革，而且做得井井有条。我们前面说过，三司是宋朝的财政部门，要想胜任三司使的工作，不懂理财是不行的。应该说，寇准也不是理财专家，但他知道谁是，比如已经卸任在家失去权势的陈恕。寇准命人把他在职期间制定的一些规章制度整理出来，然后按照自己的想法整理成册，最后又亲自到陈恕家里请他指教。陈恕很受感动，同时也愿意为国家再出一把力，全心全力地帮助寇准，这让他很快就把三司的工作正常运转了起来。赵恒把一切看在眼里，对于寇准的印象之佳，就可想而知了。

也就是在这个时候，宋朝北部崛起的辽国，已经变得非常强大。如果再没有一位具备真才实干的官员出面运筹，边境问题就会面临失控。当然，这个时候的赵恒，也已经充分巩固了自己的权力，对于是否任用寇准具备了足够的主动权。于是，在宋景德元年（1004），寇准终于实现了自己的愿望，正式成为北宋王朝的宰相。当然，为了能够处理好君臣之间的关系，赵恒还精挑细选地为寇准配了一位搭档，这就是和寇准同时出任宰相的毕士安。毕士安此人，比寇准大24岁，早年就已追随赵光义，不仅资历深厚，而且德行高远，乃是举朝公认的忠厚长者，连寇准都钦佩三分。

澶渊定策

　　赵恒对寇准和毕士安的任用，应该说是临危授命，因为在这个时候，辽国对北宋发动了一场蓄谋已久的大规模进攻。由于赵光义的两次主动攻辽都以大败告终，北宋对辽国的策略被迫转为战略防御，这就为辽国的势力大长提供了土壤。此次大军来犯，就是辽国的太后萧绰抚平了国内矛盾后，对外用强的具体举措。那么，萧绰的战略决心到底有多大呢？她不仅带兵亲征，而且带着皇帝辽圣宗耶律隆绪，也就是她的儿子，倾全国之兵来犯。远远望去，辽国大军浩浩荡荡，铺天盖地，大有一举荡平北宋王朝的气势。

　　坐镇开封的寇准一夜未眠，连续接到五封告急战报，值晚班的大臣们都坐不住了。但是寇准却异常淡定，他捂住消息秘而不宣，直到第二天早朝，才将消息公布出来。赵恒一听就急了，他不敢责备寇准，转而质问其他值班官员，为什么拖在现在才说，实际上是责备他们为什么非要在朝堂上说。寇准要的就是这种结果，他接过话茬对他说，战事虽然很急，却没有什么好怕的，只要皇帝亲临前线，三军将士齐力杀敌，战乱很快就会平息。赵恒一听寇准让他亲征，心中忧惧，却碍于龙颜不便否决，一时不知如何是好。惯于察言观色的大臣便不失时机地提出退朝，等到明天再议，赵恒立即准备应允。

寇准哪里肯应，要知道，战报一连传来五封，说明至少有五座边镇受到敌人攻击，这显然不是平常的袭扰行为。再加上情报人员的信息，辽国大军的目标已经可以确定是开封，如果今天不商量出一个对策，百官下朝之后消息就会传播出去，到时候开封城势必陷入一片混乱。等到开封一乱，全国都会跟着乱起来，前方将士更是会失去杀敌的决心和勇气。于是，寇准又拿出了他的倔强劲，死活不放赵恒走，赵恒不得不留下来，继续讨论战事。寇准的建议是让赵恒到大名府去，那里是战场的核心所在，既便于展示龙威，又便于发号施令。

赵恒自然不肯去，他找出各种借口搪塞，但寇准一再坚持。这个时候，毕士安的作用终于显现出来，他提出了一个折中方案，就是赵恒不必去遥远的大名府，只要到黄河边上的澶州去即可。群臣赶紧附议。赵恒眼见寇准还要争论，也见缝插针地表态，可以接受毕士安的建议，寇准也就不好再说什么了。当然，寇准建议赵恒亲征，也是进行了周密的思考和安排的，这也让他在危急时刻表现出了一位政治家应有的机智和谋略。

首先，寇准提议全民皆兵，用人海战术将辽军的先头部队和小股部队吃掉，至少也要将这些小股部队拖住，使其丧失灵活性，以便宋朝的正规军及时赶来消灭他们；其次，加强正规军的灵活性，在留有足够的守城部队后，主战部队要大胆地出城去，到战场上求生存，主动出击，以乱治乱，从而避免北宋军队被动挨打的局面；再者，派出精锐部队深入辽国境内作战，所谓"来而不往非礼也"，迫使辽军生出后顾之忧；最后，就是全面加强情报工作，并且由自己来一手支持，以便尽可能得到战场上的主动权。

安排好了战事，问题又回到了亲征上，寇准再一次找到赵恒商榷。为了打消他的顾虑，寇准提供了周密的护驾计划，并且仍然建议他去大名府。与此同时，寇准还给赵恒讲解了当下的战场形势，告诉他辽军远没有想象的那么强大。他们之所以推进速度奇快，主要是凭借骑兵的突击能力，巧妙越过宋军防御薄弱的节点。只要宋军坚壁清野，稳住阵脚，辽军的进攻势头自然会被削减下去。到时候，辽军没了后勤补给，优势兵力又分散到战场各处，宋军在局部以优势兵力作战，很容易扭转战场形势。赵恒听完寇准的一番话，忽然觉得豁然开朗，这才坚定了亲临前线督战的决心，但只同意到澶州而已。

接下来的战事发展，果然印证了寇准的预想。就在辽军小股骑兵四处乱窜的时候，萧绰统领的辽国大军正式发动一场攻坚作战，而他们进攻的目标，就是首当其冲的瀛洲（今河北河间）。史料记载，辽军的进攻极为猛烈，他们在攻城之前，射出的箭石就好像是飞天的蝗虫一样，遮天蔽日。攻城的士兵更是如同潮水一样，一拨接一拨地涌向瀛洲城，只是宋军守城部队在一天内就伤亡了3万有余。但即便是这样，瀛洲城还是守住了，萧绰不得不率领大军绕过瀛洲继续南下，辽军兵锋直逼大名府。

这个喜忧参半的消息传到开封，就迫使赵恒必须如做出行动了，因为在大名府和开封之间，就只剩下一个澶州城。如果辽军拿下大名府，那么澶州就会成为下一个战场，到时候赵恒再想亲征，不仅要上战场，而且恐怕要亲临一线了。然而，就在赵恒的心高高悬起时，一封来自辽国境内的神秘书信，给他吃了一颗定心丸。写信的人名叫王继忠，曾经是赵恒的一员心腹武将，本来以为他在一场战斗中牺牲，结果却被俘虏到辽国做了官。他在信中告诉赵恒,萧绰其实想用和谈的方式解决边境问题,之所以兴兵来犯,不过是想增加谈判筹码。

合上这封信,赵恒那颗悬着的心才终于落地,既然萧绰的真实目的是和谈,那么她现在所做的一切就都是虚张声势。既然如此,还有什么好怕的,于是他打起精神,终于踏上了前往澶州的亲征路。赵恒放了心,寇准对他的护驾工作可不敢大意,除了挑选精兵强将,他还派出大量情报人员,四散分布在赵恒的车驾周围。但是,赵恒在众人的簇拥之下走到韦城(今河南滑县),问题又出现了。

按照寇准的计划,赵恒赶到澶州之后,河北主要兵力要赶来加强外围防线。但是命令发出一个多月了,河北的军队并没有如约前来。与此同时,由于天气严寒,开封城面前唯一的天险黄河,结了厚厚的冰层。也就是说,如果辽国大军来犯,大军可以直接踏冰而来,开封城已经根本无险可守。形势危急,寇准一边命令沿河军民凿冰,一边赶来劝赵恒尽快赶往澶州。没想到赵恒见到他的第一句话就是,能不能暂时避开辽兵的锋芒,去南方躲避一段时间。

对于这样的问话,寇准真是哭笑不得,但是他心中也很清楚,鼓动赵恒南逃的两股势力,始终贼心不死。其中一股势力鼓动赵恒逃往金陵,因为为首的大臣是金陵人;另外一股势力鼓动赵恒逃往成都,原因如出一辙。这两股势力不仅找到了各种借口,而且做好了周密的准备,就等着赵恒一声令下,就可以拍马扬鞭而去。因此,寇准对赵恒的回答是,劝言南逃的大臣都该杀,因为他们鼠目寸光,胆小无知,简直是在误国误民。

除此之外,寇准也提醒赵恒注意一个基本事实,那就是随驾人员的家眷都在开封。如果赵恒逃往南方,开封就会暴露在敌人的兵锋面前,随驾人员顾念自己的家眷,恐怕在半路上就会跑光了,到时候将没有一个人保护他的安全。如果赵恒能够北上澶州,将开封置于战略后方,那么不光是这些随驾人员,前方将士的家眷也都在开封,到时候大家即使是为了保护自己的家眷,也会拼尽全力作战。赵恒再一次被说服,在韦城逗留了整整两天之后,终于再次前往澶州。

可是没走多远,赵恒一行又停了下来,只不过这次的确是被形势所迫。原来,萧绰率领辽兵进攻大名府的同时,分出了一支部队,由萧挞凛率领,此时已经进攻到了澶州城下。还好,澶州守军选择主动出击,并且用率先埋伏好的强弩射死了萧挞凛。主将一死,辽兵就开始四散逃窜,宋军趁势掩杀,取得一次大胜。消息传来,立即增强了赵恒的信心,他加快脚步,终于在整整七天后赶到了目的地澶州。

需要说明的是,澶州的城建结构比较特别,共分南北两城,其中一座在黄河南岸,另外一座则在黄河北岸。赵恒看到南城,立即喜出望外,带着随行人员就赶了进去。如果从严格意义上来讲,赵恒还是没有过黄河,当然也没有到前线。对于赵恒的举动,寇准已经无可奈何了,两座城只有一河之隔,而且此时又冻了冰,北城还有大队宋朝军队住房,整个河北的军队也在源源不断赶来,他居然死活不去北城。又是寇准,他几乎不想再说任何话,见到赵恒之后就是一副"你必须过河"的架势,只差动手把赵恒拉去北城。

赵恒知道寇准又要犯倔劲儿了,再加上此时已经赶来一大批武将为他壮胆,这才终于从开封出发整整七天之后,登上了澶州北城,澶州城的城墙之上,竖起了代表皇帝的龙旗。城下十几万宋朝军队看在眼里，激动地山呼万岁，震天动地，转瞬间士气增加了百倍不止。此时，宋辽之间的战事已经进行了两月有余，虽然在战争初期辽国军队气势汹汹。但是由于寇准的政策方针被及时贯彻了下去，辽国军队并没有取得实质性的胜利，甚至没有打下一座像样的城市。而且整个军队中最勇猛的将领萧挞凛，也已经被宋军击毙，而赵恒又在这个时候登上了澶州城头，双方的士气此消彼长，出现了本质上的逆转。于是，就宋辽双方的战争大局来看，宋朝方面已经占据一定优势，而且这种优势还在不断扩大。

如此一来，寇准对战事发展的预期就得到了验证，这自然鼓舞了他的信心，同时也鼓舞了一批为数不少的文臣武将。就这样，在寇准的带领下，大家开始向赵恒上书，既然宋朝方面已经把局面稳定了下来，不如主动发起一轮反攻。这样做不仅能够进一步打击辽军，动摇他们的战略决心，如果形势发展足够理想，说不定还可以一举收复燕云十六州，从此竖起中原地区的北方藩篱。可惜，赵恒并不这样想，他希望能够尽快解决战事，因而主张见好就收，主动向辽国提出议和。

当时，史料还记载下寇准对赵恒说的一段话，他说："如果能够按照我说的去做，至少在百年之内辽国不会轻举妄动，我们也可以得享安宁。如果不按照我说的去做，虽然我们暂时占据上风，迫使辽国选择与我们和议。但是只要到几十年之后，辽国还是会图谋我大宋领土，到时候战端又会拉开了。"只可惜赵恒一再坚持，同时又有大批趋炎附势的臣僚从旁助阵，再加上停战对于天下百姓有利，寇准也就只好选择屈从了。

接下来是讨论和谈的内容，既然宋朝在战场上形成了优势，那么在谈判桌上就有了天然的主动权。为此，寇准坚决要求收回长城防线，从某种程度上来讲，如果能够如此，就等于和辽国平分了燕山山脉的天险。到时候宋朝就可以凭借长线防线御敌，边防支出将大幅削减，对于国家尤其是百姓的税赋压力的减轻也将裨益良多。而且，寇准开出这个条件是经过仔细分析的，以当时的情况来讲，如果宋军想要恢复燕云十六州，基本上可能性不大；但是如果宋军想要收复长城防线，只要在中原地区打出声势，是完全可以实现的。前面已经说过，只要赵恒能够坚定信心，对辽国发起战略反攻，打出声势并非难事。

几乎就在同一时刻，宋朝的北部防线有一员老将，上书给真宗，对于当时的形势分析和寇准不约而同。他在报告中具体地提到，辽国大军已经深入宋朝千里作战，后方补给完全断绝，所有辽军都必须靠劫掠各地百姓自给。而说到辽国的军队，他们最强的作战能力是骑兵冲锋，但是他们深入宋朝来作战，是为了抢夺战利品的。现在，他们已经抢得盆满钵满，这些战利品又都驮在马背上，士兵则大部分下马在地上行走。这个时候，如果对辽军发动大规模进攻，他们一定会因为顾及抢夺来的财宝而溃不成军，宋军必可取大获全胜。而只要消灭了这股辽军，不要说收复燕云十六州，就是趁热打铁，直入辽境，一举荡平敌寇也无不可。

然而，赵恒还是坚持自己的想法，史料也记载了他对寇准等人意见的回复，如今看来真可谓不负责任。他说，我们只要数十年的安宁就可以了，到时候国家富强，凭借大宋国的人才济济，也一定能够产生更杰出的文臣武将，根本不用惧怕辽国。如果轻动兵锋，只会让百姓跟着遭殃，一旦不幸战败，几十年的太平年份都将失去。所以，我们还是看看辽国方面的意思，尽量满足他们的要求，以便让战事平息，让百姓过上好日子。

接下来，既然要和谈，双方就得出价码。宋朝这边的意思很明确，一定要恢复开战前的领土状态，并且态度坚决。这个时候就出现一个问题，赵恒一向懦弱怕事，为什么这个时候忽然态度强硬起来了呢？答案令人扼腕叹息，因为他之所以如此强硬，是因为后面还说了一句话，"只要能达成这一点，每年可以给辽国进贡岁币。"所谓岁币，主要由两部分组成，一部分是银两，一部分是布匹，辽军之所以屡次犯边，甚至不惜大举来攻，想要的也不过就是这些。

不用打战也能得到战利品，辽国自然喜出望外，萧绰很快就给出了回复，答应赵恒的领土要求。但是，双方在岁币的数额上产生分歧，萧绰觉得太少，使者又不敢做主，只能带着半成不就的和谈结果回来复命。这样一来，矛盾的地方就只剩下岁币的数额，赵恒一时也拿不定主意，于是就找来寇准商量。寇准见事已至此，只能就事论事，开门见山地问赵恒的心理底线，也就是他最多能够接受多少数额。赵恒思索再三说，既然辽国已经答应领土要求，给他们100万两也无妨。寇准心中一阵火气，他大声对赵恒说，如果辽贼不同意呢？

赵恒不知道寇准为何生气，但还是感到莫名地害怕，只得颤颤巍巍地说，"只要能把事情办成，三百万两总可以了吧？"寇准摇摇头出门，找来此次谈判的代表曹利用说，最多允许他给辽国10万两，多一两就让他提头来见。曹利用得令，战战兢兢地上路了，毕竟10万两岁币是一个几乎不可能完成的任务。等到曹利用终于回来复命，寇准正好有事不在，赵恒接见了他，同时很多文武大臣也都在场。曹利用进殿之后伏地便拜，一边哭一边说："臣有负陛下众望，许给了辽贼太多岁币，还请陛下饶臣不死。"

赵恒暗下思忖，莫不成真许给辽国300万两岁币，一众大臣也都跟着提心吊胆。很快，赵恒喝止了曹利用的哭声问："到底是多少？"

曹利用颤颤巍巍地说："30万两。"

当场一片哗然。

后来，寇准听说30万两的数目，也没有表示异议。他之所以会给出曹利用10万两的底线，是想给这位颇具能力的谈判官一点压力，也许在他心里可以接受比30万两更高的数目也说不定。但是无论从哪个方面来看，赵恒开口就是100万两，甚至在寇准怒其不争地喝问中说出300万两，显然又是一项不负责任的举动。

如果仅从以上内容来看，寇准所促成的"澶渊之盟"究竟对宋朝有多大贡献，恐怕还不是很直观。下面，我们用数字来看两个基本事实：

首先，宋朝每年给辽国的岁币，对于整个社会经济有多大影响。史料记载，赵恒继位的这一年，宋朝全国的现金税收约为2224.6万两，其余还不包括粮食、布匹和矿产，以及各地的特产等。由此可见，宋朝每年赔给辽国的30万两岁币，大概只占全国总收入的1.5%，如果把其他收入全部加起来，30万两所占比重还不到0.5%，而且宋朝的社会经济，在"澶渊之盟"过后还是逐年增长，相对应税收也是水涨船高的。

其次，既然有收入，当然也要有支出，而在当时，宋朝最主要的支出，就是用于防御辽国的军费开支。同样有史料记载，宋朝此时用于防御辽兵的开支，每年仅士兵的军饷这一项支出就超过1500万两。

如果发生战事，这项开支还要成倍增加，如果再加上因战乱造成的官民损失，恐怕将是一个天文数字。"澶渊之盟"的签订，宋朝的这项开支基本上都省下来了，而且每年还有战区的人民向国家纳税。

最后，萧绰作为辽国的绝对统治者，想要和宋朝签订协约，这样的机会对于宋朝来说是很难得的。要知道，即便是在北宋军事力量最强大的赵匡胤和赵光义两朝，倾全国之力对辽国用兵，都吃了很大的亏。如今，能够和辽国签订协约，可以有效地约束辽国侵犯宋朝，而且在数十年内连小规模的骚扰都没有，对于宋朝边境的人民来说简直是莫大的福祉，而对于整个宋朝综合国力的增长，显然也是大为有利的。

宋景德元年（1005）一月，宋辽双方达成协议，宋朝每年向辽国进贡30万两岁币，辽国归还此次攻占的所有领土，双方约为兄弟之国，从此互不侵犯。因为此次签订协约是在澶州城，而澶州古称澶渊，因而史称"澶渊之盟"，寇准美名从此千古流传。

君子与小人

"澶渊之盟"签订之后，宋辽两国分别进入和平时期，寇准也走到了自己的人生巅峰。然而，山顶的风景固然美妙，接下来却要走下坡路了，寇准也不例外。在外人看来，此时的寇准可谓荣耀至极，皇帝的宠信，同僚的羡慕，以及后辈的崇拜。然而，寇准的日子却并不好过，除了每天繁重的公务，他还发现越来越多的人开始与他为敌。当强大的外敌入侵，国家需要一个人来坐镇大局的时候，每个人都想着倚重寇准，即便是那些对他恨之入骨的人也不例外。可是现在外敌走了，所有对寇准不利的势力又开始活跃起来，寇准感觉到的压力甚至比战时更加沉重。

一天，有个叫申宗古的老百姓忽然来到登闻院——这里相当于宋朝的"信访办"，不管什么人都可以到这里来告状。这里的官员像往常一样接待了他，但是当申宗古说到自己要状告的人时，所有人都意识到问题严重了，因为他要告的正是寇准，另外还要加上一位当朝的王爷赵元杰。然而，让人震惊的消息还没有完，这个申宗古递上诉状，大家一看，居然是告寇准和赵元杰阴谋造反。我们前面提到过，寇准虽然是一位卓越的政治家，但骨子里还有文人的一面，他本身所奉行的理想主义者，也和他是一位诗人有着莫大的关系。

至于这位赵元杰，也正是一个文艺爱好者，他不仅藏书万卷，而且诗词、书法、绘画无一不精，这就让他和寇准之间有了一定程度的交往。当然，我们凭借寇准的性格来推测，他们之间的交往应该仅限于文艺层面，否则寇准也不会去接近他。但是，这里存在一个最为关键的环节，足以证明此次事件的幕后策划者之阴险，那就是在申宗古发起状告之前，赵元杰实际上已经过世了。换句话说，只要有证据表明赵元杰谋反，那么寇准至少会受到牵连，罢相将会是最轻的处罚。而既然幕后黑手已经授意申宗古行动，说明他已经找到了一些有力的证据，可以达到证据预期的目的。

那么，作为此次事件的主要裁决者赵恒，他又会怎么做呢？

在这里，我们首先需要了解一点，就是但凡有人状告某位大臣谋反，皇帝一定不敢掉以轻心，通常情况下还会罢免被告的官员。那么，虽然说谋反是重罪，皇帝就真的相信被告官员有心谋反吗？其实不然，自古以来能够登上皇位者多为聪明人，至少判别被告大臣是否真心谋反的能力还是有的。他们之所以不敢掉以轻心，甚而罢免被告官员，是因为他们要维持政局的稳定。尤其是像宰相这样的重要职位，如果总是有人向他发难，说明他待人处世的方式一定存在问题，这样一来必然导致政局不稳。如果情况严重，就算皇帝有心留任被告官员，恐怕也是无能为力。

与此同时，用谋反重罪发起状告，说明已经有人决心和被告官员势不两立。作为皇帝来讲，只有将原告或者一方压下去，才能彻底平息风波。在这种情况下，皇帝就会面临两种必然选择，一种是查出并铲除发起告状的人及其势力，另外一种就是罢免被告的官员。可想而知，如果皇帝想要留用被告官员，那么他会想尽各种办法进行保护，除非万不得已不会将他罢免。但是，如果皇帝根本就不想留用被告官员，那么被告官员的处境就不妙了。在我国历史上，皇帝亲自导演官员被告，然后将其罢免的事情，也是随处可见的。

我们前面已经说过，赵恒之所以起用寇准，很大的一个原因是受到时局所迫。如今，辽国大军已退，又签订了足够约束力的盟约，国家恢复了太平盛世局面，寇准对于他来说也就可有可无了。另外，从私人感情方面来讲，赵恒对寇准也是没什么好感，因为像寇准这样特立独行的人，没有足够胸襟的人是无法接纳他的。难能可贵的是，赵恒并没有轻易下结论，而是找到了毕士安商议。当时的毕士安已经年迈体衰，又因为澶州作战期间全面主持后勤工作而积劳成疾，已经多次上书求退。

但越是如此，越是能够体现出他的德行高远，毕士安以老迈多病之躯，毅然决定亲自调查此事。要知道，毕士安要调查的可不仅仅是申宗古一人，在他的身后，天知道有多大的势力在暗中涌动。由于毕士安亲自出面，申宗古很快就成了"弃卒保车"的对象，他承认此事纯属自己个人的诬告行为，然后就被按律斩首了。申宗古虽死，隐藏在他背后的势力却得以保全，想要置寇准于死地的人甚至都没有浮出水面，但毕士安能做的也只有这些了。需要着重指出的是，在此次事件中还有一个最为反常的现象，那就是寇准本人的反应，因为他根本就没有任何反应。

要知道，按照寇准的脾气，在明知自己被诬告的情况下，怎么可能会无动于衷呢？当毕士安宣布草草结案的时候，寇准应该像往常一样揪住不放，把案情一查到底才对，但是他却并没有这样做。在此，我们考虑的方向不应是申宗古背后的势力有多大，因为寇准认定的事情，就是皇上他也不会放在眼里的。而且据后世史家分析，这个幕后黑手很可能就是寇准的副手王钦若，包括寇准在内，大多数人也都是心知肚明的。之所以寇准会有如此反应，更大的原因来自他自身想法的改变。

我们可以设想一下，当寇准拼尽全力，不顾个人利益，甚至不顾个人安危，一力促成皇帝亲征，从而促成"澶渊之盟"，为国家社稷和天下苍生做出了多大的贡献。但是在回朝之后，却感受到了各种各样的冷遇和为难，甚至遭到小人的仇视和诬告，寇准又有什么心思去和他们周旋呢？另外一个原因和毕士安有关，如果说寇准这一生还曾敬佩过什么人，那么这个人就是毕士安。应该说，毕士安就像寇准的老师和父亲，总是扮演一个维护他、支持他和教导他的角色。

为了维护政局稳定，寇准必须在这个时候保持缄默，如果继续追查下去，北宋政坛将又是一次腥风血雨，而这显然是赵恒所不愿看到的。至于此次事件的幕后黑手王钦若，不仅和赵恒私交甚密，而且活动能量很强，真要和他撕破脸，最终会是什么结果还未可知。寇准如果能够在这个时候保持缄默，虽然等于是在王钦若面前服软了，但更重要的是也会向所有人传递另外一层含义，就是寇准开始接受官场规则了，这无疑将有助于他在接下来的官场中生存，毕士安的做法不可谓不高明。而当他把这些含义传递给寇准时，以寇准对他的敬重和信任，也就选择默许了。

应该说，毕士安不仅帮寇准挡了一次祸端，同时也压下了宋朝的一场政治风波，其作用实在是太重要了。当然，毕士安之所以能够在政治风雨中久立不倒，也不可能完全靠着妥协退让，适当的时候他也会予以还击。此次风波过去之后，王钦若主动辞去了参知政事，转而出任资政殿学士。按照一贯的传统，官员在上朝的时候会有宰相安排位置，身为宰相的寇准和毕士安自然站在最前面，而一些无足轻重的小官，则被安排在队尾。那么，这个王钦若入资政殿学士后，被毕士安安排在了哪里呢？基本上再往后退一步就出殿门了。

毕士安的意思很简单，首先我知道这件事是你搞的鬼，其次你也要长点教训，不要随便耍这些小伎俩。王钦若可能不怕寇准，但是他不可能不怕毕士安，原因很简单，他之所以敢于肆无忌惮地诬陷寇准，就在于他和赵恒的私交笃厚，就算事情败露了赵恒也会维护他。但是他和赵恒的关系再笃厚，也不可能超过毕士安和赵恒的私交。换句话说，如果毕士安想置王钦若于死地，那是十拿九稳的。于是，因为有毕士安的存在，王钦若对寇准的威胁基本可以忽略不计了，哪怕他再怎么恨寇准。

需要说明的是，在当时的朝中，像王钦若一样存在的人绝不在少数，但都因为毕士安而暂时没有对寇准发起攻击。宋景德二年（1005）十月十二日，一代耆宿毕士安的人生走到了尽头，寇准面无表情，心如死灰。那么，寇准对毕士安的敬重到了什么程度呢？史料没有记载，我们如今能够找到的佐证，只有他把自己的两个女儿，先后嫁给了毕士安的儿子。

公道自在人心

面对铺天盖地的辽国大军，寇准丝毫没有畏惧，在他的内心当中，也完全有把握可以战胜敌人。但是面对来势汹汹的同僚，寇准在内心深处却感到彷徨了，他很清楚，毕士安的死将成为众人攻击自己的开端，能够招架住这些人的发难，他是一点把握都没有。然而，这个时候寇准，仍然想为国家尽最后一把力，因而在众人加紧准备攻击他的时候，寇准又干起了一件费力不讨好的事，那就是审核天下官员的任免升降。

众所周知，宋朝的科举每隔一段时间都要按时举行，每次都会为国家输送大批的官员。然而，国家的官位即使再多，也总有人满为患的那一刻。为了解决这一问题，宋朝的政治家想出了一个办法，叫作"挂职"，就是什么都不做，等着官位出缺再去上任。在这种情况下，官员的擢升就只能按部就班，所有人都只能熬资历，严重削弱了官员的做事积极性。因此，寇准想要主持一次大规模的官员任免，以求让那些有能力的官员得到提升，从而提高整个政府机构的办事效率。

应该说，寇准的做法于国于民都有好处，哪怕是对于那些有能力、有抱负的官员，也是有利无害。但是，庸庸碌碌的人毕竟占大多数，而且很多人已经等了很久，即便是一些高级官员，也不愿把官员的任免负责化，因为这样做不仅劳神费力，而且更重要的是会得罪人。在此之前，对于寇准的态度，大部分人还能"事不关己，高高挂起"，甚至在道义上是支持他的。但是寇准的这一做法，切切实实地侵犯了很多人的利益，这就让他的敌人越树越多，也让王钦若之流有了充分的大众基础，以至于寇准亲手把自己推上了绝路。

这一次，主要对寇准发起攻击的还是王钦若。王钦若，在国家大事上没什么主见，但是在苟且之事的钻营上，可谓天纵奇才。在我国历史上，从来不乏这样一些政客，他们"外斗外行，内斗内行"，王钦若就是这样一个人。辽国大举来犯的时候，他第一个跳出主张南逃，等到寇准建立奇功了，他又跳出来攻击寇准。但是，由于王钦若为人机敏，善于察言观色，对于赵恒又能够毫无原则地迎合，赵恒还是比较倚重他。王钦若通过分析得出结论，赵恒此人，私情大过原则，或者说他用人的参考首先是私情，然后才是原则。

那么，既然赵恒有这样的性格，又不喜欢寇准，为什么还要把他留在宰相任上呢？其实，这仅仅是因为赵恒的一个小心结，那就是不管自己怎么不喜欢寇准，他毕竟是促成"澶渊之盟"的主要功臣。更进一步说，赵恒之所以能够把"澶渊之盟"的功劳归于自身，从而赢得天下臣民的信服，实际上的功劳也要归于寇准。至于寇准留任宰相是否于国于民有利，在赵恒的心理，并不是最重要的原因。于是，王钦若便决定在"澶渊之盟"上做文章，并且很快就被他找到了这件事的漏洞。由此可见，王钦若在蝇营狗苟上实在是无孔不入，他已经猜到了赵恒的内心深处，而寇准要面对的就是这样一个人。

某天和赵恒闲聊，王钦若不着痕迹提到"澶渊之盟"，由于宋朝的宣传机构把这件事打造成了赵恒个人的丰功伟绩，因而赵恒也愿意多说几句。而王钦若却始终不动声色，等到赵恒说得尽兴之后，他才脸色一转说："'澶渊之盟'乃是一个城下之盟，别人不知道，陛下您怎么也犯糊涂呢？辽国大军攻到澶州城下，逼着我们签订条约，还要我们每年给他们岁币，这难道不是耻辱吗？"赵恒听了王钦若的话，一时不知如何作答，却听他继续说道："听说陛下还因为这件事觉得寇准有功，陛下可以把整件事想象一下，他把陛下您推到那么危险的境地，简直就是把陛下您作为赌注，您怎么还能感谢他呢？"

此话一入赵恒的耳朵，"澶渊之盟"在他心目中的性质立即就变了，同时寇准在他心目中的印象也就变了。我们可以回想一下，赵恒之所以任用寇准为宰相，完全是因为他的政治能力，但寇准是前朝老臣，他是今朝新君，寇准的政治能力他大多都是听说而来。直到经历"澶渊之盟"，他们才算在一起做过事，赵恒也才真正认识到了寇准的才干。此时，既然寇准的才干成了"赌博"，而且他的赌注竟然就是自己，寇准也就成了罪大恶极的"赌徒"。王钦若看到赵恒的反应，知道自己的话已经起到预期作用，接下来也就可以放心大胆地攻击寇准了。

于是，就在"澶渊之盟"签订一年之后，在王钦若等人的不断鼓动下，赵恒终于下定了罢免寇准的决心。而寇准这一次罢免，就直接被驱离了中央政权，成了陕州（今河南陕县）的一名地方官。赵恒的意思很明白，寇准已经为国家效力过了，此时可以找个地方去养老了，因而不仅给了他一个闲差，并且还保留甚至提高了他的宰相俸禄。这个时候，寇准才只有45岁，可谓正值壮年，当年赵普也是这个年纪，却刚刚登上政治舞台。所以说，在"君要臣死，臣不得不死"的古代社会，即便寇准能够接受眼前的事实，也难掩心中的失落。

就在寇准百无聊赖的时候，忽然迎来了一位老朋友，他就是当年和寇准在大名府"解试"中一起让解元的张咏。这二人都互相倾慕对方的品格，再加上多年未见，推杯换盏间的欢乐不必言说。然而，酒桌上的欢笑不能掩盖寇准内心的惆怅，而张咏不愧为当时社会的精英人物，他不但看出了寇准的心思，并且一直没有挑明。直到离别的那一刻，张咏才忽然对寇准说，如果他有时间，不妨找来《霍光传》读一读。寇准早年曾经读过这本书，但时光流转，他已经记不清里面的细节。等他告诉张咏，回城找到《霍光传》来读，心中立即豁然开朗，以至于连平日的愁苦表情都一扫而光了。

原来，霍光以一己之力，辅佐两朝皇帝治理国家，收拾了汉武帝留下的烂摊子。但是在最终的政治斗争中，霍光却落败，以至于一时之间被损毁了名誉。但是，他对于汉朝的功绩是彪炳史册的，因而等到若干年过去，人们还是会感念他，而那些斗倒他的卑鄙小人们，则早已被历史的洪流冲刷不见。应该说，张咏是有大智慧的，他以霍光做比，让寇准把目光放长远，不要纠结于一时的逆境。张咏作为寇准的兄长，以如此智慧和如此用心指点迷津，寇准的心结也就此解开了。

第三章
力挽狂澜

真宗时,"天书"事件曾经震动朝野,而寇准生逢其时,自然也要受到这场风波的洗礼。作为一国之宰相,寇准以万夫不当之勇奋力为之,却因为时代的流转而一再错失权柄。坐看风起云涌,寇准虽然本色不改,却终归在世故面前圆滑了几分,而这份圆滑也终归带给了他不一样的人生感悟。为了将自己的理想捍卫到底,同时也为了让天下百姓安居乐业,寇准的抉择永远都透着满满的济世情怀。

一封"天书"

当寇准在地方官任上潜心作为的时候,赵恒又在中央做什么呢?一言以蔽之,那就是胡作非为。眼见天下太平,赵恒身边不再需要有能力的大臣,王钦若等善于迎合奉承的小人便开始大行其道。有这些人每天围在赵恒身边，他能够做出什么样的事，也就可以想见了。某日早朝，赵恒忽然对大臣们说，自己做了一个梦，梦中有位神仙给了他一本"天书"，名曰"大中祥符"，并说这是天降祥瑞。为了把戏份做足，他还把自己的年号改为"大中祥符"，把景德五年改为大中祥符元年。

身为一国之皇帝，赵恒怎么会做出如此荒诞之事，这里面实际上还要牵扯到利益。通常来讲，皇帝想要建立自己的威严，最好的方法就是开疆拓土，哪怕是保家卫国的胜利。虽然这种做法相对比较冒险，但效果是非常显著的，在外敌入侵的情况下，皇帝也不得不这样去做。当年，赵恒登上澶州城头的那一刻，看到城下铺天盖地的将士齐呼万岁，也应该切身体会到了这份感受。但是，自签订"澶渊之盟"后，宋朝国内太平无事，赵恒想要向万千臣民建立自己的威严，就失去了土壤。

那么，赵恒想要重新找回这份成就感，最简单的做法就是向辽国开战，最好能够一举收复燕云十六州。如此一来，他就能够完成赵匡胤和赵光义都没有完成的丰功伟绩，天下臣民自然对他崇仰之至。但是，在亲征澶州时赵恒的前后表现，已经表明他没有这样的雄才大略，甚至没有这样的胆略。于是，王钦若等一干人等就给他出谋划策，既然不能想办法打一次大胜仗，那就找一件能够产生同样效果的事情来做，而这件事就是泰山封禅。

所谓泰山封禅，最早起源于战国时期，盘踞在山东的诸侯国想要粉饰太平，在势力范围内海拔最高的泰山上进行了封禅大典。具体来说，就是上山祭天，称为封；下山祭地，称为禅。秦始皇统一天下之后，为了祭祀自己的先祖，也到泰山进行了封禅，这一活动从此被后世皇帝效仿，成为粉饰太平和彰显天威的途径。封禅活动过程中，旌旗招展，遮天蔽日，锣鼓齐鸣，声震四野，皇帝车驾所过之处，蔓延百里不止，阵势之宏大足以彰显天子的威严。赵恒想要的就是这种效果，生性怯弱的他，也只能用这种办法建立自己的威严。但是按照历史传统，天子到泰山封禅需要有祥瑞事件发生，这才有了他的那个梦。

应该说，这样的活动对于皇帝有好处，但是于国于民却有百害而无一利。如果寇准仍在朝中做宰相，赵恒连想都不敢想，王钦若一众则乐于促成这种事。不过，在赵恒的身边，并不是所有人对这种事持欢迎态度，至少宰相王旦是这样。可惜，王旦有寇准的观念，却没有寇准的胆识，因而在王钦若等人的步步紧逼下，他只能选择妥协退让，委曲求全，最后又被赵恒用一斛珍珠封了口，所以在此次事件当中也表现出了积极态度。在他看来，封禅这种事情毕竟不能年年搞，让赵恒遂了愿，接下来他就不会折腾了。然而，王旦到底太天真了，封禅事件只是一个开始，更加荒诞的事情才刚刚开始。

赵恒在封禅活动中满足了自己的存在感，而整个事件的开端，就是他所做的那个梦。梦、神仙、祥瑞、祭祀，相信这些元素很容易让人想起道教，事实正是如此，赵恒在王钦若等人的引诱下，迷上了道教，开始每天焚香炼药，不理朝政。王钦若等人每天做梦都想专权，自然乐得赵恒这样做，但毕竟还有一些正直的大臣，他们为了坚守北宋政权的最后一块净土，向王钦若等小人臣子发起绝地反击。然而，事情的决断权必定握在赵恒手里，眼见正直大臣们来势汹汹，他一不做二不休，居然又做了一个梦。

这次，赵恒还是梦到了那位给他送天书的神仙。这位神仙告诉他，赵氏之所以能够得天下，全赖他们的祖宗庇佑，而他们的祖宗就是一位神仙，而且有名有姓，叫赵玄朗。醒来之后，赵恒如法炮制，又在早朝上把自己的梦公之于众。既然赵氏的祖宗都成了神仙，正直的大臣们也不知如何是好了。赵恒于是变本加厉，不仅给所谓的祖宗赵玄朗上尊号，而且从此尊崇道教，很快又在全国各地拜祭道教的各位神仙，同时大肆修建道观，可谓劳民伤财。史料记载，赵恒在开封修建的玉清昭应宫（简称"玉清宫"），其奢靡辉煌的程度空前绝后，比秦始皇的阿房宫有过之而无不及。

在此过程当中，王钦若等一干臣子占尽风头，他们擅权专政，飞扬跋扈，打击异己，培植己势，整个北宋朝野被他们搞得乌烟瘴气。王旦从来都是以老实忠厚示人，一日被王钦若等人气急，大声吼道："寇准还没死呢！"的确，如果说这个时候还有人能救北宋，那就只有寇准了。至于王旦，他当然是想迎回寇准的，但是上有赵恒不闻不问，下有王钦若严防死守，他根本找不到迎回寇准的契机。与此同时，王钦若也并没有把寇准放在眼里，他既然能够整垮他一次，就能够整垮他两次、三次，只要毕士安不从坟墓里爬出来重任宰相，他就天不怕地不怕，何况这个时候的他还裹挟了大批官员。

此时的寇准，正在大名府做地方官，这里作为宋朝的大北门，他的工作也并不轻松。当然，在他内心当中更加忧虑的，显然是朝堂上沐猴而冠的王钦若之流。可惜的是，他空有一腔报国之志，却苦于赵恒根本没有让他回归中央的想法。这个时候，也可谓天不亡宋，宰相王旦终于找到了迎回寇准的契机，那就是他的死。赵恒虽然是个庸君，但却还不是昏君,他的内心当中很清楚,王钦若等人谄媚阿谀在行,真有什么事时是指望不上的,因而他实际上把国家重权交到了王旦手上。这也是王钦若等人无论怎样上蹿下跳,却奈何不了王旦的原因,可惜赵恒实在不愿意让寇准回到中央,这才一直僵持下来。

非常时期,使用非常手段,王旦眼看整个国家的钱粮就要被赵恒和王钦若等一干小人之臣掏空,他也用自己的方式作出了努力。一天早朝,王旦又被王钦若等人围攻,他虽然像往常一样隐忍不发,但是忽然倒地不起,四肢抽搐。在场的所有人都吓坏了,赵恒赶紧命人把王旦送回家,太医带着皇宫最好的药随后而至。然而,太医们带回来的消息让赵恒大吃一惊,王旦已经时日无多了,并且随时可能殒命。整个国家都在由王旦撑着,如果他不幸离世,要由谁来担当大任呢?一直处于梦境状态的赵恒,终于感觉到了一丝凉风拂面,不觉间也有了一丝清醒。

当天晚上,赵恒就来到王旦家中,君臣二人屏退旁人,相对之间都是五味杂陈。赵恒率先开口,他问的是国家大事,如果王旦真的不行了,在他的身后,有谁能够担起宰相的职位呢?王旦已经坐立不稳,他用枯黑的双手倔强地抚着床栏,以气若游丝的语气说,自己没有主意,一切让赵恒定夺。既然如此,赵恒只好说出自己中意的人选,但是他一连说了好几个,王旦只是不停地摇头。赵恒只好再问,这个时候王旦才说出了自己心中的理想人选,这个人当然就是寇准。

赵恒多少有些惊讶,因为王旦和寇准之间并没有什么交集,当然也没有什么私交,王旦的性格、背景和出身等,都和寇准有很大差异。但就是这个王旦,这个平时温顺得像一只羔羊的王旦,说出了他最不想用的人，因而赵恒还想周旋一下，他说出了寇准身上的种种不足，希望改变王旦的想法。这个时候，王旦的身体已经衰弱到了极点，但同时却做出了一生当中最强大的举动。他弯下腰，低下头，一只手死命扳着床栏，然后颤抖着伸出另一只手摆了摆——送客。赵恒的惊讶应该是更进一步的，大臣以这样的方式赶自己出门，就算是寇准也不曾做过，但是这个一向柔弱的王旦却做了，无奈之下只好退出房门，离开了王家。

　　王旦的举动其实已经接近于摊牌，他的意思很明显，江山是你赵家的江山，社稷是你赵家的社稷，何去何从，我已给出建议，剩下的你自己看着办吧。然而，事情还没有完，等到赵恒一行人离开王旦家之后，他的亲信鱼贯进了他的房门。这个时候，王旦一扫方才的颓态，给自己的亲信们一一下达命令，他要全力保寇准再次登上宰相位。用明哲保身形容王旦毫不为过，但就算是明哲保身，也会有自己的底线，他可以允许王钦若等人做跳梁小丑，也可以帮着赵恒搞封禅大典，但是他不能允许赵宋江山葬送在自己手里。自古以来，真正的读书人都是"平时袖手谈风月，临事一死报家国"，王旦虽然不是寇准，但他却是一个真正的读书人。

沉浮

众所周知，宰相是国之重器，不能随随便便更替。如果非要更替，皇帝通常会遵循一个最基本的原则，那就是离任宰相的推荐。当然，这只是一个惯例，究竟根据什么来任命新的宰相，需要综合多方面的因素进行考量。但是，赵恒也知道王钦若等一干臣子不堪托付国家社稷，同时又有越来越多的人开始上书推荐寇准，因而他还是决定遵从王旦的建议，也就是让寇准回到开封。就这样，寇准在地方为官七年之后，终于回到了开封。不过，赵恒并没有让寇准直接进入中央政府，而是任命他为东京留守，准备对他先行考察一下，以确认他在地方上的长期历练，有没有把性格打磨圆滑。

东京留守，顾名思义就是在皇帝离开东京开封期间，暂时主持全面工作。赵恒之所以这样做，实际上也是经过周密考虑，一方面自己可以避开寇准的锋芒，另一方面也可以把王钦若等人带在身边，让寇准放开手脚大干一场。于是，将权力进行交接之后，赵恒便带着大队人马去亳州拜祭老子了。在此期间，赵恒一直密切关注着寇准在开封的举动，而寇准在这段时间的表现可谓平平常常，但这也正是赵恒想要的结果。因此，在回到开封之后，寇准虽然在这段时间里没什么建树，还是被赵恒留在了开封。

本来，赵恒还想对寇准再仔细观察一段时间。但是，一位老熟人帮了寇准的忙，以至于让他很快出任枢密使，从而再次进入中央领导集团，这个人就是王钦若。这件事听上去有些不可思议，但实际上就是如此，尽管王钦若的本意并非如此。原来，寇准在开封挂职期间，西南地区忽然发生了一场叛乱，只是这场叛乱很快被宋朝方面平息下去了。按照规定，平定这场叛乱的将领要加官晋爵，批文上报到枢密院，身为枢密使的王钦若为了拉拢这位将领，很快就批复同意了，而且还私自超出规定，给这位将领多提了一级。而按照相关规定，批复文件要由皇帝审阅，至少也要有宰相审阅，何况他还自作主张地加了一级。

应该说，这样的事情王钦若肯定没少干，尤其是在赵恒专心炼丹的时候。但是他在这个时候忽略了一个基本事实，那就是政治局势的改变，或者说赵恒的改变。王钦若是一个很聪明的人，他心里非常清楚，只要赵恒允许，就算自己把天捅出一个窟窿也没事。于是，在王旦退出中央领导集团后，他就开始变本加厉，觉得再没有人可以束缚自己了。当然，王钦若也注意到了寇准的回归，但是正如前面所说，没了毕士安的庇护，他根本就没有把寇准放在眼里。

可惜，王钦若虽然聪明透顶，终于还是犯了糊涂。他虽然知道赵恒会纵容他，却不知道赵恒为什么会纵容，而这个原因其实很简单，就是因为有王旦在。赵恒很清楚，只要有王旦在，就等于给王钦若等人上了一个"紧箍咒"，任凭他们怎么闹腾也翻不了船。或者等到寇准正式主持中央工作了，他还可能会纵容王钦若的这些做法，毕竟赵恒要靠他们来制衡宰相的权力。但是就在这个青黄不接的时候，王旦退了，寇准还没有正式任命，对于赵恒来说，就到了极度敏感时期，他必须把权力牢牢握在自己手中，非但不能轻易让给寇准，同时也不可能允许别人随便碰。

王钦若在这个时候顶风作案，赵恒和他的私交再好，既然双方的利益碰撞在了一起，也由不得半点含糊了。这个时候的赵恒，显然也已经成熟了不少，就在王钦若的举动传到他耳朵里时，一场骤风暴雨就开始酝酿了。很快，枢密院的整个高层被统一更换，王钦若撤职查办，其余官员各有不同程度的责罚。但是，就在赵恒以霹雳手段彻查王钦若一伙后，他却愕然发现没有一个合适的人选担任枢密使。这个时候，王旦的遗留势力便开始积极运作，寇准由此进入了赵恒的视野，而他在这个时候已经53岁了。

虽然已经年过半百，并且经历了世态炎凉，也看清了人情冷暖，但寇准还是想要做出一番成绩。可惜的是，赵恒在内心深处并不希望他有所作为，因而他虽然整肃了王钦若一伙，却没有把权力真正地交到寇准手上。为了最大限度地牵制寇准，赵恒为他配了两个难缠的副手，这两人的脾气秉性都与寇准相似，所以仅仅在上下级关系的问题处理上，寇准就已经伤透了脑筋。与此同时，王钦若已经建立起一股庞大的势力，史称"天书派"，就是帮助赵恒用天书装神弄鬼的一干臣子。既然这股势力的真正后台是赵恒，就不会因为王钦若的失势而溃散，而这股势力的性质也决定了他们必然与寇准势不两立。

然而，寇准毕竟是寇准，就算处在内外交困之中，他还是要做自己认为该做的事情。一次，河北发生欠税事件，三司高压征收，激起了规模不小的暴乱行为。此时上报到朝堂,寇准不敢怠慢,立即上报赵恒。作为一国之君,发生这样的事情,自然要怪罪河北的百姓,尤其是暴乱的民众。但是寇准却告诉赵恒,他就是从河北任上调进朝廷的,对于河北的税收情况非常了解,他在河北做官的时候,向来都是按时缴纳税赋。寇准之所以这样说,并不是在表明自己的能力,而是要揭发三司的不法行为,因为他们在税收当中截流了一部分装进自己口袋,因而增加了河北人民的税赋,这才激起他们的不满,以致发生暴乱。

然而,赵恒对此事的反应近乎冷淡,他虽然派人查明了三司的不法行为,并且治了三司使林特的罪,但处罚之轻几乎可以忽略不计。实际上,寇准对于赵恒的反应早有预料,因为林特作为三司使,是主管国家经济命脉的一把手,赵恒不可能忽略他的工作,之所以一直纵容他的行为,这里面是大有文章的。不难想象,赵恒在全国范围内大兴土木建造道观,同时大搞各种祭拜活动,是需要花费大量财力的。但赵恒自己没有钱,只能让三司使想办法为自己找钱,想来想去,也就是上面说到的加税。

而寇准之所以把矛头对准了三司使,并且揪住林特不放,实际上也是有周密计划的。我们前面已经说到过,赵恒作为一国之君,非但不用心于国家社稷,反而迷恋道教,耗费大量人力、物力。宋朝全国范围内上行下效,花费越来越大,百姓负担随之越来越重,已经快要把赵匡胤和赵光义两朝建立的经济压垮。而王旦之所以极力促成寇准出山,就是希望他能拿出当年的作风,对即将倾倒的大宋朝力挽狂澜。寇准上任之后,也确实不负众望,准备着手阻止赵恒的胡作非为。

　　当然，此时的寇准毕竟已是年过半百，办事开始讲求一些策略。他不便直接阻止赵恒的各种行为，就想转而断掉他的财路，到时候只要把三司控制住了，赵恒就没了经济来源，问题就好办多了。可赵恒毕竟已经不是当年的赵恒，何况他身边还围绕着一群精明的小人之臣，寇准的动作虽然很隐蔽，却还是没有避开他们的注意力。如此一来，当寇准揭露三司的不法行径后，赵恒才会有如此平淡的反应。简言之，三司使林特贪污的钱，就算有中饱私囊的嫌疑，大部分钱也一定给了赵恒。

　　寇准见此事不成，准备再退一步，首先解决三司使林特。一次，宋朝边境的配军，也就是犯了罪发配到边远地区的军人，忽然发生了暴乱，寇准立即把这件事的来龙去脉报告给赵恒。原来，这批配军被无故裁撤，失去了经济来源，连最基本的遣散费都没有发放，如此才铤而走险。这件事追查起来，发现罪魁祸首又是林特，他本不该裁撤这批叛军，更不应贪污他们的遣散费。按照寇准的想法，林特一而再、再而三地犯错，赵恒至少要退一步，把林特撤职查办。没想到赵恒立即火冒三丈，不仅训斥了寇准一番，并且当场撤了寇准的职。于是，在回京仅仅十个月之后，寇准又一次被赶到了地方。

　　应该说，赵恒在继位之后，一直想要建立自己的政治规则。起用寇准为相，完成了"澶渊之盟"的签订，他却一直处于诚惶诚恐之中。直到赶走了寇准，通过泰山封禅运动建立自己的威信，赵恒才一点点找到了做皇帝的感觉。这个时候，他所需要的只有两种人，一种是围在自己身边的犬马之臣，一种是帮自己看管国家的社稷之臣。但无论是哪种臣子，都必须绝对服从自己的安排，换言之就是必须遵从自己建立的政治规则。他之所以在犹豫之中召回寇准，也是希望他能如此，而既然寇准做不到这一点，让他继续回到地方去做官，也就在所难免了。

皇帝不再是赵光义，搭档不再是毕士安，寇准也再做不了当年的寇准了。他以名誉节度使和名誉宰相的身份出任地方官，虽然待遇是国家级别的，但内心的失落却因为又一次梦圆梦碎而挥之不去。在被贬长安（今陕西西安）任上的时候，寇准在某天无比神伤地写下这样一句诗——魂梦不知关塞外，有时犹得到金銮。金銮指的就是金銮殿，在这里借指北宋的朝堂，也就是君臣朝议国家大事的地方。由此不难看出，尽管已经能够在地方官任上悠然自得地生活，但是在寇准的内心深处，还是时时刻刻不忘国家社稷的。

真正的大节

寇准身在地方却心系中央，还是希望有朝一日能够回到朝堂之上，为天下百姓再做一番贡献。可惜，事实却不允许他这样做，在地方任上坐看四年时光流转，寇准的心思已经越来越沉静。这个时候的寇准，已经年近花甲，可能在他的内心深处，已经接受了被永远排挤在中央政权之外的准备。然而，就在寇准心灰意冷的时候，他的辖区内忽然发生了一件事，一名巡检官在终南山上发现了一封"天书"。所谓天书，我们前面已经讲过，就是赵恒在梦中所见神仙给他的书卷，乃是一种天降祥瑞的表现。

事实上，到了这个时候，北宋各地已经出现了很多封"天书"，每个想要政治投机的官员，都会导演一出"天书"大戏，同时也都会在赵恒那里得到各种实惠。但这一次有所不同，因为天书出现在了寇准的辖区内，作为"天书"事件的坚决抵御者，大家都在等着看他的下一步行动。出乎所有人的意料，寇准并没有做出任何反应，只是例行公事，把这件事上报给了赵恒，"天书"也很快被送去了开封。而更加让人想象不到的是，就在寇准上报"天书"后的第八天，赵恒就召他回京了，并且明显是要再次重用他。

一般认为，寇准之所以再次得到重用，是因为他上报了一封"天书"。而"天书"却是赵恒和王钦若等人用来妖言惑众的把戏，而在为了修建道观，在举国上下已经闹得怨声载道。寇准在这个时候不加以抵制，反而主动上报了一封"天书"，并且由此重新回到中央，恐怕大有变节的嫌疑。也就是说，寇准为了得到宰相位，不惜改变自己的政治立场，从坚决抵制"天书"事件，到转而加入了"天书"事件之中，完全背离了自己的初衷，同时也辜负了当时许多正直人士的殷切期望。

事实上，只要我们把目光转移到当时的整个宋朝社会，就会发现寇准的做法虽然有悖他的一贯风格，却完全是被逼无奈，至于变节二字则完全谈不上。首先，国库已经被"天书"事件彻底掏空了，如果再没有合理的政策出台，整个国家经济将面临崩溃；其次，灾荒连年，地方政府财政亏空，贪污成风，底层百姓已经开始吃不上饭了，成群结队的逃荒民众在灾区各地疯狂蔓延。有些人干脆加入乱军，和宋朝官军作战，以至于国家的根基越来越松动；最后，赵恒因为常年服用丹药，身体状况越来越糟，就在他召寇准进京的时候，实际上已经卧病在床多日了，而且大有性命不保之忧。

这就要说到此事最关键的人物赵恒。应该说，赵恒虽然不喜欢寇准，但是对于寇准的能力和正直，还是极为肯定的。寇准在地方为官期间，官职并不高，公务也不算繁忙，待遇却是宰相级别的。赵恒之所以要这样做，就是在肯定他的功绩，而肯定他的功绩也就相当于肯定他的价值。躺在病榻上的赵恒眼见自己时日无多，就不得不面临一个迫切而严峻的问题，那就是把赵宋江山托付到谁的手上。当时，赵恒唯一的儿子只有10岁，还是一个不谙世事的孩子，如果把江山交到他手里，就必须要找一位信得过的大臣辅佐。赵恒遍观自己身边的王钦若等人，实在没有一个值得托付，遇事求良臣，他也终于想起了被自己闲置的寇准。

然而，想要让寇准进京，必须要有一个合适的契机。病入膏肓的赵恒经过一番思索，居然还是想借"天书"行事，这才有了寇准上报"天书"，并很快被召入京的事。应该说，寇准接到赵恒的旨意，必定是怒火中烧的，因为这简直就是要让一生光明磊落的他折节。可是，面对眼前的一切，始终放心不下国事的寇准，也只能选择默默接受。值得一提的是，赵恒虽然预料到寇准会接受他的方案，但还是加了一道保险，具体来讲就是通过一个名叫王曙的人向寇准施加压力。

王曙此人，除了在朝为官，还有一个比较特殊的身份，那就是寇准的女婿。也就是在寇准陷入犹豫的时候，王曙找到了寇准，以自己的前途和全家人的未来相求。寇准一生无子，女婿寄托了他的诸多希望，同时就是一家人的指望，不由得寇准不动容。当然，这些都只是次要原因，尽快进入朝廷为官，整肃朝纲，救济万民，才是寇准最迫切要做的事情。因此，如果换个角度来讲，即便寇准有变节嫌疑，也是为了国家社稷和天下苍生而变节，这样的"变节"不仅不是他的人生污点，而且是大节的表现，是他一生中最大的亮点。

之所以会有寇准的"变节"一说，也并非完全没有依据，但主要出处却都见诸野史。其中，最主要的出处就是《湘山野录》，作者是一个名叫文莹的僧人。在这本著作当中，他添油加醋地把寇准说成一个"卖身求位"的人，将他的品格贬损到了极点。至于这个文莹，除了是一个学识很高的僧人，同时也和朝廷当中的很多高级官员有来往，而这些人大多都是寇准的死敌。由此我们可以看出，寇准的变节有很大程度上是有人故意抹黑，后来又被知之不详的人以讹传讹。

不管怎么说，寇准确实主动上报了自己辖区内发现的天书，而赵恒在接到他上报的天书后，也确实非常高兴，因而很快就召他进京，并委以重任。不难想象，寇准的到来给赵恒带来了希望，因为他的儿子和他的江山都可以托付于人了。同时，寇准的到来也给赵恒带来了心理上的满足，因为这一次寇准终于妥协了，他不再是那个刁难自己，甚至是轻视自己的强势老臣，而是低头颔首服从了自己的安排。如果再深一步分析，寇准的这种改变，可能在赵恒看来也是一种成熟，这对于他的托孤之心来说，无疑是一种安慰。

这一次，为了国家和自己的儿子，赵恒终于决定全心全力支持寇准，并且让他放开手脚大干一场了。然而，此时的北宋政权，已经病入膏肓，国家失信于民，百姓怨声载道，赵恒对局面的控制也没有那么牢靠了。在这种情况下，寇准想要再有一番作为，虽然并不是完全没有可能，其难度之高也是不言而喻的。

第四章
雨打风吹去

得失之间看心态，取舍之间看智慧，进退之间就只能看品格了。寇准从来没有想过与人争长短，却终究成了那个最热衷于争长短的人，只因为在他的内心当中，永远都饱含一腔为国为民的热血。当这腔热血遭遇冷水浇灌的时候，寇准虽然也曾有过惊诧、委屈和抗争，但这些只是让他在阅尽人生后，变得更加淳朴和浑厚。如果说，宋朝历史上的文官武将灿若星河，那么寇准留下的这道奇光异彩，无疑是最耀眼的所在。

过招

任何一个朝代的历史，都少不了后宫势力的参与，宋朝自然也不例外。由于公务实在繁忙，赵恒的很多奏折都要带回寝宫批阅，这个时候在旁服侍的贵妃刘氏渐渐开始帮他做一些事情。开始的时候只是整理一些文件，时间长了之后，不免发表一些意见，进而代办一些简单的公务，直到赵恒忽然发现刘氏的政事能力还不错，于是便开始和她讨论一些国事。在这个世界上，有些人天资愚钝，即便着力培养，也不一定能够成才。但有些人却天资聪颖，只要稍加点拨，就能迅速成长，刘氏显然就是后者。她虽然出身比较低贱，但是生得倾国倾城，而且柔情似水，很是得赵恒宠幸。

然而，正如很多宫斗剧中所演的那样，如果哪个女人想要在后宫站稳脚跟，最重要的还是要给皇帝生下子嗣。刘氏得尽赵恒恩宠，却无论如何也生不出儿子，因此在皇后郭氏去世之后，她虽然凭借自己的机谋得到后宫实权，却一直没有被扶上皇后位置。面对这种情况，刘氏的聪明头脑表现出来，他知道赵恒之所以一直空着皇后位置，就是在等待哪位贵妃产子，到时候便会把皇后的位置封给她，如果是一位出身较好的贵妃为赵恒产子，皇后位置从此便与她无缘了。因此，刘氏主动送给赵恒一位李氏宫女，让这位宫女为赵恒生子，然后她就能够以权压人，把李氏生出来的儿子据为己有，从而登上皇后位置。

最终，刘氏如愿以偿，李氏果真为赵恒产下一子，她也成功将此子据为己有，并且如愿当上了皇后。然而，刘氏的权力欲望远不及此，在正式成为后宫之主后，她网罗了大批宦官涉足朝政。由于赵恒痴心于修道，刘氏又得到过他的教授，其势力发展非常迅猛，以至于朝中的一些大臣都成为她的属下。赵恒卧病在床之后，刘氏更加肆无忌惮，对于朝政的干预力度日深，随着赵恒病情的加重，她甚至开始假传圣意，全面加强自己的政治势力。

等到赵恒终于醒悟过来，愕然发现刘氏已经隐隐有把持朝政的趋势，甚至已经开始染指军权。更令赵恒胆战心惊的是，自己身边的宦官也已经成了刘氏的人，这不禁让他想起了一个可怕的名字——武则天。要知道，武则天不仅篡夺了李唐的江山，而且将李世民的子孙屠戮殆尽，甚至包括她的亲生儿子。想到这一点的时候，赵恒真是一阵后脊发凉，他为了牢牢掌控国家权力，不惜任用王钦若等一干小人臣子，对寇准等能臣干将敬而远之，此刻却很有可能把赵宋江山葬送在刘氏手中，这个曾经匍匐在他脚下的柔媚女子，摇身一变成了不可一世的强权女性。

为了避免噩梦的发生，赵恒勉励为之，对国家高层官员进行了一次大换血，扶持了很多正直的官员。其中，最为重要的一点，就是召寇准回归中央，重掌宰相大权。为了确保万无一失，赵恒还为寇准选了一位重要的搭档，这个人名叫向敏忠，其性格与毕士安和王旦大体相似，他对寇准的态度也是如出一辙。应该说，赵恒的这套班底设计是非常合理的，因为寇准和向敏忠在性格和能力上都可以形成高度互补，只要有他们二人在，刘氏就不可能做出出格的事情来。可惜，寇准回朝没多久，向敏忠突发重病，不久便撒手人寰了。

得知向敏忠的死讯，赵恒可谓悲从心起。史料记载，他曾跑到向府号啕大哭。虽然说国家大臣去世，皇帝到其家中哭丧是皇家惯例，但是对向敏忠的死，赵恒应该是真的伤了心。因为他不仅痛失了一位良臣，而且再也找不出合适的人选和寇准搭档，这无疑会将赵宋江山置于危险境地。这个时候，也暴露了赵恒最大的性格缺陷，就是在他的心中，感性永远压制着理性。从高层官员大换血事件中可以看出，赵恒对当时的局面还没有完全失控，如果他下定决心铲除刘氏，应该还是可以做到的。但是因为对刘氏的感情尚在，以及后面将会提到的种种原因，赵恒权衡再三之后，还是没有选择万无一失的策略。

按照宋朝的管理，宰相府的人员配置为两正两副，再分别以左右相区分。向敏忠一死，宰相就只剩下一正两副了，一正自然就是寇准，而两副则分别为李迪和丁谓。其中，李迪和寇准的政治观点相同，同时也对寇准非常敬重，对于寇准的工作自然能够予以全心全意地支持。但另外一个副宰相丁谓，却是赵恒为寇准埋下的一颗定时炸弹，因为此人不仅气量狭小，善于钻营，而且颇具大才。历史上，大才大气和小才大气者都能够担起重任，即便是小才小气者也不会坏大事，唯有大才小气者最可怕，而丁谓就是大才小气的典型。

严格来讲，丁谓可以算作寇准的门生，因为他的文才誉满天下，且办事能力极强，最初得到了寇准的欣赏。在他最初进入官场的时候，寇准还曾向时任宰相的李沆举荐丁谓，但是被李沆当面拒绝，并直言丁谓的人品存在很大问题。李沆的说法大抵是，像丁谓这样的人，怎么可能让他高居人上呢？而寇准作为回应，也针锋相对地说，像丁谓这样的人，怎么可能久居人下呢？应该说，后来的事实表明，二人的说法都很准确，只是审视问题的角度不同而已。但是这里也说明了一个更加重要的问题，那就是寇准在识人方面的能力，确实是有所欠缺的。

被寇准视为兄长一样的张咏，对丁谓的态度尤其明显。这位和寇准脾气相似的宋朝重要官员，曾经对人说过，像丁谓这样的小人，是应该将他砍头之后，把首级挂在开封城门楼上，让天下人拍手称快的。与此同时，他还表明了自己的严正态度，就是如果赵恒肯这样做，他愿意把自己的首级献出来，挂在丁谓家的门口，以便向丁谓一家谢罪。至于丁谓的斑斑劣迹，寇准的识人能力再差，也终于渐渐看清了他的真实面貌，因而对于丁谓的看法是非常不屑的。但是寇准并没有想到，这样的一个小人，竟然在自己重新回京执掌朝政的时候，跃升为国家的副宰相，并且成了自己的主要帮手。

那么，既然丁谓具有如此品性，赵恒为什么又要重用他，并且安排给寇准做副手呢？这就要说一下丁谓的发迹史。前面已经说过，丁谓此人是极有文才的，凭借这一点，他能够高中科举考试，进入宋朝的官僚体系。另一方面，丁谓的办事能力也很强，因而他能够在宋朝的官场蛰伏下来。一次，三司使的职位空缺，对于这个棘手的职位，基本上大多数官员都是以躲为主。但是丁谓却主动请缨，并且把三司的工作做得有声有色，实际上就是以加税的形势满足赵恒发动"天书"运动的巨大财政需求。

因此，将亲近之臣和才干之臣分得很清楚的赵恒，唯一的例外就是把丁谓当成了既亲近又能干的大臣。当然，赵恒让丁谓做副宰相，也是希望他能够全心全意地帮助寇准，并且在二人合作之初，事情也发展得比较顺利。在赵恒看来，只要多加历练，丁谓甚至可以成为替代向敏忠的人，成为寇准的重要搭档。然而，寇准和丁谓的性格特点，尤其是丁谓善于钻营的小人心态，注定他们不会在同一条路上走得太远。

一次，寇准像往常一样在工作间歇吃饭，由于是工作餐，同时在场的还有很多人，其中就包括寇准。用餐期间，寇准的胡须上不小心沾了一些汤汁，看上去自然有些不太雅观。这个时候，不可思议的事情发生了，身为国家副宰相的丁谓，居然上前想要帮寇准擦拭汤汁。

寇准反应过来之后立即予以拒绝，不仅予以拒绝，并且对丁谓进行了严厉的斥责，大声责备他有失国家大臣的体统。这也是历史典故"溜须拍马"一词中，"溜须"词根的由来。而对于丁谓来说，原本是想上前主动讨好，结果却被当众羞辱，他虽然表面上不动声色，心底里却从此把寇准当成了自己的敌人。

由此可以看出，寇准并没有把丁谓看在眼里，并且以他的性格，只要内心厌恶，绝不会给丁谓好脸色。接下来，当寇准知道自己要帮赵恒牵制皇后刘氏时，也完全没有把这个"弱女子"放在眼里。哲学界有这样一句名言，叫作"没有忧患乃是最大的忧患"，翻译成普通话就是"最大的问题就是轻敌"，因此，兵法上也常说"骄兵必败"。而这个时候，寇准所犯的错误，显然就是轻敌，为此他也将付出巨大的代价。

皇帝的背叛

什么是小人？他们没有是非观，没有大局观，没有底线，变幻无常，只知为了一己之私利蝇营狗苟，并且敢于以命相拼。而君子是讲原则的，至少也是有底线的，在他们眼中，总有些东西是高于生命的，所谓私利更是从来不放在眼中。故而在君子与小人的对战中，君子大多会败于小人，而君子与小人的斗争，自古以来从未终止过。因此，如果君子不了解小人的做事方法，甚至没有意识到小人的存在，又没有了解小人的帮手从旁助阵，从一开局就会注定失败。寇准不了解小人的行事规则，甚至分不清谁是小人，但毕士安却刚好弥补了他在这一方面的不足。

而就在寇准积极作为的时候，赵恒的身体状况也在急剧恶化，他整天居于寝宫无法上朝频率越来越高。每当这个时候，赵恒就只能在寝宫办公，而由于刘氏已经基本控制了寝宫，她能够用来作为的机会也就越来越多。首先，刘氏在禁军中提拔了大批亲信将领，同时将自己的哥哥刘美安插进了禁军的要害部门；其次，刘氏也在不断加强对赵恒的意志和人身控制，从而加强自己的主动权，而赵恒在这个时候已经接近神志不清了；最后，刘氏也在积极拉拢朝廷大臣，并且已经把寇准当成了主要提防对象，随时准备对他展开致命打击。

这个时候，寇准可谓已经陷入了危机四伏当中，但是他自己却并没有意识到局势的严峻，仍然只是带着盲目的自信悠然行事。此时，寇准首要做的事情，就是加强太子赵祯的合法性，以便让他在将来顺利登上皇位。不过，还没等寇准行动，赵恒在亲信宦官周怀政的帮助下，便率先出手了。这一次，他们用的还是老伎俩，也就是"天书"。接下来的事情发展如出一辙，赵恒派人将天书隆重地接回开封，然后将天书的内容昭告万民，同时大赦天下。但是这一次，天书的内容有所不同，其中最为核心的一条，就是宣布了太子赵祯的继承权。

赵恒的这一做法，如今看来荒诞不经，但是在当时社会却有着极其非凡的效力。原因很简单，在赵恒发起的连续多年的"天书"运动下，当时的中国民众开始大举信奉道教，甚至整个国家都已经成了道教国家。在这种情况下，对于宋朝的万千臣民来说，最具权威的发布方式不再是皇帝诏书，而是皇帝发布的"天书"。更重要的是，天书不仅具有权威，而且具有很大的实惠，也就是皇帝随着天书发布的大赦令。赵恒用这样的方式让天下人感谢太子，拥护太子，也不失为一种有效做法。寇准把这件事看在眼里，虽然觉得有点儿戏，但是从事实角度考虑，也并没有表示反对。

当然，仅仅这样做还不够，在寇准的建议下，赵恒开始以太子的名义举行各种公开活动。其中，最重要的活动可以分为三类，首先是宴请重要的皇亲国戚，也就是皇帝本族的势力；其次是宴请重要的大臣，也就是国家的政治势力；最后是宴请武将，也就是国家的军事力量。实际上，寇准的想法很明显，就是将所有可能左右皇位继承问题的势力托付太子。由于赵恒和寇准在太子继承问题上的想法高度一致，因而在寇准提出这个建议后，赵恒很快就予以了采纳，并且积极推动此事。

难能可贵的是，对于寇准在工作方面的努力，赵恒予以了全力支持。在得知寇准和丁谓之间的矛盾后，赵恒果断调离了丁谓，但是却把他安排到了枢密使的职位上。我们前面说过，枢密院和中书省是独立存在的，在行政编制上属于同一级别，都是国家的最高行政机构。丁谓从中书省副职调任枢密院正职，实际上是升迁了，赵恒这样做一方面是为了为寇准的工作扫清障碍，另一方面也是为了让丁谓感念皇恩，从而更加努力地为国效力。但小人的局限性在此便体现出来，丁谓被调任枢密使，非但没有感谢任何人，反而在内心当中积聚了更深的怨气，因为在他看来自己是被寇准挤出中书省的，如何扳倒寇准成了他散不去的心头事。

但是不管怎么说，寇准终于可以放开手脚做事了，于是他开始对于整个国家进行了一系列的拨乱反正。首先，寇准在全国范围内全面恢复农业生产，并且派出中央巡查组到各地监督进展情况，从而使得越来越多的人从道观里走出来，回到了正常的生活和工作当中；其次，寇准开始扶正民风，对全国的黑恶势力进行集中整治，在铲除了一些影响最坏和最大的黑恶势力后，其他中小黑恶势力望风而散，整个宋朝国家的风气因此得到净化；最后，寇准还做了一件上次离任时未做成的事情，那就是亲自主持了一次全国官员的考察和任免工作，从而大举肃清了官场的不正之风。

这个时候的寇准虽然已过花甲之年，但是他却变得如同少年般意气风发，当年那个在澶渊之战中力挽狂澜的寇准，再次出现在了大家面前。应该说，寇准的人生由此进入了又一个巅峰，而赵宋王朝也焕发出了强大的生机。当然，寇准在马不停蹄地整肃朝纲，他的主要敌人之一刘氏也不会坐以待毙，眼见寇准在赵恒的支持下权势大涨，她也加紧了自己的势力扩张。利用一次代理朝政的机会，刘氏终于把亲信推到了皇城司和四方馆公事的位置上。这两个机构一个主管皇帝的安全工作，一个主管皇帝的宣传工作，从此只要刘氏愿意，随时可以束赵恒的手，封赵恒的口。

正是刘氏的这次人事安排，终于引起了寇准的足够注意，这也让他开始正视这位强权女性了。为了一举掌握主动权，寇准果断决定不再等待，立即对自己潜在的敌人发起反击。一次，赵恒少有地以精神抖擞的姿态出现在朝堂上，寇准在退朝之后便要求单独会见，并顺利得到了批准。很快，寇准单独见到了赵恒，君臣二人屏退左右，进行了一次决定大宋帝国未来命运的密谈。简单来说，寇准给赵恒提了两点建议，望着这两点建议，赵恒的内心当中既欢欣鼓舞又感慨不已。寇准到底是寇准，寇准也还是当年那个寇准，只要出手就是雷霆万钧之势，就是特大手笔。

赵恒之所以会这样想，是因为寇准的两条建议太大胆了，第一条：储君提前即位，赵恒做太上皇；第二条：将丁谓撤职查办，由自己全面主持朝政，或者说自己一力辅佐幼主。应该说，寇准的想法不仅大胆，而且已经到了冒险的程度。让赵祯提前即位，显然可以从根本上铲除刘氏的势力，而彻查丁谓就更明显了，如果这两股势力被消灭，寇准将会成为整个国家最具权势的人。因此，权力欲望极其强烈，皇权意识极为敏感的赵恒怎么会同意呢？但是他同意了，而且是当场就同意了寇准的请求，并且授意他回去后可以立即行动。应该说，在赵恒的内心当中，让赵宋政权变得强大起来，是他一直以来的梦想。

这个时候，当我们再回过头来审视寇准，就会欣慰地发现，他已经成熟多了。不难想象，他的两条建议必定经过深思熟虑。先说第一条建议，寇准很清楚，赵恒此时的最大愿望，就是赵祯顺利地登上皇位，其他任何事情都要排在其次，任何可能威胁到这一点的势力，也都会被他视为自己的敌人。因此，寇准的第一条建议完全具有可行性，只是一般人绝对想不到这样做。

至于第二条建议，寇准是在丁谓被调任事件上捕捉到了关键信息。枢密院虽然和中书省同等重要，但此时国家无事，整个国家的权力重心向中书省倾斜。尤其是在如此风起云涌之时，任何一次政治事件的发生，都可以导致国家权力的大洗牌，而如此政治事务，枢密院是被排除在外的。换句话说，赵恒对这件事情的处理，实际上是偏袒了寇准的，因为丁谓得到的只是一个"安慰奖"，而寇准得到的才是真真正正的权力。当寇准意识到这一点的时候，他就可以对丁谓发起进攻了，因为不管赵恒是为了皇权问题也好，还是为了国家社稷也好，只要他心里偏袒自己，就要趁热打铁，一举铲除丁谓。果不其然，一切都如寇准预料的那样，赵恒完全遵从了他的建议，这在之前是绝对无法想象的。

回到家中之后，寇准首先谋划第一件事，说起来也很简单，就是策动群臣上书，要求太子登基，然后得到赵恒的批准，大事可成。这个时候，寇准已经开始憧憬美好的未来，眼前的乱局就要结束，一个美好的新时代即将到来，而促成这一切的人都将是自己，历史将因为自己而在此发生变化，当然这是再好不过的变化。然而，寇准毕竟还是太大意了，就在他要求单独觐见赵恒的那一刻，刘皇后安插在赵恒身边的人，就已经及时把消息报告给她了，而且很快经她的手传到了丁谓耳朵里。

刘氏和丁谓都不是简单的人物，当他们意识到问题的严重性时，绝地反击的大幕立即就拉开了。寇准刚刚从赵恒那里领命离开禁宫，丁谓就求见赵恒，并且在刘氏的帮助下得到了同意。君臣二人见面之后，丁谓滔滔不绝地讲了很久，也讲了很多，那就是让赵恒罢免寇准的相权。这个时候的赵恒也是看明白了，寇准和丁谓、刘氏不可能和谐共存，只要失去自己的压制，三方势力必定陷入一片混战。而寇准虽然暂时得势，完全是因为自己的支持，如果有朝一日自己驾崩了，寇准能够战胜刘氏和丁谓，从而保住赵祯吗？如果答案是否定的，还有必要把江山和幼子托付给他吗？

第二天早朝，寇准和一干亲信胸有成竹地赶到，在遇到丁谓和刘氏的亲信宦官时，他甚至已经摆出了胜利者的姿态。早朝开始后，寇准还没来得及发力，赵恒就让宦官宣读了罢免他宰相之职的圣旨，寇准瞬间呆了，他的脑中一片空白，简直不敢相信眼前发生的一切是真实的。应该说，这是寇准一生当中最黑暗、最屈辱和最惊诧的时刻，他像个木头人一样朝赵恒叩拜谢恩，然后去吏部办理各种交接手续，再然后回到家中等待赵恒下一步的安排，久久无法回到现实当中。

事实上，在皇权高度集中且至高无上的古代社会，大臣之间的斗争孰胜孰负，皇帝本人的意愿才是至关重要的。赵恒之所以要把寇准召回朝，其根本目的是为了扼制刘氏，之所以是扼制而不是铲除，是因为赵恒实际上是没有一个明确立场的。而寇准从骨子里来讲是一位"战士"，他只知"生命不息，战斗不止"，对于官场上的平衡术一概不理，也不屑于去理会。所以从严格意义上来讲，寇准的最大敌人不是刘氏和丁谓等人，而是赵恒心中的那份摇摆不定。可以说，在赵恒的内心深处，并不相信刘氏会背叛他，也不相信丁谓等小人臣子，会一举葬送他的大好江山。

因此，寇准拼尽老命取得的一点战斗成果，只需刘氏的枕边风一吹，或者丁谓等一干小人用尽智慧的一次摇尾乞怜，就化为乌有了。如果从另外一个角度来讲，赵恒这样做甚至可以说是无可厚非的，原因就是他是皇帝。众所周知，统治者最高超的艺术就是权力平衡，或者说是让全国上下的所有权力都处于相互制约中。唯有如此，皇帝才能杜绝所有权力拥有者都不会过分膨胀，从而让他们对皇权有所忌惮，同时不敢滥用自己手中的权力。当刘氏的权势如日中天时，赵恒会担心刘氏做大，威胁自己的皇权。但是，如果他利用寇准铲除刘氏，寇准的权力同样会变得强大甚至无法制约，到那个时候，他还要去寻找另外一股势力来打击和扼制寇准，如此哪还有个尽头。

由此可见，赵恒心中最理想的状态，就是让寇准和刘氏相互制衡，最好让两方的势力旗鼓相当，甚至让他们斗个死去活来，这样他才能确保皇权处于至高无上的地位。本来，赵恒还可以慢慢培养寇准的势力，并且等着他一点点变成熟，当然这也是他一直在做的事情。但是，这一切都因为自己的时日无多，而必须尽早作出决断了。赵祯是他最后的牵挂，把他托付给刘氏和丁谓，显然比托付给寇准更安全。就这样，赵恒背叛了赵宋江山，背叛了一生正直、一心为国为民的寇准，甚至背叛了他自己。

遥远之地

这一次寇准被贬，仍然得到了较高的头衔和待遇，但是他的心灰意冷却也是实实在在地充斥在内心当中。在他终于回到现实中之后，心中就只剩下委屈了。由于罢相之后被留在了开封，恢复理智的寇准并没有完全放弃，他希望能够单独见赵恒一面，至少也可以问个究竟，倒倒委屈。但是，一方面赵恒不想见他，另一方面刘氏和丁谓也在中间设置了重重障碍，寇准的想法始终没有办法实现。就在罢相后的一个月，赵恒按照惯例以赵祯的名义宴请群臣，寇准自然也在受邀之列。利用这次机会，他主动提出请求，终于得到了单独面见赵恒的机会。

此时的君臣二人对坐，心中已有说不尽的滋味。应该说，直到这个时候，赵恒召寇准进京的意图都没有改变，也就是用他来牵制刘氏和丁谓的势力，从而确保赵祯能够在将来顺利登上皇位。这也是寇准被罢相之后，仍然被他留在开封的原因，可以说只要寇准在开封，哪怕什么都不做，刘氏和丁谓也会有所顾忌。但寇准似乎并没有意识到这一点，在见到真宗之后，他问得最多的问题就是自己错在哪里了，为什么会被罢相，而且越说越激动，已经俨然有了质问赵恒的意味。

赵恒心中只有失望二字，他等了寇准那么多年，原本以为他可以一点点变成熟，可即便是到了现在，寇准还是没有多大变化。赵恒之所以把寇准罢免，其实根本不是因为他做错了什么，甚至可以说他做得很好，并且整个大宋朝没有人可以比他做得更好了。然而，赵恒要保赵祯，丁谓和刘氏联合，虽然难保国家太平，却能够轻而易举地保赵祯即位。而如果把赵祯交到寇准手里，首先寇准绝对不容刘氏，因而会有他和后宫之间的一场斗争，其次还会有他和丁谓等人的斗争。在这种情况下，究竟作何选择，赵恒心中其实也是很纠结的，但现实已经逼到眼前，也容不得他作出万全的策略了。

面对委屈不已的寇准，赵恒只能好言相劝。这个时候的寇准也已经消了气，他开始面对现实，强烈谏言赵恒不要用丁谓，因为这个时候的丁谓已经通过一系列的运作成功登上相位。为了表明自己毫无私心，寇准甚至表示自己可以远离朝廷，甚至可以放弃赵恒给他的优厚俸禄。眼见寇准得理不饶人，赵恒一时也动了怒气，他大声呵斥寇准，并且说出了把他和丁谓一起赶出朝廷的话。如果连丁谓都被赶出朝廷，那毫无疑问，赵宋江山将会成为刘氏的天下，这样的结果还不如让丁谓把持朝政，寇准一时也没了主意，只得灰头土脸地出了皇宫。

与此同时，为了彻底消除隐患，丁谓也在时刻准备对寇准发起攻击。眼见寇准单独觐见了赵恒，丁谓也不敢落后，立即进宫见了赵恒。至于他所说的内容，就是把寇准赶出京城，仍然回到地方去做官。不过，丁谓比寇准识趣得多，眼看赵恒变了脸色，他就及时起身告辞，规规矩矩地离开了。当然，赵恒心中的盘算依旧，也没有答应丁谓的请求，而这完全在丁谓预料之中，他之所以要进宫说这番话，就是不想让寇准占据哪怕是一丁点的上风。而为了将寇准彻底赶走，从而消除自己的心头之患，一整套针对寇准的打击行为，已经在丁谓的主持下紧锣密鼓地展开。

这一次，事情的起因源于后宫。前面已经提到过，赵恒有一个亲信大宦官周怀政，此人聚集的宦官势力在后宫也是一股重要力量。但是周怀政和刘氏之间有很深的芥蒂，赵恒在的时候还能够对他们有所压制，可随着赵恒身体状况的一天天恶化，周怀政和刘氏之间的矛盾也日趋激化。在寇准被罢相之后，周怀政立即敏感地觉察到了情况对自己不利，因为按照这样的局势发展下去，只要赵恒一死，国家权力就会掌握在丁谓和刘氏手中，到了那个时候自己必定会被逼上绝路。

为了求得一线生机，周怀政只能想尽办法扳倒刘氏，可惜周怀政此人忠心有加，却能力不足。他想来想去，能够依靠的人只有寇准，他此时被罢了相,又被赵恒闲置在开封,简直再合适不过了。而这个时候的寇准也已经别无选择,他把自己的打算告诉周怀政,周怀政再把他的方案修改一下,也就开始向赵恒进言了。这样的把戏怎么可能瞒过赵恒,一听周怀政的建议,他就知道这是寇准教他的,这说明他们二人已经有过接触了。赵恒已经没有精力和时间再有动作,他也决不允许再有别人跳出来节外生枝,最简单的方法就是铲除周怀政。很快,刘氏就捕捉到了赵恒的这一心理,她立即网罗"人证物证",状告周怀政谋反,赵恒也就忍痛处决了周怀政。

周怀政一死不要紧,关键是他被处死的罪名太严重,因而他的势力随即遭到大清洗,寇准也因此受到了牵连。由于基本事实俱在,即使赵恒想要保住寇准也不可能了,所以当丁谓再一次递交下放寇准的奏书时,赵恒也只有勉强同意了。这一次,寇准被贬谪到了相州做地方官,而且被降低了级别和俸禄。虽然如此,相州毕竟是一个内地的大州,丁谓觉得这样做还不够,于是上书要求把寇准贬谪到边远小州。赵恒既然已经决定依赖丁谓,而且寇准也已经被赶出中央,寇准也就只能面临再次被贬谪的命运了。

于是,就在寇准赶往相州的路上,接到了朝廷的第二封贬书,他的贬谪地被改成了安州(今安徽怀远)。然而,这还仅仅是来自丁谓的打击,刘氏作为寇准的另一个政敌,也在这个时候落井下石。而她的做法比丁谓更狠毒,因而就在寇准赶往安州的路上,又接到了朝廷的第三封贬书,他的目的地又被改写为道州(今湖南道州),而且他的官职也从地方官变成了微末小官。这个时候,也发生了一件不大不小的事情,让寇准阴冷的内心得到了一丝慰藉。一天,寇准正在崇山峻岭中穿越，忽然遭到山匪的抢劫，随身细软被劫掠一空。小喽啰把抢到的东西带回山寨，山大王一看上面的官文，知道被抢的是寇准，立即大惊失色，不仅把所有东西都归还了他，还派人将他平安送出了山匪横行的地界。

受此事影响，当寇准终于抵达道州的时候，基本上已经走出了政争落败的阴影。如此一来，他的心境也澄清了不少，既然无法改变国家命运，自己的日子还得过。这样一想，寇准每天的生活也开始变得悠然自得起来。为了广结良朋，他还盖了一座读书楼，当地的读书人听闻寇准贤名，都带着自己的书帮他充实藏书，很快就让读书楼里的书册琳琅满目起来，而寇准在每天的大部分时间里，都留在读书楼内看书。应该说，这个时候的寇准，已经一心只想着安度晚年。至于国家大事，他已经呕心沥血过了，也已经殊死拼搏过了，既然都已经成为过去，就让它都过去吧。

宋乾兴元年（1022），宋朝真宗皇帝赵恒驾崩。消息传至道州，寇准身着素服，向北遥拜，以此来送别赵恒最后一程。按照赵恒的安排，13岁的赵祯登上皇位，是为宋朝第四位皇帝仁宗。刘氏荣升皇太后，从此全面掌管军国大事，是为宋朝历史上第一位摄政皇太后。与此同时，丁谓作为扳倒寇准的主要黑手，同时也是刘氏的主要政治联盟者，迅速成为整个宋朝权倾朝野的第一重臣。然而，即便如此，小人的嘴脸还是如影随形，丁谓居然在这个时候还记恨着寇准，并且将他第四次贬谪到了雷州（今广东海康），官职也变得更低了。

尘与土

一般认为，寇准在道州就已经心如止水，他经历了人生的大起大落，故而能够把很多问题看得比大多数人更加透彻。因此，是否被丁谓贬谪到更为偏远的雷州，对于寇准来说其实没有太大的关系。果不其然，寇准在抵达雷州之后，很快就过上了悠然自得的生活。在这里，他每天还是沉浸在书海当中，而且不仅限于阅读儒家经典，还开始研读佛家著作。很快，寇准的身边就聚集了一批读书人，寇准以一个和蔼的老者形象示人，每天和大家谈笑风生，用他的品格和学识折服了每一个人。

这个时候，朝廷当中也并没有风平浪静，丁谓与刘氏联手击败寇准之后，他们二人之间的矛盾很快就显现出来。这次，丁谓成了失败者，而且被贬到了比雷州更为偏远的崖州（今海南三亚）。值得一提的是，刘氏之所以能够成功战胜丁谓，还得到了一个人的帮助，这个人就是寇准的学生王曾，时任副宰相。应该说，寇准和王曾的关系非同一般，他在最落魄的人生阶段，还曾在王曾家里住过一段时间。在寇准被贬最严重的时期，王曾也曾站出来为寇准说过话，但那个时候丁谓和刘氏正处在联盟当中，他的话实在显得人微言轻。

然而，王曾想要为寇准复仇，寇准却早已释然，他甚至已经忘记了自己还有一个名叫丁谓的敌人。值得一提的是，丁谓在政斗落败后被贬往崖州，刘氏可能是无意为之，但王曾却很可能是有意为之。在当时，从开封到崖州去，一定会路过雷州，也就是说，丁谓一定会面临任寇准摆布的境遇。然而，寇准在收到丁谓被贬崖州的消息后，只是命仆人给丁谓送去一只羔羊，并且让送羊的仆人代为表示安慰和保重。要知道，当年丁谓把寇准贬往雷州的时候，是动了杀心的，只是由于寇准早就防着他这样做，才得以幸免。

另一方面，丁谓被刘氏和王曾扳倒之后，真可谓普天同庆，开封百姓甚至围攻了他的府邸。好不容易从开封逃出来，丁谓尽可能地选择昼伏夜行，一路上还是如同过街的老鼠，人人喊打。前面已经提到过，寇准在路上遭到山匪抢劫，结果不但被送还了随身财物，还被安全送出了险境。如此和丁谓被贬之后的境遇相比，真可谓天壤之别，也可以说是公道自在人心了。这个时候，当丁谓胆战心惊地来到雷州地面，最终接到的却是寇准送来的一只羔羊，他的心情也就可想而知了。

史料记载，这个时候的丁谓也已经是风烛残年。在老泪纵横一把之后，他向寇准的仆人提出了一个请求，丁谓想见见寇准，最终却未能如愿。寇准能够如此磊落和大度，他在雷州结交的意气朋友却坐不住了，他们一个个磨刀霍霍，非要替寇准报仇。寇准不动声色，邀请众人像往常一样到自己家饮酒作乐，等到人都齐了，他忽然命令仆人将大门反锁，好歹把众人拦了下来，如此才让丁谓平安过境。

宋天圣元年（1023），寇准辉煌无比的一生也走到了尽头。当他意识到自己将要客死雷州后，命令仆人去洛阳老家取了一样东西，就是赵光义送给他的一条腰带。想当年，英姿勃发的寇准初登朝堂，得到赵光义的无限宠信。一次，番邦小国进贡了一只举世罕见的犀牛角，赵光义爱不释手，最终命匠人用它打造了两条腰带。其中一条，赵光义留给了自己用，另外一条就送给了寇准，这也成为他一生当中最为珍视的物品。九月初七，寇准终于等到仆人将这条腰带送来，他随即焚香沐浴，将官服穿戴整齐，系上这条腰带，躺到提前为自己准备的棺椁当中，很快撒手人寰。

寇准的死讯传来，王曾及寇准的一干旧友故交，还有他的门生们哭声一片。这个时候，王曾已经帮寇准安排好，马上就要调他回到内地，可惜寇准并没有等到朝廷的调令。是年冬天，寇准的家人得到朝廷允许，灵柩被运回洛阳安葬。所过之处，人们声竹子竖立在道路两旁，以此来象征寇准的品格，上面挂满了纸钱，借以表达哀思，整个华夏大地一片素锦。寇准的灵柩经过时，各地城村万人空巷，百姓扶老携幼，每个人都赶来送寇准最后一程，大家尽皆叩拜，哭声响彻寰宇。一些相对有钱有势的人家，也在城中摆好了香案，以便百姓集中对寇准进行祭祀。而据史料记载，这些对于寇准的祭拜活动，完全出于民众的自愿。

其实，老百姓对于为政者的要求何其简朴。比如他们本吃不饱饭，而在某位当权者上台之后，他们能够吃饱饭了，那么老百姓就能为他洒下一行热泪，甚至抛出一腔热血。寇准作为一名天生的战士，他的一生始终在与各种复杂的势力战斗，但是不管面对谁，也不管面对什么情况，他都不改自己的人生宗旨，那就是一切为了天下苍生。如果从政治斗争的角度来讲，寇准的一生是失败的，但是这份失败却为他的成功锦上添花，因而就算他没有做到自己想要做的事情，最终也得到了自己想要得到的东西。

宋明道二年（1033）三月，刘氏的生命走到尽头。赵祯为了给她祈福，为她击败的大批政敌进行了平反昭雪，这其中就包括寇准。应该说，宋朝官方对于寇准的正面评价，虽然姗姗来迟，也终究还是来了。另一方面，赵恒到底没有看错人，刘氏不仅一直辅佐赵祯到生命的最后一刻，而且一力终结了祸国殃民的"天书"运动。可以说，赵宋王朝并没有因为刘氏的闪现而产生变数，相反还因为她的闪现而重回正轨，寇相公当可以含笑九泉了。

第三篇

范仲淹
——出将入相，千古一叹

范仲淹以一篇《岳阳楼记》而闻名于世，但世人不知道的是，范仲淹其实是宋朝难得的能够出将入相的全才。世人只知道他"先天下之忧而忧，后天下之乐而乐"的抱负，却不知道这个有功于社稷，有功于国家的大才最终却败在了一群奸佞小人的手里。惜哉范仲淹，千古留一叹！

第一章
他日之相

范仲淹幼年生活不仅颠沛流离，而且寄人篱下，得知自己的家世后，开始发愤读书，立志成就一番事业。但是在进入官场之初，范仲淹只能长期处于底层，感受最多的只是挫败和失落。庆幸，虽然身处逆境当中，他却能够独善其身，始终以坚毅和强干示人。这样的做法，在为他赢得了认可和美誉的同时，也让他不被大多数人所容，包括当时的皇帝赵祯。数次宦海沉浮之后，范仲淹只能选择蛰伏下来，静静期待着能够让自己一展宏图的机会。

励志图强

范仲淹的远祖范履冰，曾经在唐朝武则天当政时官至宰相。后来，他的子孙当中，有一支来到处州（今浙江丽水）为官。唐末大乱后，这一脉范姓族人被战祸阻隔，无法回到北方，从此在吴中（今江苏苏州）定居下来。由于世代读书做官，范仲淹的直系祖先都在吴中官场混迹，但是所任官职并不高。时间进入五代十国，范仲淹祖先便归入吴越王钱氏幕府中，他的父亲范墉就是钱俶的幕僚。赵光义继承大统之后，钱俶政权归入宋朝，范墉一家由此成为大宋子民。

范墉一共有五个儿子，范仲淹最小，于宋端拱二年（989）八月二十九日出生于真定府（今河北正定）。他出生仅仅一年，尚在嗷嗷待哺之时，范墉便不幸因病离世。灵柩运回吴中老家后，范仲淹的母亲谢氏，遭到正室排挤，逃出家门。为求生计，谢氏只好带着年幼的范仲淹改嫁给朱文翰。范仲淹因此更名改姓，称为朱说，开始了他的新生活。朱文翰时任平江府（今苏州市）推官，身份地位和范墉大抵相当。这是一个宽厚仁和的人，他不仅保障了范仲淹母子的基本生活需求，还倾尽全力教导年幼的范仲淹，以至于范仲淹对他感恩终生。

应该说，自古以来，奉行"学而优则仕"的古代读书人，对于子女的教导都会从小开始，范仲淹自然也不例外。朱文翰辗转各地为官，却从来没有懈怠过范仲淹的学业，从而在根本上奠定了他的成长基础。为了全面培养范仲淹，朱文翰回到长山（今山东长山）老家后，还开始让范仲淹学习音律。不过，宋朝底层官员的俸禄并不多，范仲淹虽然生活无虞，却也能够体念物力维艰，并没有享受过奢靡无度的生活。尤其对于底层人民的疾苦，范仲淹更是知之甚深，在他幼小的心灵上烙下印迹。

与此同时，少年范仲淹的品格也表现出来。他在白山佛寺读书时，于某日在田间劳作，忽然发现了一个大瓮，打开来看，发现里面装着满满的白银。然而，面对这样的意外之财，少年范仲淹居然不动声色，将大瓮掩埋好之后继续劳作，就好像什么事情都没有发生一样。范仲淹功成名就后，白山佛寺的住持为了修缮庙宇，曾经写信给他请求资助。范仲淹一生清廉，并无余财资助，但他想起那瓮白银，于是回书信一封告知。白山佛寺的住持派人去挖，果然发现了那瓮白银，范仲淹少而有节的美名由此传开。

范仲淹成年之后，朱文翰的亲生儿子们屡有浪费举动，范仲淹经常进行劝阻。有一天，范仲淹又去劝阻朱氏兄弟，却不料他们在气急之下说出了范仲淹的身世。范仲淹还不敢相信，又跑去和别人求证，才终于弄清了自己的身世。这让范仲淹的自尊心受到极大伤害，于是他整理行装，带上了自己的琴和剑，赶往应天府（今河南商丘）书院求学，发誓从此自立。谢氏赶紧遣人来追，范仲淹让来人回去告诉母亲，自己将来一定会衣锦还乡，且期限不会超过十年。

到了应天府书院之后，范仲淹读书极为用功。据史料记载，他曾经在长达五年的时间穿着衣服睡觉，以便醒来之后立刻起身读书。如果没有到睡觉的时候就犯困，范仲淹就用冷水洗脸，哪怕数九隆冬也不例外。饮食方面，为了节省时间和花费，范仲淹更是尽量简化。他每天早上都会煮一大锅粥，撒入少许盐粒。冷却之后切成四块，两块当时吃下，其余两块留着晚上吃。其余时间里，范仲淹几乎每时每刻都在读书，真正做到了两耳不闻窗外事。如此克勤刻苦，在当时的应天书院内，没人能够超过范仲淹。

这个时候，范仲淹对于自己的未来，是充满希望和信心的。一次，皇帝来应天举行规模盛大的祭拜活动，大家都跑出去看热闹，只有范仲淹留在书院内继续读书。友人问他为什么不去看热闹，范仲淹只是说自己不喜欢热闹。友人劝他至少去看看皇帝，范仲淹说自己迟早要见，并不急于这一时。这样的话，如果出自别人口中，大多会引来嘲讽和讥笑，但是出自范仲淹之口，则只是让众人更加敬重他而已。五年之后，范仲淹学有所成，四书五经烂熟于胸，各中深意也能理解透彻。

当然，已是万卷书过目的范仲淹，对于自己的人生志向，也突破了初来应天府书院时的局限，转而扩展到了为天下苍生谋福利。在写给友人的信笺中，范仲淹曾经写下这样的语句：如果能够遇到明主圣君，自己就要做一位良相，福泽万民；如果遇到昏君庸主，自己也要做一位良医，救济苍生。由此可见，熟读儒家经典著作的范仲淹，已经初步具备了"以天下为己任"的大儒风范。

范仲淹在为"治天下"做着准备，宋朝的统治者也在为读书人创造乐土。我们前面已经说过，皇帝处于国家权力的金字塔尖端，不可能对处于金字塔底层的民众进行直接统治，因而必须依赖强大的中间官僚阶层。而自古以来，皇帝能够依赖的势力无非文臣、宗室、后妃、外戚、宦官和武将等。通过审视过往历史，宋朝的统治者发现，凡是缔造辉煌的朝代，都是皇帝与文臣亲密合作的时期。而一旦皇帝选择与其他势力合作，则无不出现各种乱局，比如亡于外戚的西汉，亡于宦官的东汉，亡于宗室的西晋，几乎亡于后妃的李唐，以及亡于武将的五代十国等。

有鉴于此，赵宋一朝自赵匡胤开始，就极力重视培养和倚重文臣，因而逐渐形成了"与士大夫治天下"的祖宗家法。发展到赵恒一朝，已经形成了严格规整的取士制度，并且打破了门第限制，为底层读书人提供了上升通道。可以说，属于知识分子的时代充分打开局面，几乎每个读书人都在为"学而优则仕"努力。史料记载，宋朝一共出现133名宰相，其中科举出身者达到123人，占到了绝对的比重。因此，范仲淹想要进入士大夫阶层，也要经过科举考试。于是，在宋大中祥符八年（1005），27岁的范仲淹参加科举考试，并且一举进士及第，从此正式进入宋朝官场。

初仕

范仲淹出任的第一个官职是广德军（今安徽广德）司理参军，掌管军队中的刑、讼、审事务。这个时候，范仲淹直爽的品性已经形成，为了坚持自己认为正确的事情，他时常据理力争，与上司进行激辩，并且能够让对方信服，很快赢得了刚正不阿的评价。与此同时，范仲淹对教化的作用也很重视，他见到广德当地百姓没有学习的风气，着力大办当地的教育事业。所谓"十年树木，百年树人"，范仲淹在广德军任上对教育事业的贡献，使这里成为重要的人才输送地。

三年任满之后，范仲淹被调往集庆军（今安徽亳州）升任节度推官，仍然负责刑、讼、审事务。除了忙于政务，范仲淹在这里还做了一件重要的事，那就是认祖归宗，因为范仲淹当时的官名还是朱说。由于宋朝的户籍制度相对严格，范仲淹此举必须上奏朝廷，在经过一系列复杂繁复的手续之后，才终于达成所愿。至于范仲淹名字的由来，是因为他以南朝人江淹自比，认为自己是江淹第二，以"仲"字贯之，故名为仲淹。

接下来，范仲淹辗转各地为官，虽然都是一些微末小职，但是他注重为民办事，制定并推行了一系列造福百姓的政策。比如范仲淹在泰州（今江苏泰州）为官时，恰巧遇上当地的水患，他翻看泰州地方记载，发现这里的水患问题曾经被解决。为了将其根治，范仲淹决定大修这里的拦海大坝，通过努力作为，终于得以成功。而实际上，范仲淹在泰州所担任的官职，不过是小小的西溪镇盐仓，主要负责的事务乃是监督当地的盐税。大坝修葺一新后，福泽当地百姓3000余户，很多人为了感念范仲淹的恩德，甚至从此改姓为范。当然，范仲淹建造拦海大败，对于朝廷的盐税保障也有着极大的正面作用。

由此可以看出，范仲淹虽然长期处于官场边缘，但是他的目光却始终遍及天下。应该说，一如当时的大多数读书人一样，范仲淹的最终目标，也是成为大宋王朝的宰相，从而为天下苍生谋福祉。除此之外，为了让自己的一腔热血有所寄托，范仲淹也在积极做着另外一件事。我们之前讲过，殿试是有皇帝亲自主持的，因而进士及第者都称为天子门生，这些人有一项重要的权力，就是直接写奏疏给当朝皇帝。范仲淹在底层为官多年，见识愈丰，便开始向皇帝上书自己的建议，并提出了很多有建设性的改革方案。可惜，这些建议全都石沉大海，范仲淹也始终没有得到升迁的机会。

值得庆幸的是，他并没有因此而灰心，而是再接再厉，不仅给皇帝本人写奏疏，还写给皇太后（即刘氏）、宰相和枢密使，希望借此一展生平所学。然而，范仲淹长期在地方为官，政治眼光受到了一定限制，他提出的很多政治建议虽然有实践依据，却并不能契合朝廷的真正需求，故而很难得到统治者的重视。因此，范仲淹在地方为官的时间长达十年，一如当年的寇准，只能将过剩的精力寄情于山水。

同一时期，范仲淹的老母谢氏去世。按照规定，他必须回家为母亲守孝三年，而这个时候，范仲淹已经把母亲接到了应天府，因此便挂职在应天府丁忧。不能为官，却可以整理自己的改革思想，而且范仲淹有了大把的时间。于是，经过长期深入思考，他得到了很大程度的沉淀，这也让他的政治见解日趋成熟起来。最终，范仲淹把自己的想法总结成一篇《上执政书》，上呈给朝廷。这一次，虽然范仲淹的政治见解仍不够成熟，但是已经有了很大精进，故而在朝堂上引起了不小的反响。

丁忧期满，范仲淹正在为接下来的仕途之路担忧，恰逢枢密副使晏殊被贬到应天府做官。晏殊此人，也是极其注重教化的，因而在应天府大办学堂，得到很多人的拥戴。就在办学事宜如火如荼地进行过程中，忽然有人举荐范仲淹，晏殊对他也早有耳闻，却不期在应天府相遇，因而便聘他出任学院主管。应该说，范仲淹的教育工作非常出色，他制订了吸纳天下贤才的改革方案，让应天书院成为北宋四大书院（即河南商丘应天府书院、衡阳石鼓书院、江西庐山白鹿洞书院、湖南长沙岳麓书院。）中最受瞩目的一个。很快，范仲淹的出色政绩折服了晏殊，二人不仅从此结识，而且最终成为挚交，范仲淹更是终其一生对晏殊执门生礼节。

晏殊回到京城之后，随即向宰相王曾举荐范仲淹，并且将他的才干大举夸奖了一番。王曾和晏殊是故交，同时也很钦佩他的为人，再加上此前的《上执政书》事件，范仲淹终于被招进朝廷为官，任秘阁校理，负责整理皇家书籍字画。然而，"食君之禄，为君分忧"，寇准的官职虽小，却心系天下社稷。当他看到刘氏专权之后，居然果断递上一封奏疏，要求刘氏把政权还给已经成年的赵祯。范仲淹的做法，在当时来讲是实为不妥的，因为这件事一不在他的职责范围内，二不是他能改变的。于是，虽然有王曾和晏殊等一干正直大臣的袒护，但是在刘氏的雷霆之怒下，范仲淹很快就被贬回地方了。

然而，范仲淹不改自己喜欢发表文章的习惯，在离开京城之前分别发表了《上资政晏侍郎书》、《论职田不可罢》和《上时相议制举书》等评论，引起了很大轰动。时人攻击范仲淹轻狂浅薄，贪图虚名，范仲淹却表现出了一个成熟政治家的风范，根本不予回应。就这样，在经历了短暂的京官生涯后，范仲淹被贬到河中府（今山西永济）任通判。在这里，范仲淹又发现了新的问题，那就是地方政权部门太多，而每个部门的官员都要靠老百姓的赋税养活，因而又上了一道《减郡县以平差役说》，为当地吏治注入活力。

没过多久，范仲淹又被调任陈州（今河南淮阳）通判。陈州是相对较大的州，而且距离京城更近，所以范仲淹的话语权又大了些。在这里，范仲淹再次发现了朝廷不法提拔官员的问题，并且锋头直指刘氏。可以说，此时的大宋王朝，在范仲淹看来已是问题重重，并且每个问题都亟待解决。当然，范仲淹之所以敢这样做，一方面是因为他的固执品性，一方面也因为众人的纵容。

要知道，范仲淹虽然被贬到了地方，但是在官衔和职权上却有所上升。尤其是从河中府到陈州的这次平调，明摆着是在加强他的权力。之所以会出现这样的情况，绝不仅仅是因为范仲淹的政治能力，而是暗藏着更深一层的玄机。当时的北宋朝廷，正值刘氏专权，赵祯虽然成年却始终不得亲政。在这种情况下，朝政始终把持在外戚和宦官手中，满朝大臣自然是忧心忡忡。在此之前，晏殊之所以被贬谪到应天府，尽管名义上看不出太多迹象，却很可能是因为上书赵祯亲政所致。范仲淹被调入京城为官，居然敢以微末小官的身份奏请刘氏还政，很难说背后没有得到众人的怂恿和支持，如此自然会有人为他保驾护航，比如晏殊和王曾等。

由此便不难看出，范仲淹之所以能够进入朝廷，并一路接近核心政权，实际上是卷入了一场刘氏和文官之间的暗斗。出于种种原因，晏殊和王曾等人不便或不敢直接向刘氏发起进攻，而范仲淹作为官场新锐，以"初生牛犊不怕虎"上书请刘氏还政，自然极大地推动了局势发展。因此，范仲淹的明降暗升和假调实升，都是整个文官集团暗中运作的结果。而范仲淹的个人仕途发展，看似波澜不惊，实际上也是文官集团在积攒力量。只待时机成熟，就会集中爆发，而范仲淹就是这场斗争的导火索。

言官生涯

宋明道二年（1033），刘氏寿终正寝，赵祯随即起用大批文官，同时对刘氏的残余势力进行大举清理。尤其是那些被刘氏贬到地方的官员，几乎都被赵祯召回京城，范仲淹也在这批人当中。他的新职位是右司谏，由此成了一名言官，充当皇帝耳目。按照刘氏遗诏，赵祯应该把太妃杨氏尊为皇太后，与她一起掌管朝政，以便让自己的势力得以延续。但赵祯年轻有为，又有大批文官做后盾，就把遗诏中关于杨氏辅政的内容删掉了。于是，虽然杨氏被尊为皇太后，却从此远离了朝政。

赵祯对于刘氏的势力清理首先从高层官员开始。在刘氏离世的三个月内，宰相吕夷简、副宰相陈尧佐、枢密使张耆、枢密副使夏竦，接连被罢免职务，赵祯扶持的大批亲信官员同时上位。接下来，赵祯又在地方上起用了一大批年轻有为的官员，这些年轻的官员感念皇恩，做起事来格外卖命，整个宋朝上下呈现出一派生机。与此同时，针对刘氏的清算运动还在稳步进行，为了建立自己的威信，赵祯制定并推行了一系列政改命令。这个时候，有一些想要政治投机的官员便开始诽谤刘氏，赵祯也大有顺势而为的倾向。

这个时候，范仲淹的政治品格表现出来。他原本是主张扳倒刘氏的，但是眼看此次清算运动有矫枉过正的趋势，便立即上书维护刘氏，请求赵祯念及她的辅佐和养育之恩，将此次清算运动适可而止。应该说，赵祯在内心当中也是感念刘氏的，只是一时被轰轰烈烈的清算运动冲昏了头脑，才不慎失去了理智。范仲淹在这个时候上疏维护刘氏，无异于给他吃了一剂退烧药。于是，赵祯及时颁布命令，禁止再有大臣上奏刘氏专权之事，从而避免了很多无辜大臣遭到牵连，同时也显现了他的仁德之心。当然，还有更重要的一点，那就是范仲淹作为一个小小的言官，开始受到赵祯的注意。

在此之后，赵祯便开始有意培养范仲淹，除了让他参与国家律法的制定，还经常派他去地方视察。一次，长江和淮河流域出现大面积水灾，朝廷需要派出一位得力的官员前去督查赈灾情况。赵祯左思右想不得堪用之人，而当范仲淹主动请缨的奏疏传到他手上后，立即就同意了他的请求。范仲淹到达灾区后，长期地方官生涯锻造而成的吏治能力很快显现出来，他一不排除水患，二不开仓放粮，只是亲自调查那些在赈灾过程中表现突出的官员，然后予以大举奖赏和提拔，同时严厉打击那些办事不力甚至贪赃枉法的官员。如此一来，灾区的工作情况很快得到改善，越来越多的老百姓得到救济，灾区情况因此大为好转。

回到京城之后，范仲淹还给赵祯带回了礼物——足足数麻袋的树皮和野草。赵祯不解其意，范仲淹随即告诉他，这是灾民用来充饥保命的食物，目前还有不少人在吃，希望王公大臣们能够品尝一下，以此来体念民生的艰难。第二天，赵祯按照范仲淹的请求，把树皮和野草分发给满朝大臣，开封城中的奢靡之风因此得到控制。当然，除了数麻袋的野草和树皮，范仲淹还带回了系统的改革方案，包括兴修水利、减免赋税、奖励耕作和精简政府机构等。范仲淹的这些方案，不仅参照了朝廷的赈灾惯例，而且有充分的事实依据，赵祯看后不禁深以为然，其中一些建议也正式得到了采用。

这个时期，还发生了一件事，就是赵祯要废除自己的皇后郭氏。郭氏并无失德，但她是刘氏为赵祯安排的皇后，如今赵祯已经亲政，自然想要废旧立新。而朝中大臣都是赵祯新近提拔的，自然不敢忤逆他的意愿，更有一些趋炎附势者，甚至直接建议废后。赵祯得到大臣的怂恿，更加无所顾忌，很快就下达了废后的诏书。然而，皇后也是重要的国本之一，而且她的背后也必然存在诸多势力，如果赵祯行事不密，很可能由此激起一场政治风波。为了避免这种情况发生，范仲淹果断上书，带头要求赵祯收回废后的诏书。但是赵祯心意已决，为了将反对废后的呼声压下去，将包括范仲淹在内的大批官员贬谪。

不过，赵祯对范仲淹的贬谪，程度上是非常轻的。因为范仲淹的贬谪地睦州（今浙江桐庐）不仅富庶繁华，而且属于大州，对于范仲淹积累政治资本非常有利。更为重要的是，范仲淹以言官的身份上书遭贬，虽然官位下调，名声却由此大涨。赵祯之所以会如此厚待范仲淹，宋朝的祖宗家法固然是一个原因，更重要的还是他对范仲淹欣赏。而范仲淹天生聪慧，自然也领略到了这一层含义，因而在被贬睦州的路上，非但没有感觉到凄凉和落寞，反而心情一片大好，诗兴大发间还吟唱不已。

到达睦州之后，已经 46 岁的范仲淹也开始修养身心，睦州清闲的公务和宜人的风光，无疑为他创造了良好条件。范仲淹每日与友人同游，遍访山野隐士和庙观高人，在留下了众多千古佳句的同时，学识和见识也提高了不少。

不过，此次贬谪也让范仲淹的心思产生一个微妙变化：第一次上书刘氏还政遭贬，范仲淹是冒了很大风险的，还好有文官集团的暗中维护；第二次上书对刘氏的清算运动适可而止，赵祯最终也采用了他的建议。这两次上书，让范仲淹觉得不仅有一群友好的同僚，而且还有一个圣明的君王，有这样的先天条件何愁不成大事，这也是他敢于第三次上书劝阻赵祯废后的原因。可惜，赵祯的反应到底出人意料，他不容分说便将范仲淹贬到了朝廷之外。尽管处罚并不严重，但范仲淹却因此陷入忧虑，到底是因为自己做事失当，还是因为赵祯骨子里是一个独断专行的人？

父母官

在睦州为官两个月之后，范仲淹得到了一次意义非凡的平调，即被调任到家乡苏州。在这里，他大兴水利建设，为当地的百姓做出巨大贡献。没过多久，范仲淹又被调往明州（今浙江宁波），同样政绩卓著。之所以范仲淹会被如此频繁调动，是因为他被调往的地方都出现了比较严重自然灾害，这足以表明他的政治能力已经得到了赵祯的肯定。与此同时，范仲淹也不忘在履职地兴建学堂，大兴教化。如此一来，只要是他所到之处，都会留下浓郁的文化气息。

既然范仲淹的政治能力得到了认可，就注定他不会在地方停留太长时间。果然，明州赈灾结束后，范仲淹就应诏入京，出任礼部员外郎。古代社会极其注重礼仪，因而礼部对于国家来说乃是非常重要的部门，除了帮助皇帝安排各类祭祀活动和欢庆活动，还要组织科举考试。应该说，宋朝的国家权力虽然掌握在中书省和枢密院手中，但是三省六部的基本政治格局并没有变。范仲淹得以出任礼部员外郎，虽然距离核心权力层还有一定距离，但是他的政治前景显然更加光明了。

这个时候，大宦官阎文应得势，他是赵祯废后事件中的主要干将，并因此得到了诸多政治实惠。然而，郭氏被废之后，赵祯对她的感情渐渐回复，隐隐有了重修旧好的迹象。阎文应很清楚，如果郭氏重新得到赵祯的宠幸，自己必然处于不利地位。于是，他一不做二不休，干脆下毒将郭氏害死，从而免除了自己的后患。对于阎文应的做法，包括赵祯在内的所有人都心知肚明，但是阎文应此人善于逢迎，赵祯对他多有依赖，因而并未加以追究，大臣们也是敢怒不敢言。

如此一来，阎文应不但不知收敛，反而变本加厉，大有染指朝政的趋势。范仲淹把他的行为看在眼里，虽然并不在自己职责范围内，但实在难以容忍，于是决定出手阻止。于是，他把家事交代给长子，以必死之决心上书列举阎文应的罪状，要求将他贬出朝廷。这个时候，赵祯也开始对阎文应的势力壮大有所忌讳，范仲淹的上书正好为他提了醒，同时也给了他很好的理由。在一众大臣的协助下，赵祯安排人手果断出击，很快就把羽翼未丰的阎文应集团一网打尽。最终，阎文应被贬去地方，并死于贬谪途中，朝廷上下拍手称快，范仲淹也因此得到更多人的敬重。

扳倒阎文应，范仲淹功在首位，因功被提拔为开封知府。由于开封是北宋的首都，开封知府的职务相对复杂，很多官员仅仅应付官场上的事务，就已经忙得焦头烂额。但是范仲淹上任之后，积极进行改革，大胆起用新人，很快让开封城的风气为之一清，因而得到了开封百姓的热烈拥戴。按照惯例，出任开封知府者，若是皇族成员，很可能会成为将来的皇帝；如果是政府官员，则很可能成为将来的宰相。范仲淹出任开封知府，而且政绩卓著，当时已经出现让他出任宰相的呼声。

然而，范仲淹作为一颗冉冉升起的政治新星，也引起了一些人的警惕，其中最主要的一个人就是宰相吕夷简。此人极善揣测上意，权谋又深，他虽然在清算刘氏的运动中暂时失势，却很快又重新爬上了宰相位。应该说，即便同样是文官，从根本上又可以分为两大类，一类是积极改革，一心为民；另一类则是安于现状，贪图私利。如果说范仲淹是前一类文官的代表，那么很显然，吕夷简就是后一类文官的典型。接下来，随着范仲淹对朝政的熟悉，他发现所有问题的罪魁祸首就是吕夷简。此人只知道迎合上意，打击异己，对于底层百姓的真实诉求一概不理。

在这种情况下，范仲淹果断给赵祯上书陈事。但是，他知道此时的自己还没有能力撼动吕夷简，因而只是请求赵祯从吕夷简手里收回部分权力。然而，吕夷简既然能够做到位极人臣，自然有他的过人之处，在宫中安插耳目一类的小事，尤其是他的拿手好戏。因此，尽管赵祯有意保护范仲淹，更没有将范仲淹的奏疏披露出来，但吕夷简还是收到了消息，从此将范仲淹视为眼中钉。当然，范仲淹作为一位高洁之士，从来没有想过和吕夷简同流合污，当他捕捉到吕夷简对自己的不友善信息时，便立即拿出了对付闫文应的架势。

然而，吕夷简的势力盘根错节，本人又是手眼通天，范仲淹一时根本无法撼动他。在双方的矛盾公开之后，赵祯也无法继续维护范仲淹，因而在吕夷简等一众势力的打击下，范仲淹以"结交朋党"的罪名被贬出京城。这一次，范仲淹被贬为饶州（今江西鄱阳）知府，虽然仍是地方长官，但距离京城显然比之前两次远得多。换句话说，范仲淹此次被贬，乃是遭受到了实质性的打击，或者说是真正的政争落败。因此，无论是他的现实境遇，还是他的内心感受，都要比之前两次糟糕得多。

与此同时，范仲淹的所言所行，也被很多正直之士看在眼里。无论是在朝为官者，还是仍在科考路上的学子，大家都在争相传颂范仲淹的美名。朝廷当中，尽管吕夷简能够做到一手遮天，却阻挡不了大臣们不断上书要求调范仲淹回朝廷。而在这些人当中，还有一位当时名不见经传，后来却名动天下的小官，他就是我国历史上著名的文学家欧阳修。虽然众人的要求很难达成，但对于范仲淹如此大规模的维护运动，也让吕夷简有所忌惮，使他不敢继续迫害范仲淹。

在饶州，范仲淹最重要的功绩还是兴办教育，他亲自选定校址，督造校舍，并出面聘请当地的大儒任教。当时，饶州的民风比较好斗，他们遇事不经官府，通常都会以暴力形式解决问题。与此同时，由于地处偏远，这里的官员又多不称职，故而经常发生官商勾结，欺压良民的事情。可以说，在范仲淹到饶州任职之前，这里简直就是一片混乱，而在范仲淹离开的时候，这里已经完全变成了另外一番景象。当时有朝中官员来饶州公干，惊奇这里的民风开化程度，得知范仲淹在此为官，才解除疑惑，同时感佩范仲淹的能力和品格。

一年之后，范仲淹忽然接到调任润州（今江苏镇江）知府的命令，转而前往润州。这个时候，范仲淹虽然已经年过半百，但是仍然没有放弃生平志向，他常以历史上大器晚成的人自比，相信上天不会辜负自己。而范仲淹之所以能够得到此次调令，也确实有几分天意为之的成分。原来，此时的京城刚刚发生大地震，开封城上下一片狼藉。古人相信这样的异象出现和政治失当有关，于是大臣们纷纷趁机上书，称吕夷简以寡德居重位，致使天人共怒。恰逢吕夷简上书年老求退，赵祯便顺势为之，让他离开了宰相位。

既然吕夷简离任，在正直大臣的运作之下，压制范仲淹的势力随之瓦解，他的官场际遇也随即枯木逢春。在赶往润州的路上，范仲淹路过彭泽（今江西彭泽），拜祭了位于此地的狄仁杰祠。狄仁杰是唐朝著名的宰相，无论是在朝主政还是在外戍边，都创造了辉煌的功绩，而且其人刚正不阿，才德过人。范仲淹的性格与狄仁杰正有几分相似，因而撰写碑文一篇，表达了对狄仁杰的敬佩，同时也是为了勉励自己不要灰心丧志。

与此同时，京城内的政争也在如火如荼中进行。由于吕夷简的离任，守旧派和革新派大臣的势力旗鼓相当，双方相互攻击，都想一举压倒对方。而他们争斗的焦点，就是要不要范仲淹回到朝廷为官。由于守旧派大臣死咬范仲淹的"朋党"罪名不放，革新派大臣又想洗脱范仲淹的"朋党"罪名，双方因此僵持不下。而作为此次政争的最终裁决者赵祯，由于此前已经为范仲淹定下了"朋党"罪名，为了维护自己的权威，最终还是选择了站在守旧派大臣一边。

就这样，范仲淹的命运被京城的一场政争决定了，他只能在润州任上蛰伏下来，继续静待时机。一年之后，范仲淹终于等来了朝廷的命令，可是让他感到失落的是，这仍然是一道平调令，目的地又变成了越州（今浙江绍兴）。这个时候，范仲淹终于意识到，自己之所以在地方任上调来调去，说到底是因为赵祯不容自己的锋利棱角，新旧两派大臣之间的争斗其实并不重要。如此一来，范仲淹就面临了两种抉择，一种是曲意迎合，以求回到朝廷，一种是继续坚持自己的风格，在地方任上蹉跎依旧。而从接下来的事实来看，范仲淹显然选择了后者，为此他还曾诙谐地打趣自己为"迁客"，幽默之余尽显落寞。

第二章
文臣掌兵

在范仲淹的身上，可谓处处都有着寇准的影子。无论是身世背景，还是为官经历，甚至是他们的军事主张，几乎都如出一辙。事实也正是如此，寇准作为当时最著名的诤臣，尤其是读书人心中的楷模，范仲淹虽然和他没有直接的交往，但心中却是无比崇敬的。在范仲淹一生的诸多行动迹象和文字表露中，都可以看出他对寇准的景仰，因而其学习寇准的治国思想也就变得自然而然了。如果范仲淹能够达成宋夏之间的和议，那么将无异于第二个"澶渊之盟"，范仲淹也会因此而成为寇准第二。

出镇鄜延路

就在范仲淹于越州知府时，蓄谋已久的党项族首领李元昊（其祖李继迁，其父李德明）忽然称帝，西夏王朝就此建立。在此之后，西夏大军东征西战，攻略了大片宋国土地，兵锋一时锐不可当。西夏位于宋朝西北，自古民风彪悍，又盛产优质马匹，很早就对北宋政权构成重大威胁。"澶渊之盟"签订之后，北宋的主要敌人就成了西夏，但是双方也有约定，因而长期以来并没有发生大规模军事冲突。李元昊正式建国，以及后来对宋朝的大举进攻，标志着双方的和平关系彻底终结，战争由此拉开。

西夏的崛起，大部分原因是因为北宋的姑息养之。一方面，北宋统治者对西夏小国存在心理优越感，认为他们不足为患；另一方面，北宋也疲于深入西北作战，被党项游兵散勇不断袭扰。为此，北宋的做法是划定统一界限，约定双方互不侵犯。为了避免党项人到宋朝境内抢掠，北宋还在宋夏边境开设榷场，也就是自由贸易市场，以供双方互通有无。但李元昊却贪得无厌，认为贸易不如抢掠来得快，于是他一直主张对北宋用强。此时，他继承了党项首领之位，便开始大举发兵攻宋，并且称帝建国。

消息传来，赵祯一边加强边境防务，一边调遣精兵强将赶赴西北前线。然而，由于主持西北军务的范雍胸无大略，被李元昊接连攻下数座城镇，已经遭到撤职。新近被提拔的韩琦担心自己无法掌控局面，急忙上书朝廷，要求调范仲淹到西北前线和自己一同主持军务。赵祯在这个时候才想起范仲淹，由于他对范仲淹的能力也高度认可，因而很快就同意了韩琦的请求，任命范仲淹为陕西都转运使，统一掌管西北大军的钱粮供应。

按照朝廷的安排，范仲淹只需负责西北大军的后勤即可。但范仲淹显然不满于此，他一到前线便开始展开各种调查，很快完成了战事情况的分析报告，同时附上了自己的战略建议递交朝廷。当时，北宋方面的战略构想是发大军征缴西夏，一举将其荡平。但范仲淹认为这种做法太过冒险，因为西夏军虽然势力较小，但是精锐程度优于宋军，而且善于骑兵作战，机动性非常之强。如果宋军深入西夏作战，一来不善于骑兵作战，很容易遭到西夏骑兵冲击，乱了阵脚后必定大乱而溃；二来宋军精锐尽入西夏境内，如果西夏大军发挥其机动性，绕过宋军主力大举攻入宋朝境内，其兵锋将无人能挡。

为此，范仲淹建议，此次作战最好将精锐部队分布在各个城镇，伺机出战，让西夏军被迫下马攻城，削弱他们的战斗优势。总体来说，宋朝官军要以防为主，以拖为辅，以奇制胜。范仲淹的此次建议，绝大部分被朝廷采纳，赵祯也为此做出了重要的人事变动。具体来讲就是以夏竦为前线主帅，以韩琦和范仲淹为前线副帅，整体布局上呈现三人互为掎角的战略态势。为了加强满朝大臣的团结协作，赵祯召回了吕夷简出任宰相，难能可贵的是，吕夷简也对范仲淹的作战建议也大为赞同。

为此，赵祯还专门致信范仲淹，希望他能够和吕夷简冰释前嫌。范仲淹的表现更为大度，他回信给赵祯说，自己做事向来是对公不对私，从来没有对吕夷简有任何个人偏见。为了表明自己的心迹，范仲淹还直接写信给吕夷简，用谦虚的态度请教问题。吕夷简也能够以大局为重，时常与范仲淹往来通信，对于前线战事的支持更是不遗余力。由此可见，当时的北宋朝廷上下，在外敌面前所表现出来的高风亮节，还是非常令人欣慰的。

范仲淹当时奉命镇守的是鄜延路，在延州（今陕西延安）知府张存请辞离任后，鄜延路的政权、军权和财权就落到了范仲淹一人手中，他也由此成为名副其实的封疆大吏。应该说，自古文臣掌兵都有一定的局限，道理很简单，任何一个拿惯了笔杆子的人，当他拿起枪杆子的时候都会有所不适。当时的宋朝官军之所以战斗力低下，这也是很重要的一个原因，但范仲淹绝对是一个例外。

首先，范仲淹分析了宋夏双方的基本情况。当时，宋夏双方军队的基本情况是，西夏兵少而精，北宋兵多而弱。西夏兵总是来去如风，不断袭扰北宋军队，使其不得安宁。等到北宋军队集结重兵来攻，西夏兵又逃遁消失，让北宋军无的放矢。等到北宋军队人困马乏，西夏军又集结起来将被宋军分割包围，然后在局部战场以优势兵力逐个击破，直到大获全胜。为此，范仲淹制定了以防御作战为主的总体战略，严禁北宋官军出城作战，转而凭借坚固的城防优势消耗西夏军队的有生力量。等到西夏兵败下阵去之后，北宋军队再出城掩杀。从此之后，西夏兵再来犯宋，就再也讨不到任何便宜。

其次，宋朝军队纪律涣散，士兵老弱参差，战斗力极低。范仲淹接手军务后，立即挑选出年富力强的士兵，进行严格训练。同时制定严明的赏罚制度，对于那些作战勇猛的士兵，在战后必行封赏提拔，而对于那些临阵脱逃的士兵，则必行惩治查办。为了严明军纪，范仲淹还当众处决了一些克扣士兵粮饷和谎报战功的军官，一时间全军士气大为振奋。与此同时，范仲淹还将麾下部队一分为六，遇到艰难作战任务的时候，轮流上阵，从而有效避免了相互推卸责任的现象。最后，范仲淹还在每支部队中配置了弓弩手、长枪手、短刀手和火器手等，并且从所有部队中挑选最精壮勇敢的士兵，集中训练之后作为机动和突击力量使用。

再次,范仲淹虽然总体上以防御为主,但还是向西夏境内派出了小股精锐部队,只要西夏大军出动,他们就会集结起来攻击西夏各处要塞。由于宋军善于城防作战,每当取得一次胜利之后,范仲淹都会选择战略要地修建新城,然后派兵驻守,一步步插入西夏腹地。对于己方,范仲淹又加强了全局部署,要求但凡宋军出战,友军必须进行策应,坚决避免出现各自为战的不利局面。为了做到"知己知彼",范仲淹还培养并派出了大量情报人员,不仅派往西夏境内甚至西夏军中潜伏,同时也在宋朝官军内安插了大量耳目,以防关键时刻情况有变。这一时期,范仲淹发掘和培养了一大批名将,如狄青、张亢、周美和种世衡等,都在其麾下建立奇功。

接下来,范仲淹还注重分化和瓦解西夏势力,尤其是在俘获一些重要将领之后,都会许以高官厚禄,让他们反过头来与西夏军作战。宋一朝,这部分军队一直是对西夏作战的主要骑兵力量,范仲淹的功勋福泽后世。对于那些归附党项的少数民族,范仲淹也采取了区分对待,如果是死心追随者,无疑要进行坚决打击。而对于那些被迫协作者,范仲淹则全力拉拢,这就使得西夏内部的党项族势力越来越孤立。即使对于党项内部,一些和李元昊之间存在矛盾的势力,也都是范仲淹的拉拢对象,这些都让李元昊感到不寒而栗。对于那些因西夏军家破人亡的宋朝士兵,范仲淹还组成了一支特殊的军队,取名"复仇军",也是对西夏作战的精锐力量。

最后,范仲淹还在民治方面进行了大举改革。第一,减轻辖区内的百姓赋税,鼓励开垦荒地,让他们能够安居乐业;第二,免除百姓的欠税，给那些无地的百姓分地，借给他们种子，使耕者有其田；第三，兴修各种基础设施，主要是水利设施，增强农民抵御自然灾害的能力；第四，派遣有经验的官兵到各地组织民兵武装，对那些深入宋朝境内的小股西夏兵以坚决打击；第五，鼓励百姓蓄养牲畜，尤其是养马，每隔一段时间按照市价购买，此举不仅增加了百姓的收入，同时也加强了宋兵的军需来源；第六，兴办学府，加强边民的开化程度，让他们形成强烈的家国意识，从而在思想上抵御西夏入侵。

如此一来，范仲淹治下的鄜延路就成了"铁板一块"，李元昊对范仲淹也就只有望城兴叹的分了。据西夏人的史料记载，自从范仲淹镇守鄜延路以来，主上（指李元昊）再也不敢打延州的主意了。范仲淹手握数万精兵，如果不主动来犯已是万幸，实在不敢主动向他发起挑战。想想范雍镇守鄜延路时，我西夏天兵来去自如，每出抢掠必得硕果，实未想到会有今天的困境，真希望像范雍这样的宋朝官员能多一点，像范仲淹这样的宋朝官员能少一点。

烽火连天

韩琦和范仲淹属于志同道不合者，他们在保家卫国的想法上高度一致，在军事思想上却有很大不同。范仲淹主张以攻为守，用持久战把西夏拖垮，到时候再出动大军进攻。韩琦则认为久拖必然耗费巨大，不如发大兵一举荡平敌寇,从此斩草除根,以绝后患。为了使自己的军事主张得到采用,范仲淹和韩琦纷纷上书朝廷,大力阐明自己的主张。对此,赵祯的心中可谓又想成功又怕失败,再加上一班大臣也分成了攻守两派,争论不休,他对于范仲淹和韩琦的军事主张,基本选择了折中的方案,要求他们全面加强防御,但是在适当的时候要主动出击,这相当于把战场的主动权又交还给范、韩二人。

应该说,无论是哪一种军事主张,只要有整套的战略思想做后盾,都可以取得战场优势和战争胜利。韩琦在得到朝廷的答复后,立刻调集辖区内的所有力量,秣马厉兵武装出一支比西夏军更加精锐的部队,不断四处出击,主动寻找战机。他们克服了天气骤寒和地形不熟等困难,扰得西夏军不得安宁,完全没有心思再向宋军发起进攻。与此同时,范仲淹以守为攻的策略也初见成效,他先派出重兵攻占西夏境内的军事要地,然后修城筑寨,留下少许兵力驻守。等到西夏兵来攻的时候,各个城寨之间就可以互为支援,范仲淹也可以拥重兵伺机行事。这些城寨连点成线,形成了巨大的战略纵深,眼看已经逼近西夏腹地,极大地威吓了李元昊。

应该说,范仲淹的做法很聪明,他虽然制定了持久战的策略,但是并没有依靠朝廷的供给解决后勤问题。比如每修一座城寨,范仲淹都会让当地的百姓尽快恢复生产,他们贡献的赋税,完全可以养活城寨中的驻军。当然,这种与敌犬齿交错的态势,也有助于范仲淹投放情报工作人员,让他们深入到西夏国内,以便随时了解李元昊的动向。更重要的是,范仲淹的做法尽管短期收效不大,但是长期积累下来,却能够在不知不觉中蚕食西夏领土。而且这种做法步步为营,李元昊想要拔除这些城寨，必须派出大军，但手握重兵的范仲淹就在延州城中等着他。因此，相比韩琦而言，范仲淹显然更加让李元昊头疼。

其实，范仲淹之所以这样做，还有更深一层想法，那就是在胜与败之间给赵祯第三种选择，而且他相信赵祯也会采纳这一建议，即迫使李元昊议和。在此之前，李元昊长期和范雍打交道，宋朝给他的印象便是软弱可欺。当夏竦、范仲淹和韩琦三人组合调到前线后，李元昊对宋朝建立起来的军事和心理优势便日趋瓦解了，甚至到了只有招架之功，毫无还手之力的地步。然而，得到宋朝想要议和的机会，李元昊又开始痴心妄想，认为此前的战场失利是自己大意轻敌所致，因而顺水推舟，把议和当成了缓兵之计。很快，李元昊的使者分别被派到了夏竦、韩琦和范仲淹处。夏竦和韩琦主战，因而并没有理会此事。而范仲淹本就是此次议和的发起者，自然优待使者，同时回派使者去刺探李元昊的虚实。

然而，范仲淹前脚刚送走李元昊的使者，夏竦的使者紧跟着就来求见了。原来，夏竦和韩琦已经商量好，要对西夏进行一次大规模军事行动，希望范仲淹能够一起发兵。范仲淹把自己的军事思想和使者反复诉说，并且将整理好的文件让他带回去，以便夏竦和韩琦能够听取自己的意见。不过，范仲淹心中也很清楚，自己这样做只能谢绝夏竦和韩琦的军事邀请，他们根本不会听取自己的建议，就如同自己不会听取他们的建议一样。更重要的是，范仲淹已经意识到了赵祯的摇摆不定，因而他根本无法依靠朝廷的整体部署来行事，所以只能坚定地按照自己的想法去做。

范仲淹步步为营，夏竦和韩琦却已经准备行动了。这个时候，李元昊作为西夏国主，表现出了可怕的战略目光。他很清楚，想要议和的只有范仲淹，夏竦和韩琦根本不会考虑这件事。于是，他决定对夏竦和韩琦进行战略打击，尤其是打击态度坚决的韩琦。于是，李元昊出兵包围怀远城（今宁夏吉县），其动作之快、规模之大，很有一举攻下城池的意味。韩琦等的就是这样的机会，他立即派出手下大将任福，率2万将士前去解围，号称10万。

李元昊见宋军大举出动，主动撤围，任福顺势掩杀，大败西夏军，宋军士气大振。就在韩琦为凯旋将士大办庆功宴的时候，范仲淹的使者急急赶来，他告诉韩琦，李元昊谋略极其深远，而且西夏已然成势。此次，西夏兵主动围城，又不战自退，很可能是李元昊设下的骄兵之计，因而劝韩琦万不可继续冒进。韩琦作为一军统帅，并未保持足够的警惕，他虽然劝说任福小心行事，却仍然派出大军深入西夏境内作战。任福更加有勇无谋，他轻敌骄横，凭借上次大胜的余威，率领宋军一路猛进，结果在行至好水川的时候，不慎陷入李元昊设好的伏击圈之中。

当时，李元昊在路边放置了很多泥封的盒子，里面有噼啪作响的鸽子，宋朝将士不知是何物，打开之后鸽子纷纷飞上天空。原来，由于宋夏双方都是大军团作战，因而战线都拉得很长。李元昊为了达到战略隐蔽性，把所有士兵都零星分散在了崇山峻岭当中，鸽子冲上天空，就是西夏军集结起来发动冲锋的信号。果然，宋军长途行军，正是人困马乏且毫无防备的时候。西夏兵却以逸待劳，又发起出其不意的打击，一战便使宋兵全军覆灭告终，主将任福也在乱战中被杀，史称"好水川大战"。

李元昊既然得胜，漠视宋军的心态又生了出来，因而让范仲淹的使者带回了一封具有羞辱性的议和书。范仲淹不想让韩琦大败的消息波及朝廷，以致赵祯做出一些前后矛盾的决策，再加上议和书中多有不敬言辞，便当着李元昊使者的面，将议和书焚毁。事实上，范仲淹在这个时候已经看清楚，李元昊根本就没有议和的诚意，因而他的议和策略也就失去意义。然而，当时的朝廷已经把鄜延路的政权、军权和财权交到了范仲淹手上，他私自处理李元昊议和书的做法，相当于把外交权也揽入自己手中，所谓"人臣无外交"，这件事对于权力意识极强的赵祯来说，显然是无法接受的。

很快，朝廷的处罚诏书就传到了范仲淹手中，他被贬为耀州（今陕西耀州）知府。与此同时，韩琦因为兵败之过，被贬为秦州（今甘肃天水）知府，名震西北的"夏韩范"组合就只剩下了夏竦一人。至于夏竦此人，勇武在韩琦之下，谋略在范仲淹之下，能够位居二者之上更多的是凭借赵祯信任，因而等到韩琦和范仲淹一走，西北的局势便一发不可收拾了。李元昊原本是想用缓兵之计，以便进行充分的战事准备，然后再对宋朝发动进攻。不想"好水川"一战，让他最头疼的两个对手消失了，如此怎能不得意。

议和

　　范仲淹的身体状况向来欠佳，他在各地为官时，多有因公事繁重而昏厥的史料记载。此次被贬耀州，范仲淹受到了身心双重打击，身体状况进一步恶化。到达耀州之后，范仲淹虽然满心惆怅，但是也终于得到了喘息的机会，毕竟他已经是50余岁的老人了。范仲淹把公务委托给副手，同时上书朝廷，以年迈多病为由，请求回家养老。朝廷的批复很快就回来了，不仅没有同意他的请求，而且派他去镇守环庆路，虽不是复职，却也是复官了。除此之外，韩琦的价值也得到了朝廷认可，因而派他去镇守秦凤路。这个时候，宋朝的西北防线一共分为四路，其余两路分别为王沿镇守的泾原路（之前由韩琦镇守），以及庞籍镇守的鄜延路（之前由范仲淹镇守）。

　　这一时期，范仲淹的军事思想又有所精进，提出宋朝大军在西北前线作战，最重要的是后勤问题。因此，他上书朝廷，要求将士在战时编入军队，平时则下放到田间开荒耕种，从而在根本上减轻百姓负担。为了加强士兵的战斗能力和守土决心，范仲淹还请求朝廷允许他就地招募士兵，让士兵真正意义上把战斗当成保家卫国的神圣使命。这一政策得到朝廷允许并推行后，大批宋朝内地的戍边士兵得以回归故土，有效避免了士兵因思乡而产生的厌战情绪。经过整顿，范仲淹手中的大军更加精锐，同时作战意愿也更加强烈，这就再一次把难题抛给了李元昊。

李元昊并不是一个没有头脑的人，自与宋朝开战以来，他虽然取得了几次胜利，但是宋朝的城镇却屹立不动，因而实际上并没有占到什么便宜。遥想开战之前，宋夏双方进行双边贸易，虽然也有钩心斗角，但毕竟不用刀兵相见。此时，西夏靠抢来的物资也可以维持国家基本运转，但是和开战之前相比并没有本质区别。何况，杀敌一万，自损八千，尽管西夏兵非常精锐，兵源补充却远不及宋朝。如果长期消耗下去，双方的士兵数量此消彼长，西夏迟早会面临崩溃。范仲淹和韩琦被调走时，李元昊还想通过大举进攻来改变国运，可此时二人都被调了回来，战争手段也就无法解决问题了。

就在这个时候，范仲淹就提出了一个新的议案，就是双方签订和议之后，可以每年给西夏一些岁币。范仲淹的这一战略构想，实际上是效仿寇准，或者说是参照了"澶渊之盟"的相关做法。范仲淹为此算过一笔账，只要把一个郡的税收给西夏做岁币，就可以让整个西北地区免于战乱，同时收取这些地区的赋税。与此同时，宋朝也不必继续再在宋夏边境屯驻大军，如此又可以省去一大笔财政开支。赵祯对这样的建议当然持肯定态度，要知道，按照官方的口径，当年"澶渊之盟"的历史功绩是归于赵恒的。此时，如果宋夏之间能够签订协议，那么历史功绩自然也要归于他。

得到朝廷的肯定答复，范仲淹就可以便宜行事了，但是想要在谈判桌上占据主动，最好的方法还是在战场上打出主动。为此，他首先把依附西夏的少数民族争取到宋朝一边，同时得到了他们的支持，以此来孤立和削弱西夏势力。一切准备停当后,范仲淹派出自己的儿子范纯祐,以迅雷不及掩耳之势,攻占了握在西夏手中的马铺寨据点,然后日夜赶工,迅速筑起了一座城池,取名大顺城。大顺城地理位置险要,掌握在哪一方手里,都可以占据"进可攻,退可守"的巨大优势。李元昊得知此地有失后,立即派出大军来攻,但是范仲淹早有准备,西夏兵只能无功而返。而这样的事情,几乎每天都在发生,李元昊无计可施,终于开始诚心考虑议和。

然而,西北的局势刚刚有所好转,东北的局势又发生了变数,辽国君臣眼见北宋疲于西夏的袭扰,以大举来犯相要挟,提出想要修改"澶渊之盟",企图攫取更大的利益。赵祯担心北宋双线作战会吃不消,因而主张答应他们的要求,朝廷中主张屈从的一派大臣因此占据上风。但是范仲淹对此坚决反对,他接连上书,指出辽国如此趁火打劫,乃是狼子野心,贪得无厌。一旦开了先例,以后还将得寸进尺,因而主张以强硬姿态应对。范仲淹的建议得到宰相吕夷简支持,因而赵祯最终作出了正确的决策,他摆出了御驾亲征的姿态,最终迫使辽国知难而退。

应该说,李元昊的战略高度丝毫不在范仲淹之下,他在决定议和之后,也采取了主动进攻的方式,想要赢取谈判桌上的主动权。他经过分析发现,虽然范仲淹和韩琦不好惹,但是在庞籍和王沿身上却大有文章可做。尤其是镇守泾原路的王沿,不仅才能平平,而且所守泾原路一马平川,非常适于西夏所擅长的骑兵作战。韩琦当年镇守此路,被迫以攻为守,逐渐积累起战场优势,原因也与地形有关。王沿接手泾原路之后,眼见范仲淹"以守为攻"的策略颇有成效,因而想要有样学样，结果丧失了韩琦创造的大好优势。经过一番准备，李元昊便开始对王沿下手了。

事实上，如果王沿能够将"以守为攻"的策略进行到底，至少可以等到范仲淹、韩琦和庞籍率军来救。但是在李元昊的激怒和引诱下，他很快失去理智，派大将葛怀敏率军出城作战。葛怀敏此人有勇无谋，被李元昊设计引到了远离城池的地方，结果又被埋伏在那里的西夏伏兵一通冲杀，最终落得个身死沙场的结局，他所率领的宋军也全部覆灭。李元昊催动大军，顺势掩杀，一路狂追宋军达六七百里，沿途百姓惨遭西夏兵烧杀抢掠。等到范仲淹、韩琦和庞籍闻讯赶来支援，李元昊已经裹挟大量百姓和财物逃回西夏，范仲淹等人也只能站在一片焦土上望北兴叹。

消息传到开封，王沿很快被罢免，而范仲淹等则因为救援有功，得到了大肆封赏。但范仲淹却坚持不授，他觉得自己过大于功，应该得到朝廷的降罪才对。不过，此时的北宋朝廷无人可用，因而赵祯只能强令范仲淹接受封赏，同时将王沿镇守的泾原路一分为二，由范仲淹和韩琦共管，而宋朝在西北战区的战略思想，也开始明显向范仲淹的主张倾斜。与此同时，西夏未能利用战争方式彻底解决民生问题，国内的矛盾逐渐激化，连年战争加在西夏百姓身上的税赋重压，已经开始激起民变。这样一来，李元昊也无计可施了，宋夏之间的和谈势在必行。

李元昊诚心和谈的消息传到开封，赵祯自然龙颜大悦，但是在看完西夏的议和条件后，又被浇了一盆冷水。原因很简单，李元昊狮子大开口，不仅要求宋朝每年进贡岁币，而且要求割让领土，确切地说是实际控制在宋军手中的争议地区。朝廷当中，主张议和的大臣担心节外生枝，因而劝谏赵祯全盘接受。又是范仲淹，联合韩琦和庞籍等前方将领，明确表示主动权在自己一方，李元昊的议和条件纯属痴人说梦。在联名上书之后，范仲淹还递交了自己制定的议和条件：李元昊必须削去帝号，向宋朝称臣，同时宋朝封他为西夏国主。除此之外，宋朝每年赐西夏岁币20万两，但前提是必须恢复双边贸易。

接到宋朝的和议书，李元昊一看就知道是出自范仲淹之手，但他除了大发一通脾气之外，什么都做不了。宋庆历四年（1044）十月，李元昊派使者向宋朝递交国书，表示愿意遵从宋朝提出的和议条件，宋夏之间的边患由此画上句号。

第三章
艰难的变法

范仲淹胸怀大志，长期在各地为官，且数次进入朝廷，再加上统领大军的成功经验，对宋朝当时的社会问题了解深刻。因此，在他的为官经历中，几乎每到一地，都会按照自己的想法进行大举改革，同时也都收到了可观的成效。这一点，不仅坚定了他变法的信心，同时也得到了很多有识之士的认可。成功促成宋夏议和之后，范仲淹终于如愿以偿地进入京城为官，他也由此掀起一场巨大的改革风潮，并且在我国历史上留下浓墨重彩的一笔。

参知政事

前面已经说过，宋朝最高行政机构的标准人员配置，是两名宰相和两名副宰相，分别再以左右相区分。但宋朝人并不是以宰相进行称呼，而是将正宰相称为中书令，将副宰相称为参知政事。范仲淹回到京城后，因功受封枢密副使，同时获封这一官位的还有韩琦。虽然枢密院和中书省同属一级，而且都是宋朝最高级别的政府机构，但是枢密院毕竟只能掌管军事，这与范仲淹的宰相梦多少存在一些出入。即便如此，范仲淹也没有表现出任何异议，很快就投入到了紧张忙碌的公务中。

身在地方，范仲淹只能将自己辖区内的事务进行改革，如今既然升为枢密副使，参与全国军务，他便开始考虑对全军进行改革。当时，宋朝军队实行的是募兵制，即每招募一个士兵，就要按期支付饷钱。而朝廷为其支付的饷钱，不仅要养活士兵，同时还要养活他们的家人。换句话说，宋朝之养兵，连他们的家属也要一起奉养。而且士兵一旦进入军队，就要奉养终生，哪怕失去了战斗能力甚至生活能力，都不例外。因此，宋朝的军队数量虽然庞大，其作战能力却极为有限。有的时候，一些将领为了吃空饷，连士兵的随军家属一并上报，宋朝的军费之高也就可想而知了。

需要提出注意的是，这种情况自赵匡胤当政时就已经开始，一路沿袭到赵祯一朝。应该说，赵匡胤一朝，不仅要抵御强大的外敌入侵，而且还要避免将领做大，因而大量蓄养弱兵是有道理的。但是随着时间推移，大宋江山已经日趋稳定，宋朝正统更是已经深入人心，大量蓄养弱兵的策略早就应该淘汰掉。可惜，任何一次"伤筋动骨"的改革，都会牵扯到诸多方面的利益，因而范仲淹的上书又被无限期搁置了下来。

眼看自己的改革建议接连石沉大海，范仲淹只能避重就轻，将自己在西北主持军务时的见闻写成报告，希望能够从边军开始改革。当时，朝廷为了抵御西夏大军，只能让一些精锐部队长期镇守边塞。这些部队恃功自傲，目无朝廷的"易兵法"，每次驻守一地的时限到期后，总是寻找各种理由迟迟不肯换防。出于战事需要，北宋朝廷也只能听之任之，久而久之便养出了一些封疆大吏。他们除了大肆开荒，霸占屯田，还强占百姓的耕地。更加严重的问题是，他们把国家土地当成了自己的私财，又把士兵当成自己的工具，每天不事操练，只知派遣各种繁重的体力劳动。

应该说，北宋军之所以在西夏军面前不堪一击，并不是因为西夏军队的强大，而是因为北宋军的腐化。而范仲淹和韩琦之所以能够战胜李元昊，也不是他们的"以攻为守"和"以守为攻"政策有多么高明，只不过是因为他们清除了腐败势力而已。也就是说，如果朝廷能够肃清全国军队中的腐败现象，那么无论是面对内忧还是面对外患，北宋官名能够起到的作用都将大幅提升。然而，即便是这些建议，同样没有得到赵祯的批复，范仲淹一时间只觉得自己被"挂"了起来。

恰逢这个时候，参知政事王举正因过罢免，范仲淹的好友欧阳修、余靖和蔡襄等人便联名上书，希望可以平调范仲淹出任参知政事。事实上，范仲淹的所有改革建议赵祯都已经看过，而且看得很仔细。他虽然没有采用这些建议，但是对范仲淹的一颗为国为民之心，还是非常肯定的。因而在接到欧阳修等人的联名上书后，赵祯很快就作出批复，同意了他们的建议。这个时候，范仲淹生性倔强的一面表现出来，他眼见参知政事一职是被挚友推荐所得，为了避免朋党嫌疑，向赵祯上书拒绝履职，并且希望自己能被派往西北前线。

赵祯权衡再三，最终同意了范仲淹的请求，任命他为陕西宣抚使，相当于把整个西北地区的军政大权都交到了他手上。当然，作为牵制和监督，赵祯也派出了自己的亲信作为范仲淹的副手。然而，新的任命下发后，正式的履职文件却一直被赵祯压在手里，范仲淹一时只能留在开封挂职。结果，让范仲淹担任陕西宣抚使的命令最终还是没有下达，赵祯再次推翻了此前的任命，仍然要让范仲淹出任参知政事。范仲淹心中清楚，赵祯虽然性格犹疑，但是这一次必定经过深思熟虑，因而没有再推脱。与此同时，韩琦接替了范仲淹的陕西宣抚使一职，赶往西北前线戍边。

应该说，出任宰相乃是范仲淹的毕生心愿，他之所以会选择推脱，实际上有一层极其微妙的玄机。首先，当时的欧阳修等人不过是一介谏官，赵祯可以因为他的举荐任命自己，同样也会因为其他谏官的上书罢免自己，范仲淹不想空欢喜一场；其次，范仲淹和欧阳修等人是至交，如果因为他们的举荐而出任参知政事，很可能被攻击为"朋党"；最后，也是最为关键的一点，范仲淹上书请求赵祯让自己去西北，乃是一招以退为进之策。道理很简单，当时的西北局势已定，范仲淹又已经50多岁，如果派他去西北，显然有颐养天年的意味。而范仲淹在副枢密使任上的时候，接连上书锐意改革，可见他是想有一番作为的。

在这种情况，范仲淹的以退为进就给了赵祯两个抉择。要么让范仲淹去西北，任用其他人做参知政事，改革大计从此付诸流水。要么留下范仲淹，给他坚定的支持，让他主持全面改革。在赵祯看来，改革自然是有利于国家的，同时也是有利于巩固皇权的。可自古以来，但凡改革无不伴随着阵痛，稍有不慎还会出现各种问题，甚至导致局面失控。因此，赵祯心中犹豫着要不要改革，实际上也就表现在了范仲淹的去留问题上，而他最终留下了范仲淹，说明他已经下定了改革的决心，至少在他的内心当中是倾向于改革的。

大改革

范仲淹任参知政事时，中书省内除了有一名中书令章得象，还有另外一名参知政事晏殊。章得象此人才德平庸，他能够成为国之宰相，主要是因为资历够老。晏殊作为范仲淹进入朝廷的领路人，虽然文才出众，却因为已经久居官场，失去了锐意进取之心。因此，当范仲淹在赵祯的支持下发起改革运动后，真正担起重任的只有他自己。而这个时候的范仲淹，已经到了55岁，身体状态每况愈下。应该说，虽然范仲淹已经积累了丰富的政治经验，对于推行难度巨大的改革事宜，也是颇感吃力的。

按照范仲淹的构想，改革事宜必须稳步推进，从而一步一步地把国家扶正，因为当时的北宋朝廷已经积弊很深。这就像是一个病入膏肓的人，如果让他服下一剂猛药，不但无法治愈他的病，反而有可能要了他的命。但是赵祯却急于求成，这不仅是因为他非常年轻，也因为范仲淹的身体越来越堪忧。于是，范仲淹为了让赵祯安心，仓促之间写出了一部纲领性文件，即《答手诏条陈十事》，其内容如下：

(1) 明赏罚。宋朝的文臣武将升迁，都有严格的期限规定，其中文官以三年为一个任期，武将以五年为一个任期，期满之后就可以得到升迁。如此一来，就会不可避免地出现一个问题，即某位官员是否有能力，或者说是否有功于社稷，都会得到升迁。如果在世风清明的时代，官员们还可以自觉做事，但是在世风昏暗的年代，推脱责任的情况就会不可避免地出现。久而久之，"不求有功，但求无过"就成了官场的最高行事准则，"居其位，食其禄，渎其职"的现象在宋朝颇为严重。

针对这种情况，范仲淹提出了按照功过进行赏罚的升迁办法，并且由中央派出官员定期进行考核。作为补充，对于那些有特殊才能和特殊功勋的文武大臣，可以由其他官员举荐，但必须由皇帝亲自批复和任命。不过，事情至此还没有结束，或者说刚刚开始。因为如果被举荐的官员政绩卓著，那么举荐他的官员也可以得到封赏；如果被举荐的官员无才无德，举荐他的官员就要受罚，如果被举荐的官员犯错和犯罪，举荐他的官员还要同罚。

(2) 除侥幸。皇帝为了笼络大臣，通常会进行封赏，这些封赏当中不仅包括钱财器物，还包括官位。如果是在国家的多事之秋，对于一些有功于社稷的文武大臣进行特殊封赏，以鼓励他们出更多的力，乃是无可厚非的。但是在太平盛世中，也有一些善于逢迎谄媚的小人，每天围在皇帝身边讨他们的欢心。于是，只要皇帝龙颜大悦，这些小人也会得到封赏，有时候甚至超过那些建立巨大功勋的文臣武将。与此同时，还有更严重的情况，就是皇帝为了让一些无权无势的人帮自己做事，通常也会许以高官厚禄，结果往往造成办一件事就要赏赐一个官爵的现象出现，造成国家的负担越来越重。而在皇帝依靠的诸多势力中，这种情况最严重的莫过于宦官集团，这也是自古以来明主多远离宦官的原因所在。

针对这种情况，范仲淹制定了严格的封赏制度，对于那些未达标准的官员，坚决不能予以封赏。就算非要封赏不可，也要尽量封赏一些钱物，而不是动不动就加官晋爵，因为最终的负担，都要落在老百姓肩上。除此之外，对于一些期限过长的封赏（主要指官爵），也要及时收回，不能因为某人的功劳过大，国家就永远养着他的子孙后代。当然，对于这些被祖先福泽的人，也不能一概否定，可以允许他们进入被考核的行列，如果考核的结果合格，同样可以加官晋爵。

(3) 善贡举。宋朝继承了自隋唐以来的科举取士制度，但是这种制度过于注重吟诗作对和书面解释，对于实际的治国能力作用有限。尤其是一些心术不正的学子，甚至采用一些旁门左道来蒙混过关，到头来也有堂而皇之进入官场者。更严重的是一些渎职官员，他们利用职务之便监守自盗，或者收受贿赂，或者为自己网罗和培植势力，从而变国家的公事为谋私的途径。对此，范仲淹一面加强对贡生的道德培养，一面严明考官的职责和权力，从而避免不法官员徇私舞弊。

(4) 取廉吏。这是范仲淹改革内容中最为核心的一条，即朝廷对地方长官的选择和任用。通常情况下，只要某位官员的资历足够，就会按照顺序被派往出缺的地方任命，至于这位官员有没有能力胜任，则完全不在朝廷的考虑范畴之内。对此，范仲淹从两方面规定了地方官员的任用条件，一方面是培养他们的能力；另一方面是根据他们的具体才能，有针对性地予以任用。当然，任用之后决不能置之不理，还要派出朝廷官员对他们的政绩进行考核，达到或者超过国家规定，才能予以升迁。如果没有达到标准，甚至不同程度出现过错，则必须坚决予以惩处。

（5）均俸禄。宋朝的考生，只要通过考试，就可以入仕为官。但是由于考生数量越来越多，政府职位开始求小于供，因而大批考生通过考试后只能闲居候职。而在这段候职的时间里，他们是没有俸禄的，因而大多出身贫苦家庭的考生只能举债度日。一些不法商人知道他们日后将会大富大贵，便引诱他们借贷巨款去挥霍，从中牟取暴利。等到这些考生终于为官了，身上已经背上了大量债务，只能通过各种不法手段牟取私利还债，结果导致官场风气大受污染。对此，范仲淹建议朝廷谨慎取士，更要按需取士，同时满足合格考生的基本生活需求，以及教导他们克己复礼，不要被诱惑和陷阱毁掉锦绣前程。

（6）治农桑。我国古代以农业为主，所谓的国家经济基本属于农业经济，因而只要保证了基本的粮食供应，国家的根基就不会被轻易动摇。但是在天灾人祸面前，富者挥霍无度，穷者忍饥挨饿，甚至遍地饿殍的现象屡见不鲜。对此，范仲淹一面建议利用农闲时节大修基本设施建设，一面建议惩治地主恶霸，尤其是利用手中权威大量圈地占地的皇亲国戚，必须制定严格的律法进行限制，同时由皇帝直接下属的纠察部门监督律法实施，从而保证国家的根基不被动摇。同时培养并派遣专职人员教授百姓农事，从而确保最大限度地利用土地，让百姓安居乐业。

（7）修兵事。赵匡胤一朝对于全国兵力的部署，有着严格的规定和限制，基本上制止了兵祸的发生和蔓延。但是经过赵光义和赵恒两朝的发展，精兵强将多被派往边疆驻守，这显然是在步五代十国的后尘，不仅容易让封疆大吏拥兵自重，而且造成了中央政府的守备薄弱，一旦局势有变，后果将不堪设想。因此，范仲淹不仅建议在全国范围内整顿军队，同时建议重新部署全国兵力，并且恢复赵匡胤一朝的军事体制。在此基础上，令全国士兵在战事为军，平时务农，即役兵制，以减轻国家负担。

（8）薄徭役。宋朝全国的行政区域划分，基本沿承自唐朝。但是唐朝经过安史之乱和唐末大乱，尤其是五代十国的大规模乱局，战祸造成人口数量锐减。宋朝建立之后，虽然在民生经济方面有所建树，可此时的人口数量仍然不足唐朝鼎盛时期一半。不过，人口减少的同时，行政划分却并没有减少，而收缴税赋又是按照行政单位。举例来说，某郡在唐朝鼎盛时期有一万户人家，需要缴纳一万石粮食。到了宋朝之后，这个郡只有五千户人家，同样需要缴纳一万石粮食。对此，范仲淹建议，合并一些区域较小的郡县，甚至把一些地方的行政级别降低，以减轻百姓的负担，促进人口增长。

（9）施恩信。朝廷每逢有喜庆事宜，总是会大赦天下，其中恩义最大的莫过于减免赋税和徭役等。可是，在通信条件极为落后的古代社会，由于山水阻隔，大部分地区的官员并不会予以执行。当然，他们并不会因此而拒绝朝廷的大赦，而是欺上瞒下，把个中好处全部归于己有。这样一来，朝廷用来取信于民的方法，就成了一些不法官员牟取私利的手段，以至于百姓对国家的概念非常模糊。对此，范仲淹建议加强朝廷的监督和查处力度，对于那些敢于以公谋私的官员坚决打击,并且是从重打击。同时推行一项新的大赦,即免除百姓在赵恒一朝的欠税,并且派出中央官员到各地监督执行。

(10)严政令。赵祯即位之后,发布的很多政令都有前后不一的情况,有些政令甚至多次收回下发。所谓"君无戏言",何况是一个国家颁布的正式公文,这不仅让官员感到无所适从,也会让天下百姓对朝廷失去信任。而之所以会出现这种情况,赵祯本人的犹疑性格固然有责任,更重要的却是中书省和枢密院之间的明争暗斗,以及中央官员的不负责任。对此,范仲淹建议日后公文必须经过中书省和枢密院对议,而后才能颁发,如果有政令不一和反复修改的情况出现,必须严格问责,同时由审刑院和大理寺出面,对之前的法令公文进行系统整理和修改,再由二府(即中书省和枢密院)议定且由皇帝批复后,重新颁布。

范仲淹的改革建议,体现了正直大臣的真实想法和迫切意愿,从理论上来讲是契合当时社会需求的。而且范仲淹在地方和中央为官多年,又曾主持西北军务,他的建议也具有普遍的可行性。如果能够照此实行,整个北宋王朝必将脱胎换骨,继而焕发强大生机。但是,我们从上述内容中不难发现,范仲淹的建议损害了多方政治势力的切身利益,事实上也只有他的好友欧阳修、余靖和蔡襄等人上书表示支持,其他包括一些持肯定态度的正直大臣,也在明哲保身中持观望态度,再加上赵祯的改革决心并不强大,范仲淹推行变法之艰难也就可想而知了。

短暂的成功

作为新政的主要支持者，以及当时的主要言官，欧阳修对于变法也起到了重要的推动作用。此时的赵祯也有心求治，因而终于开始有所动作，他派出自己的心腹大臣到各地任职，让他们按照范仲淹的建议推行新法，改革事宜就此拉开序幕，史称"庆历新政"。

新政的首要任务，就是罢免那些不称职的官员，同时提拔那些称职的官员，这一项措施也是此次改革的重中之重。对于不称职的官员，范仲淹丝毫不会心慈手软，在他的铁腕之下，大批不合格的官员被撤职，这些官员和他们的家属，对范仲淹自然恨入骨髓。范仲淹也考虑到了这些官员的处境，如果他们愿意继续留任供职，就挂职候缺，如果想要去官为民，朝廷也会适当分给他们一些土地。当然，对于那些拒不执行甚至暴力抗法的官员，范仲淹的打击力度也是非常严厉的。在赵祯的大力支持下，很多有势力、有背景的官员纷纷下马，整个北宋的官场风气为之一清。

与此同时，范仲淹对官员的任免并没有一概而论，而是注重根据实际情况而定。比如高邮知军晁仲约在任时，曾经遭到当地盗匪威胁，他手中无兵无权，只能让当地富户出资款待盗匪，并且送给他们大量财物，从而避免了盗匪对当地人民的洗劫。消息传到朝廷，舆论为之一片哗然，晁仲约的做法简直就是通匪，按照当时的律法可以判处斩首。但是范仲淹查明整个事件后，不但没有处罚晁仲约，而且加强了他手中的兵权，同时派兵助他剿匪，最终得保一方平安。经过范仲淹的一番整顿，宋朝官员自知不称职者，纷纷上书求退，领取朝廷分予的土地回家养老，一些想要为民办事的官员则奋勇登上政治舞台。

紧随其后，朝廷推行"磨勘法"，进一步落实改革。这一法令对官员的升迁作出明确规定，即不论官职大小，都要以政绩作为升降赏罚的标准。对于那些政绩突出的官员，只要有足够多的人举荐，就可以把升迁的文书上报朝廷，得到批复之后即可走马上任。此外，对于那些德行高远的人，也可以在受到举荐后得到升迁，只是需要给他们安排适当官职，比如监督、纠察和言官等。这里除了关注官员的从政能力外，还有很重要的一点，就是关注官员的各类特长，从而做到人尽其才。

接下来，朝廷禁止官员子弟继承其职务。在朝廷看来，官员让子弟继承自己的职务，一定能够选择适当的人选，从而确保做好工作，再加上人情所在。然而，这种行为非常容易形成官场的不良风气，让一些无才无德的人占据官位，不仅不会对社稷有所贡献，而且还会成为国家的蛀虫，凭空增加百姓的负担。为了进一步优化官员队伍，欧阳修还建议赵祯将举荐权收归国有，并且首先培养并考核那些拥有举荐权的官员，最终得到采纳。

再有就是清查公田，对于那些公田不足的官员，及时给予了补足。由于这一措施是为官僚阶级谋利，因而在诸多改革政令中，这是执行最快、最彻底和最持久的一条，可见宋朝官场的最大问题，还是官员的不作为。当然，补足官员的利益，就会让其他人的利益受到损害，而最容易受损害的自然是最弱势的群体，也就是普通百姓。为此，范仲淹要求各级官府清查公田的同时，决不能侵犯百姓利益，如此才保证了这项措施的依法执行。

还有就是兴办教育，这一事务从范仲淹进入仕途之初就开始关注，并且为官几十年从未改变和懈怠过。如今，范仲淹终于执掌朝政，便开始在全国范围内大兴教育。新法规定，全国各州府郡县都要兴办学府，并且任用知识渊博的大儒任教。对于科举考试的内容，范仲淹也进行了全面改革，之前的经义被完全去除，诗赋也排在了新设定的策论之后。贡生从此开始注重对知识的理解，并结合实际政治事件提高政见，直到符合国家的任职要求。为了减少朝廷兴办学府的经费负担，范仲淹还批给各学府专用土地，让学生在课余时间自给自足。

其余一些新政内容，基本按照范仲淹的建议贯彻实施，赵祯在这一时期对他的支持作用甚大。从相关史料来看，范仲淹主持的新政改革，前后一共历时八个多月就基本完成，从而使整个宋朝沐浴在不尽的希望之中。应该说，范仲淹之所以如此雷厉风行，是有其深刻用意的，即打顽固势力和相关利益团体一个措手不及，在他们来不及反应的情况下促成大局。因此，对于范仲淹和赵祯来说，新政的推行才仅仅是一个开始，接下来必然面临各方势力的强大反扑。而他们究竟能否经受住这场反扑，不仅关系到新政的成败，也将关系到天下万民的福祉。

应该说，范仲淹在新政内外都用尽了心思，基本上没有给任何人留下可钻的空子，如果顽固势力和相关利益团体想要发动反动，他也有信心为新政保驾护航。然而，让范仲淹万万没想到的是，敌对势力的反扑并没有瞄准新政，而是瞄准了他本人。我们前面已经说过，所谓小人之臣，在治国安邦方面总是表现平庸，但是在蝇营狗苟方面却又无孔不入。这些人很清楚，范仲淹推行新政的后盾是赵祯，因而攻击新政就等于攻击赵祯，如此将无异于自取灭亡。但是，如果避开新政不谈，四处网罗范仲淹的"罪证"，并且从赵祯的利益角度出发，找出范仲淹对他的威胁，从而制造他们之间的矛盾，事情就大有可为了。

很快，朝廷便有人上书，诬告范仲淹结交朋党，并且企图利用变法大权培植亲信势力。这立即引起了赵祯的警觉，众多反对变法的势力敏锐捕捉到了这一微妙信息，上书攻击范仲淹的人随即纷至沓来。这个时候，反对变法的势力又在全国上下暗中抵制变法，范仲淹一时间陷入顾此失彼的危局中，由于失去了赵祯的有力支持，局面很快失去控制。而既然局面都已经失控了，距离失败也就不远了，因而范仲淹也只能在"天下官吏，明贤者绝少，愚暗者至多"的一声哀叹中，结束了此次变法。

今天看来，范仲淹的变法虽然利国利民，但毕竟是有其历史局限性的，而最大和最根本的局限性莫过于人治。所谓人治，就是依靠人与人之间的关系，建立庞大的国家机器，在这种情况，依法办事只能是一个幌子。举一个最简单的例子，范仲淹的变法事宜中处处提到监督权，那么作为监督者，又如何维系自己手中的权力呢？答案还是靠人情。这种人情不光是对上，同时也包括对下，因为权力的体现需要管理者和被管理者共同完成，如果被管理者不予配合，管理者的权力也就不是权力了。为了让被管理者服从自己，管理者就要让被管理者体会到人情，法律法规就是收买人心的最佳武器。

也许，范仲淹心中有一本天下为公的账簿，但这本账簿只是他个人勾画的理想图谱，在失去赵祯的支持后，他的所有设想都在顷刻间分崩离析。而赵祯虽然处在权力金字塔的最顶端，也是要靠人情来维系自身权力，因而范仲淹的变法根本不存在客观条件，即便能够持续推行下去，也只能清除遗留弊病，最终还是要沦为人治的工具。因此，范仲淹想要通过变法励精图治，必须改变朝廷上下所有人的法治意识，不要说短短的八个月，就是八年甚至八十年，也是极难完成的。

再赴西北

眼看变法陷入停滞，攻击自己的人越来越多，赵祯又始终无动于衷，范仲淹便意识到大势已去。当时，范仲淹已经成为众矢之的，由于他的罪名是结交朋党，因而与他有联系的人纷纷遭到牵连。为了尽早结束这场政治运动，避免自己的亲朋遭殃，范仲淹主动上书回到西北主持军务。此时的赵祯对新法尚未死心，因而处在犹犹豫豫中不肯给出正面批复，只是让范仲淹再等等看。这个时候，西北边境恰好出现危机，赵祯也就只好让范仲淹回到西北去主持军务了。

当时，西夏和辽国交好，两国经常在与北宋交界的地方大举活动，范仲淹甚至接到消息，辽国在准备攻城器械。虽然北宋和辽国、西夏都有盟约，但是宋朝方面不得不防，因而范仲淹才急忙赶往西北地区。路过郑州（今河南郑州）的时候，范仲淹顺便拜访了闲居在家的吕夷简，他问范仲淹为什么要离开朝廷，范仲淹和吕夷简相交不深，只是说暂时离开而已。吕夷简倒是坦诚相待，对范仲淹说他一旦离开京城，想再回去就难比登天了，而范仲淹只是无奈地笑笑，并没有说什么。

事实上，范仲淹对于自己的所处再清楚不过，他也知道此去西北归程遥遥。所谓的西北边报，只不过是他离开朝廷的由头，即便没有此次事件，他也会寻找其他理由前去。我们前面已经说过，范仲淹在开始变法之前，就已经上书赵祯，想要去西北主持军务。所以，在范仲淹看来，如果能留在朝廷推行变法自然最好，如果不能如此，也要保西北无事。应该说，当时北宋王朝的最大忧患就是西夏，范仲淹眼见变法不成，去西北就成了最佳选择。而他的这种半自主退出，也得到了赵祯和敌对势力的谅解，因为范仲淹前往西北的时候，实际上仍然拥有宰相职位，而且从赵祯那里拿到了"空头圣旨"，也就是皇帝事前盖好章，范仲淹可以后续填写内容的圣旨。

正如范仲淹所料，西夏和辽国虽然在边境动作频频，但是并没有进攻宋朝的想法。在得知范仲淹回到西北主持军务后，西夏和辽国甚至连"动作"都停止了，西北边境很快就变得平安无事。接下来，范仲淹处理的大多都是一些小事，比如外族来归，整顿吏治，恢复生产，以及稳定经济等。当然，范仲淹付出最大心血的还是军务，具体来说就是修筑城寨，加强宋朝一方的防御力量。由于宋夏双方已经签订协议，范仲淹所修筑的城寨，大多都是一些荒废地区，实际上相当于开垦土地。他的这些举动，对于恢复边民的经济，从而增强边防力量是有很大作用的。

对于当时的范仲淹来说，唯一可以称得上军事的举动，就是收服一些少数民族部落。这些少数民族虽然势力相对弱小，但是为数众多，一旦联合起来就会形成难以估计的力量。而且他们的立场处于北宋和西夏之间，经常摇摆不定，在范仲淹对付西夏的时候总是不同程度掣肘。为此，范仲淹一边对他们进行拉拢和安抚，一边在他们的势力范围内修筑城寨，逐步实现了对他们的控制。除此之外，西夏还是以小股势力不断侵入宋朝境内进行抢掠，范仲淹便教导边民拿起武器抗争，对这些小股势力进行了迎头痛击，最终全面杜绝了西夏方面的强盗行径。

这一时期，范仲淹已经开始做一件非常重要的事情，那就是培养自己的接班人，其中最著名的一位就是后来名列唐宋八大家之列的曾巩。曾巩比范仲淹小二十岁有余，才华横溢，抱负远大。范仲淹与他结识不久，便将其收入自己的门下，悉心栽培提携。后来，曾巩曾经写《上范资政书》，表达自己对范仲淹的敬佩，其一生也在致力于为天下苍生谋福祉。也就是在这个时候，范仲淹的敌对势力开始集中发力，企图将他的相权去除。由于范仲淹的消极应对和赵祯的坐视不理，敌对势力的发难顺风顺水，范仲淹重回朝廷执政的希望很快就彻底破灭了。

宋庆历五年（1045）正月二十八日，因为一件不起眼的小事，范仲淹在朝廷的势力被清除殆尽，他也因此受到牵连。范仲淹不等朝廷发难，主动上书请求卸任，由此被正式免去宰相职务，降为邠州（今陕西彬县）知府。这个时候，敌对势力又开始针对新政发起攻击，范仲淹已经无力回天，只能坐看一众小丑争相跳梁。范仲淹虽然缄默不语，当时仍在朝中的欧阳修，以及调入朝廷做枢密副使的韩琦等人，却纷纷上书为范仲淹辩护。然而，范仲淹被攻击的主要罪名之一，就是结交朋党，聚众营私。因而欧阳修等人的上书，等于摆明了自己的朋党身份，注定不会起到太大作用。最终，在政敌势力的打击下，欧阳修等人都被贬去地方为官。

接下来，范仲淹最担心的事情还是发生了，他的政敌并没有轻易罢手。他们捏造事实，诬告范仲淹的好友石介谋反，最终将祸端引到了范仲淹身上。这一次，范仲淹被免去四路安抚使一职，改为邓州知府，从此被解去了地方实权。事实上，赵祯也知道范仲淹不可能和谋反扯上任何关系，他甚至不认为石介会谋反。但是从自己的利益角度出发，赵祯又不得不顺应当时的政治潮流，也就是把范仲淹彻底赶出最高权力层。因为范仲淹的功劳实在太大，如果把他放在地方，很可能会造成独霸一方的情况出现，而宋朝的统治者对于这一点向来是非常惧怕的。

与此同时，范仲淹的政敌也不会允许他仍然握有兵权，因为这意味着他虽然可能重新回朝当政，届时必定会对他们不利。因此，这些小人只想到自己的利益，完全忽略了范仲淹为国为民的赤胆忠心，将他视为眼中钉和肉中刺，非要除之而后快。范仲淹一生的功绩主要在宋夏议和与新政改革，现在既然新政已经"流产"，再把他赶出西北地区，范仲淹也就不再具有任何威胁了。可怜范仲淹一心扑在国家社稷上，最终也只是想留在西北为国效力，却终究落得如此下场。

第四章
发挥余热

范仲淹自解任四路安抚使之职后，就一心求退，想要闲居养病。但是一颗为国为民之心，还是让他始终记挂着天下百姓，因而只要情况允许，他就会尽自己的最大努力为各地百姓谋求福祉。正因为如此，范仲淹虽然在人生的最后阶段远离朝堂，却依旧心系社稷，直到发挥尽自己的最后一丝余热。如果用立德、立功、立言的三不朽之说来评论范仲淹，那么无论是其中的哪一点，范仲淹都做到了。他推行新法，稳定西北，写就《岳阳楼记》，成为当时、后世读书人的楷模。

邓州任上

邓州是中原大州，不仅政事宽松，而且距开封不远。范仲淹意识到自己将要被贬时，主动上书，要求到邓州去做知府。事实上，范仲淹之所以请求出任邓州知府，还有更深一层的原因，就是赵普和寇准都曾担任这一闲职。由此便不难看出范仲淹的心迹，他虽然无力再与自己的政敌抗争，但是只要社稷需要，他还是愿意为国效力。可惜，范仲淹的政敌并不这样想，他们见范仲淹主动上书请任邓州知府，认为他"贼心不死"，想要再次进入朝廷主政，因而对他的警觉丝毫没有放松。

相反，此时的范仲淹却表现出了难得的洒脱，地方官到底不比在朝为官繁忙，他也就乐得一边将养身体，一边处理政务了。事实上，之所以允许范仲淹出任邓州知府，赵祯也是经过深思熟虑的。作为皇帝，他不仅担心范仲淹威胁自己的权力，同时也会警惕一众小人做强做大。把范仲淹留在邓州，就是要震慑那些肆无忌惮的大臣，让他们安心臣服在自己脚下。因为只要他们有不轨举动，赵祯就可以召范仲淹入朝为相，对他们展开打击。而只要有赵祯的支持，就算他们闹出的动静再大，凭借范仲淹的威望和能力也可保无忧。

即便如此，范仲淹在登州知府任上仍然大有作为。他所做的第一件事，还是兴办当地的教育。由于邓州知府多为朝廷贬谪官员，因而历任官员对于当地的建设并不用心，这就造成邓州虽然是临近开封的中原大州，各方面发展却非常滞后。范仲淹在邓州大举兴办学府，立即为当地注入了一丝活力，从此在邓州走出的学子，不仅越来越多，而且出任朝廷的职位也越来越重。曾在宋庆历六年（1046）状元及第的邓州学子贾黯，就曾在给友人的信中写道，范仲淹对他的教诲一生受用不尽。

为了开化当地的文学风气，范仲淹还在邓州城外选取风景秀丽的地方，修建了一座春风堂，一有空闲就亲自前去讲学。在他的带动下，春风堂成为当地的文学圣地，吸引了很多大儒前去授课，同时也有很多学子前去求教。除此之外，范仲淹还兴建和修缮诸多文化旧址，以至于邓州城内处处都被文化气息渲染，读书成了邓州百姓吃饭睡觉之外最重要的事情。而在此之前，邓州民风古朴，崇尚武力，读书人的数量极少，且大多不被尊重。经过范仲淹的一番开化，邓州的读书人越来越多，老幼妇女亦少有目不识丁者。

当然，作为一方官员，范仲淹在政绩方面也是非常卓著的。从到任开始，他挑选得力的下属深入各地调查，兴修了一大批基础水利设施，百姓受益无穷的同时，也为国家税收创造了良好的条件。为了提高办事效率，范仲淹还精简了官员编制，所用之人多为精干官吏，一时间整个邓州可谓政通人和。此外，范仲淹还鼓励百姓从事农业之外的其他行当，其中最主要的就是养蚕缫丝，此举大为发展了邓州的民生经济，提供了百姓的生活水平。当时，朝廷曾有调令，让范仲淹到其他地方为官，当地百姓联名上书，请求朝廷让范仲淹留任，最终获得朝廷恩准。

这一时期，范仲淹的老友相继凋落，也让他感受到了一丝悲悯。尹洙是范仲淹的好友之一，他为官清廉，老年病重却无钱买药。范仲淹闻讯后上书朝廷，要求将尹洙调任邓州为官，以方便他得到自己的照顾。等到尹洙终于赶到邓州，早已是病入膏肓，实际上他也只是想见老友最后一面。虽然得到范仲淹细心照料，尹洙还是在不久之后黯然离世，范仲淹如约奉养了尹洙一家人。而这个时候，范仲淹已经是年近花甲的老人，而且疾病缠身多年，行动已经多有不便。

为了将养身体，范仲淹开始抽出大部分时间游览山水，用以愉悦自己的身心。而文人游览山水，自然少不了吟诗作赋，因此这段时间也成了他文学创作的高峰期。一次，范仲淹和赶来造访的欧阳修同游邓州城外的百花洲，还亲手绘制了一幅《百花洲图》，寄给好友晏殊聊表怀念。晏殊也已经到了颓暮之年，接到画作后立即高调回诗一首，在当时还曾传位朝廷上下的美谈。当然，晏殊此举，也是为了暗示范仲淹的政敌，此时他已经完全失去了进入朝廷执政的心思，其最深一层的目的乃是为了保护范仲淹。

尤其值得一提的是，范仲淹的千古名作《岳阳楼记》也在这一时期完成，其中的"先天下之忧而忧，后天下之乐而乐"一句，成为当时后世读书人的最高品格。一般认为，这句诗也成了范仲淹的人生写照，作为忠实的儒家学者，他始终以天下为己任，耗尽毕生心血为百姓谋福祉，哪怕遭受小人陷害和打击也在所不惜。由于其高超的文学造诣，范仲淹不仅作为北宋名臣被史家推崇，同时也成为夺目的文学巨匠，在艺术领域得到了极高的评价。在他的带领下，北宋的文学创作达到了自唐朝以来的又一高峰，同时也成为我国整个文学史上的一颗璀璨明珠。

这个时候，由于范仲淹的主动退让，朝廷当中针对他的政治清算运动也已经进入尾声，这让他终于可以高枕无忧地安度晚年了。当然，范仲淹的变法大计虽然以失败告终，但是其意义却影响深远，北宋后来的诸多有志之士，都曾发起改革，其具体内容多参照范仲淹的改革方案。更为重要的是，范仲淹沿袭甚至发扬了北宋一朝由寇准兴起的浩然正气，使得百姓期待正直的官员出现，而正直的官员又期待像寇准和范仲淹一样的人出现。如此一来，读书人就找到了自己崇敬和效仿的对象，有这些后来人不绝如缕地倾注于国家社稷，才让大宋王朝得享了 320 年国运。

慈善第一人

范仲淹在邓州知府任上期满三年，按照惯例，应该进行调派。而此时的范仲淹已经到了颐养天年的人生阶段，所以他主动上书，请求朝廷让自己到风景秀丽的杭州去，很快获得朝廷的同意。于是，在宋皇祐元年（1049）正月，已经年过花甲的范仲淹登上了前往杭州赴任的道路。到了杭州之后，范仲淹照例上书向赵祯表示感谢，然后就开始每日寄情山水和诗词了。在范仲淹看来，西湖是当年范蠡隐居的地方，此时正好契合了他的心境。至于范仲淹在朝廷里的政敌，看到他远赴杭州，也终于不再以他为患，范仲淹的晚年看似可以安然度过了。

但是，就在他到任杭州的第二年，江浙地区忽然出现大面积水灾，洪流吞噬了无数农田，杭州也在受灾之列。范仲淹立即下令开仓放粮，以赈济受灾百姓，避免了饿殍遍地的惨况。与此同时，范仲淹还做出了一系列举措帮助百姓渡过灾荒。首先，他向朝廷申请修建基础设施，得到朝廷的允许和支持后，他立即带领灾民开始行动。如此一来，不但可以加强杭州地界抵御灾害的能力，同时也让大量百姓得到工作机会，从而能够养家糊口；其次，范仲淹利用自己的人脉关系，从那些未受灾且物产丰饶的地区大量调集粮食，囤积在杭州向百姓出售，从而避免了不法商贩随意抬高物价；最后，范仲淹还大搞划龙舟等娱乐活动，彻底扫清了杭州百姓受灾之后的心头阴霾。

由于范仲淹的大力运作，杭州虽然处于重灾区，但是老百姓的生活几乎没有受到任何影响。为此，朝廷还对范仲淹颁发了嘉奖令，赵祯更是派遣钦差大臣到杭州封赏范仲淹。当时，有人攻击范仲淹，认为他在大灾之年贩卖粮食，又大举开展工程建设，还进行各种娱乐活动，乃是不负责任的表现。当然，这种攻击在事实面前很快不攻自破，因为其他地方的百姓都在流离失所，逃荒的队伍连绵百里不止，道路两旁尽是被饿死的百姓。而杭州不仅本地百姓生活无虞，其他地方的百姓也有大量在杭州得到安置，范仲淹的做法虽然有反常规，但是其积极作用是不容否定的。

除了这次大灾，范仲淹在杭州任上的大部分时间都比较清闲，在他的诗作当中，也留下了很多记述当地名胜的文字。下面摘录一首《和运使舍人观潮》：

何处潮偏盛，钱塘无与俦。谁能问天意，独此见涛头。海浦吞来尽，江城打欲浮。势雄驱岛屿，声怒战貔貅。万迭云才起，千寻练不收。长风方破浪，一气自横秋。高岸惊先裂，群源怯倒流。腾凌大鲲化，浩荡六鳌游。北客观犹惧，吴儿弄弗忧。子胥忠义者，无覆巨川舟。

从这首诗当中，不仅可以看出范仲淹的文才恢宏和胸襟广阔，也能看出他的心中已经全然没了政事牵挂。这个时候，范仲淹已经是一个垂暮的老人，且常年病痛缠身，能够被杭州美景涤荡一番身心，其心情之愉悦也就可想而知了。然而，即便范仲淹已经忘了政事，但心中还是留存着对百姓的牵挂。这一次，范仲淹把目光投向了家乡父老，他要为自己的家乡做一点事，具体来说就是创办义庄，或者说做慈善。

在我国古代，乡土观念向来都是深入人心的，读书人更是讲求衣锦还乡。很多成就一番事业的朝廷大员，最终也会选择落叶归根，回自己的家乡置办田地并修建宅院。范仲淹的身世比较特别，他的家乡是苏州，出生在真定府，又在长山长大，最终定居在了洛阳，并且在全国各地做官。但是在范仲淹的内心当中，一直把江苏当成自己的家乡，因而他总是想着为这里的百姓做些事情。于是，当创立义庄的想法出现后，很快就在范仲淹的头脑中酝酿成行，并随之付诸实际行动了。

所谓义庄，就是有钱人置办一个较大的独立产业，不设定具体的拥有者，交由专门的团队运作，以救助贫弱者为责任的民办机构。范仲淹救助的主要对象是他的同族，为了明确救助的目标，他还重新修订了族谱，同时也得以把母亲和自己的名字写了上去。范仲淹此举，可谓大人大量，我们前面说过，范仲淹母子最初乃是被当地范氏扫地出门的。虽然继父朱文翰并没有为难他们母子二人，但是寄人篱下的屈辱，从范仲淹年轻时愤然前去应天府读书就可见一斑。

对于在苏州设立义庄，范仲淹的子女持反对意见。他们认为，范仲淹既然已经把母亲谢氏埋在了洛阳，就应该把洛阳当成家乡，即便要建立义庄，也应该在洛阳。当然，闲居洛阳的朝廷大员数之不尽，却从来没有人建立义庄。因此，子女们也在劝范仲淹放弃此举，改为在洛阳置办田园，然后回去养老。范仲淹的回答颇具智慧，他告诉子女们，置办田园是为了自己，而创立义庄则是为了别人，二者不可相提并论。何况自己年事已高，大兴土木修建园林，动辄数载，多则十余年，自己恐怕等不到那个时候了。退一步讲，洛阳的园林比比皆是，主人多是自己的故交挚友，想要去哪里都是畅通无阻的。

主意已定，范仲淹拿出自己的全部积蓄，在苏州陆续购置了良田上千亩，从此极大限度地保障了当地范氏一族的生活。事实上，范仲淹之所以创办义庄，还有更深一层的考虑，那就是为苏州范氏一族的后人创造基本读书条件。我们前面已经说过，科举制度的出现和实施，打破了士大夫阶级对国家权力的垄断，再贫贱的人都可能通过科举考试一飞冲天，成为真正的富贵者。江浙地区自古就是我国读书人的盛产地，其强大的知识底蕴自然不容忽视，但是其基本的社会保障也可谓作用甚大，而范仲淹创办的范氏义庄就是一个缩影。

范氏义庄自创办以后，历经数代，直到日本入侵才被破坏，前后持续时间长达 800 余年。除此之外，范仲淹在第二故乡长山也创办了义庄，只是规模相比苏州要小一些。在范仲淹的带动下，其子孙也多有为义庄出钱出力者，他们或者耗资置办良田，或者直接将自己的良田转给义庄，遂成就了我国历史上时间最早、资历最深、作用最大和持续时间最长的慈善事业。1977 年，范仲淹后裔范止安先生还曾创办"景范教育基金会"，对我国多个贫困地区的教育事业做出重要贡献。

鞠躬尽瘁

范仲淹在杭州知府任上期满后，原本打算退职回洛阳养老，朝廷批复的公文都已经下发到了他的手上。但是就在这一年，也就是宋皇祐三年（1051），青州（今山东青州）忽然发生严重旱灾，百姓的生活陷入水深火热当中。这个时候，虽然范仲淹的病情恶化已经非常严重，但是在接到朝廷的任命后，他还是不假思索地出发了。

此去青州，范仲淹路过了自己的第二故乡长山，拜访了自己儿时的相亲朋友。一别数十年，乡亲父老又极为热情，范仲淹的心情可谓此起彼伏，感叹良多。当时，正值春花烂漫时节，乡亲们扶老携幼迎出数十里，吹吹打打的队伍一直把范仲淹送到老宅。在经过当年读书的地方时，范仲淹忍不住入园参观，物是人非间感慨颇深。接下来，范仲淹又在亲朋好友的带领下参观了长山的各处景观，虽然当年的玩伴此时都已两鬓斑白，但是那种恍然隔世的感觉，还是让范仲淹兴奋不已，以至于他在长山一连停留了数日之久。

当然，不管范仲淹如何留恋长山，赴青州上任才是他的紧要任务。因此，在拜别乡亲父老之后，范仲淹终于赶到了目的地青州。朝廷非要派范仲淹到青州，这本身就已经证明了此地灾情的严重性，范仲淹到任之后也不敢怠慢，立即着手开展救灾事宜。这一次，范仲淹面临的情况比在杭州时更加棘手，因为当时的青州是整个灾区受灾最轻的地方，为此每天都会涌入大量难民。前任青州知府只知开仓放粮，不仅没有解决青州的问题，反而招致了更多的难民，以至于青州从受灾最轻的地方瞬时成为受灾最重的地方。

范仲淹接手救灾事宜后，首先还是解决粮食问题，他全面利用自己的职权和人脉，向最近和最有可能提供帮助的地区借粮，同时派遣心腹干吏前往朝廷周旋。然而，远水解不了近渴，当地百姓每天都有人饿死，并且有明显的恶化趋势。在这种情况下，范仲淹作出了一个大胆的命令，就是拿出青州各地驻守部队的军粮赈济百姓。动用军粮，在当时乃是非同小可的事情，因为军队是一方局势的"定海神针"，如果连军队都乱了，那么这个地方的局势必然面临危机。因此，范仲淹动用军粮的做法，显然具有很大风险，一旦出现差池没人能负得起责任。

不过，在范仲淹看来，当前最紧要的事情是救济百姓。于是，他派人把申请批准的奏疏送往朝廷后，不等回复便果断开放军粮赈济百姓。与此同时，范仲淹还下令减免各地百姓的赋税和欠账，并且允许商人以合理的价格向百姓出售粮食。由于范仲淹具有足够强大的威信，无论是军人还是百姓，也无论面对如何艰难的处境，整个青州都没有出现暴乱迹象。就这样，范仲淹带领灾区人民挺过了最艰难的时刻，当朝廷批复同意和救灾钱粮终于送达青州时，范仲淹已经因为连日操劳而病重卧床。

消息传到朝廷，赵祯立即派出使臣带着封赏和御医前往青州。但范仲淹的病情已经非常严重，他只能勉强支撑着接受封赏，对于御医的嘘寒问暖根本无力应答。最后，当使者离开青州的时候，已经知道这是与范仲淹相见的最后一面，因而问他还有什么事情交代，自己会帮他转告赵祯。范仲淹随即命人拿出早已准备好的名单，交给使臣带回朝廷，那是他到任青州之后，新近发掘的一批青年官员，范仲淹希望这些官员可以得到朝廷的关注和提拔。与此同时，范仲淹还递交了一封奏疏，他想回到定居地洛阳，见自己的亲人最后一面。

很快，朝廷批复同意的诏书下发到范仲淹手中。他强打精神，在仆人的搀扶下登上马车，在万千百姓的送别声中，终于踏上了遥遥回家路。然而，病体沉重的范仲淹已经禁不起路途颠簸，在途经徐州（今江苏徐州）时，他的病情陡然加重，因而只能暂时留在徐州将养。这个时候，范仲淹在一天当中的大部分时间，都处于昏迷状态，他已经意识到自己时日无多。但就是在这种情况下，他还是利用少有的清醒时间，写了一封《遗表》，对当时的天下大势作出分析，同时附上自己的治国方略，为国为民贡献了最后一丝余热。

在《遗表》的内容当中，范仲淹第一次也是唯一一次为自己的变法申诉，他仍然坚持自己当初的立场，希望赵祯能够选用得力大臣，努力推行新法，哪怕只是部分推行也好。我们前面已经说过，变法失败之后，欧阳修和韩琦等人都曾上书辩护，但是作为变法主要负责人的范仲淹，却始终一言不发，甚至主动请求调任西北。这是因为范仲淹心里很清楚，变法之所以会失败，最主要的原因还是赵祯的不坚定，而这种不坚定显然是来自对他的不信任。如今，自己已经到了弥留之际，再也没有被赵祯怀疑的必要，所以他才做出最后一次努力，希望改革能够在自己身后实现。

宋皇祐四年（1052）五月二十日，病重不治的范仲淹在徐州辞世，享年64岁。消息传出后，整个华夏大地为之肃穆，赵祯下诏停朝一天，以表示对范仲淹的怀念和敬意。全国各地自发悼念范仲淹的行为，更是数不胜数，就连边疆地区的少数民族，也用自己特有的方式追悼范仲淹。很快，赵祯的诏书传到范仲淹的子女手上，他想知道自己还能为范仲淹做点什么。范仲淹的子女秉承了父亲的意愿，只求得到朝廷允许，尽快把范仲淹的遗体运回洛阳安葬，立即得到了赵祯的同意。于是，范仲淹最终被安葬在洛阳万安山下的家族陵园，欧阳修、王安石和司马光等，都有祭文送上，后世作文追悼者更是数不胜数。

第四篇
王安石
——一生心血唯变法

当胸有丘壑的名相王安石遇上野心勃勃的神宗赵顼，这两个人之间的故事原本可以像刘备与诸葛亮那样作为君臣相知的典范而流芳百世。但是最终，有一个美好开头的君臣二人却没能收获圆满的结局。自身的执拗与赵顼的摇摆让这场轰轰烈烈的变法成了王安石一生的遗憾。

第一章
初露锋芒

　　王安石出身书香世家，祖上世代为官，因而为少年王安石提供了一个相对优裕和理想的成长环境。更为重要的是，王安石的母亲也是一位饱读诗书的才女，而且她的家世比王安石的父亲更为显赫，其学识也丝毫不在王安石的父亲之下。因此，少年王安石虽然跟随父亲四处为官，学业却在父母的双重督促下日夜精进，从而为他的渊博学识打下了坚固基础。史料记载，王安石5岁时即能背诵《诗经》和《论语》等文学经典，而且能够大致通晓其意，为此得到了少年天才的美誉。

第一任老师

　　宋天禧五年（1021），王安石出生在家乡临江军（今江西抚州）。父亲王益虽然身为政府官员，但是由于品阶较低，收入微薄，并没有能力在临江军置办家产，因而只能带着年幼的王安石四处颠沛流离。

这样的生活固然辛苦，却磨炼了少年王安石的坚毅性格，同时也增长了他的见闻。在这段时间里，王安石的父母非常注重对他的教育，每天的大部分时间都把他关在书房里。可喜的是，王安石对于父母的严加管教并没有表现出叛逆，反而在书本中徜徉恣肆，乐此不疲。更加难得的是，王安石的记忆力非常惊人，用过目不忘来形容丝毫不为过，这让他在很早的时候就能够写出颇具文采的诗篇，因而得到了很多人的美誉。

因为天资聪慧，王安石还曾经在一段时间读书懈怠，并且认为自己读的书已经足够多，涉猎也足够广泛。为了把王安石引归正路，王益特地把他领到舅舅家，结识了一位名叫方仲永的同龄人。在当时，这位方仲永可谓名声在外，王安石随父亲在各地颠簸，曾经多次听到他的美名。不过，在读过他即兴所作的诗作后，王安石却觉得文采黯然，与他远播在外的名声根本不相符。这个时候，王益又把方仲永小时候所写的诗作拿给王安石看，以他当时的年纪能够写出那样的诗作，确实可以称奇。王益据此告诫王安石，不要因为天资聪慧就懈怠学习，否则只能像眼前的方仲永一样，浪费天资。

后来，王安石写就《伤仲永》一文，目的不仅在于告诫后来学子，同时也是在告诫自己，更是在缅怀父亲的教导之恩。应该说，父亲对王安石的要求并不高，作为一个传统的儒家信徒，他只希望自己的儿子能够成为一个正直之士，如果条件允许，再为天下苍生略尽绵薄之力即可。王益尤其喜欢以古论道，历史上的很多英雄人物，都会经过他讲述，成为王安石敬佩和追随的对象。随着王安石的成长，王益的官也越做越大，到王安石参加科举考试的时候，他已经做到了江宁

（今江苏南京）知府，这就让王安石接触到的知识分子越来越高级，同时对于国家政事的了解也越来越全面和深入。

然而，事情的发展总是出人意料，王益仅仅40有余，正是年富力强的时候，却被一场突如其来的大病夺去了生命。弥留之际，王益还在讲着"治国平天下"的宏愿，而他的遗言也成为王安石一生的追求，即成为国之宰相。守丧之后，20岁的王安石便洒泪告别家人，只身赶到开封参加科举考试。当时，正值北宋官兵遭逢好水川战败，一场奇耻大辱蒙在每个北宋臣民的心头，王安石借着这股悲愤，更加努力地读书。为了自己，为了父亲，也为了自己的祖国，他拿出了拼命的架势。

值得注意的是，此时的王安石虽然还是一介书生，但是在他的内心当中，对于当时的国家大事已经有了成熟的见解。他很清楚，北宋之所以遭逢好水川之败，并不是因为西夏军有多么强，而是因为宋朝官军太弱。为此，王安石特别支持范仲淹的政见，认为大兴改革之道才是国家图强的关键所在。当然，王安石的心中更加清楚，自己只不过是一介书生，万事必须等到科举考试通过之后，才能有所作为。因此，王安石并没有像大多数考生那样，把主要精力用在高谈阔论上，而是潜心学习，全力应对眼前的科举考试。

苍天不负有心人，多年的苦读和一朝的拼命，不仅让王安石顺利通过考试，而且名列前茅，在数百人当中脱颖而出。史料记载，王安石参加的这次科考，总共有390人进士及第，而王安石的名次高居第四，与榜眼只有一步之遥。应该说，参加科举考试是王安石第一次与国家机器打交道，但就是这第一次打交道，让他生出了带有预示性的体悟。当时，王安石看到考场上有很多年纪颇大的人，其中一些甚至白发苍苍。反观那些少年得志的人，也多是华而不实，只会做一些表面文章，谈起政见来可谓漏洞百出。因此，王安石心中便觉得当时的科举考试制度亟待改革，否则不仅会误人子弟，还会让整个国家的前途命运堪忧。

当然，这个时候的王安石还不可能实行自己的改革理想，而且他也并没有形成完整的改革思路和方案。他需要做的只是尽快拿到朝廷命令，然后赶去目的地上任，从此开始自己的仕途之路。不过，能够以第四名的成绩高中进士，王安石的名字已经传遍家乡的大街小巷，母亲和兄弟姐妹得到消息，尤其高兴万分。与此同时，地方官员也不敢怠慢，他们隆重迎接了短暂归家探亲的王安石，就像迎接一位朝廷来的钦差大臣。因为他们知道，以王安石的金榜名次，将来势必会成为朝廷大员，而且坊间早已流传，王安石将会成为宰相。

这个时候的王安石，可谓荣耀至极，无论是面对九泉之下的父亲，还是面对泪眼婆娑的母亲，他都交出了满意的答卷。对于完成父亲的宏愿，此时的王安石也是充满自信，毕竟在整个宋朝，以20岁的年纪高中进士，并不是一件平常的事情。然而，初入仕途的王安石已经意识到，国家的积弊日久和奸臣的弄权日盛，已经让整个大宋王朝蒙上了一层阴云，自己能否建立一番作为，从而带领整个国家走向光明，实在还是一件遥不可知的事情。因此，在全家人满怀希望地面对未来时，王安石却露出了不易察觉的疑虑，父亲的嘱托和心头的使命感，让他不敢有一丝一毫的大意。

大显身手

　　王安石担任的第一个官职是淮南节度判官厅公事,对于胸怀治国理想的王安石来说,现实无疑在他的心头浇了一瓢冷水。然而,最让王安石无法接受的还不是官职卑微,而是上任之后的无所事事。在此之前,王安石已经习惯了快节奏和高压力的生活,如今忽然舒缓和轻松下来,反而让他每天诚惶诚恐。

　　在这种情况下,为了让自己变得冷静和充实,王安石走访了整个辖区,发现淮南最大的问题是地形复杂且交通落后,很多高山大河只能靠步行缓慢穿越,对不同地区的百姓交往造成很大困难。于是,王安石便想要发动当地百姓,让他们采石铺路,伐木搭桥,并且写出了详细的书面建议。可喜,建议书递给了节度使大人,却迟迟没有回音。王安石忍不住去问,对方的回答是已经递交上去,但是朝廷没有回音,弄得王安石无言以对。这也让他认清了一个基本事实,那就是当下的整个宋朝官场,都弥漫着不作为的风气。在责任面前,越来越多的官员选择能推就推,实在推不了也只是敷衍了事。

　　这段时间,还发生了一件让王安石内心抑郁的事,即范仲淹被朝廷贬谪。作为革新派的代表人物,范仲淹给当时的正直之士树立了榜样,王安石对范仲淹自然极为敬佩,甚至已经到了崇拜的地步。朝廷有范仲淹执政，王安石即使身在边远地方做一个小官，也是心向光明和充满希望的。如今范仲淹被贬，连同他的重要盟友欧阳修也被贬，王安石内心当中的苦闷就可想而知了。然而，一个人的到来，彻底改变了王安石的命运，他就是当年曾经举荐范仲淹的韩琦。

此时的韩琦已经到了垂暮之年，主要心思也已经不在官场，而是着力为国家发掘和培养人才。王安石对范仲淹推崇备至，对于韩琦自然也有所了解，因而在他到任后不久，便将自己此前的建议重新递了上去。出乎他的意料，韩琦以爱惜民力为由，也没有采纳他的建议，只是对他言语勉励了一番。其实，韩琦对于王安石的建议非常肯定，至少认可了他为国为民的拳拳之心，只是他觉得王安石尚且年轻，需要好好地磨炼和沉淀一番。果不其然，王安石在淮南的任期结束后，并没有陷入无休止的地方平调之中，而是被调到了朝廷做官。

王安石能够进入朝廷，韩琦自然起到了很大的作用，但此时的他并不在京城，王安石的一腔感激之情也无处倾注。与此同时，王安石又书信结识了另一位重要人物，那就是文才冠绝天下的欧阳修。在他的点评下，王安石的文章成为当时人们议论的焦点，同时也得到了普遍的肯定。可以说，此时的王安石虽然在官场上仍旧默默无闻，但是在文学界已经像一颗新星般冉冉升起了。当然，王安石的志向并不在文学界，他最想做的事情还是在官场上创造一番辉煌成就。可让王安石困惑的是，韩琦既然让他进入朝廷，却又让他做了一个微不足道的小官，丝毫没有提携和重用他的意思。

一番思索之后，王安石终于明白了韩琦的良苦用心，简单来说，韩琦之所以让他进入朝廷，就是为了让他离开朝廷。其中的原因有两点，其一是朝廷的情况太过复杂，如果没有足够深厚的根基，断然难以立足。韩琦让他进入朝廷做官，是想让他知难而退，明白现实和理想中的状态还有多大差距，或者说差在哪些地方和哪些方面，从而让他得到应有的认识和成长；其二，通常从朝廷下放地方任职的官员，无论官职多么卑微，都可以一举成为地方长官。韩琦这样做，是为了给王安石创造条件，以便他以地方长官的身份施展抱负。

如此一来，王安石便下定决心重回地方，并且最终如愿以偿，成为鄞县（今浙江宁波）知县。几乎就在王安石到任的同一时刻，中原地区发生大规模的强烈地震，同时伴有罕见的大降水，一时间房屋倒塌，农田淹没，各地难民接连成对。在古代社会，这样的现象和天气是上天责怪皇帝过失的象征。为此，赵祯下令全国官员上书评说自己的过错，以减免天下百姓的痛苦。应该说，这样的说法基本属于无稽之谈，官员上书言说皇帝过错，也只是走一个形式而已，从来没有人认真对待过。然而，王安石并不这么看，他早就想发出自己的声音，也早就意识到了大宋王朝的弊病所在，这次刚好是一个难得的机会。

在鄞县的低矮衙门屋内，在一盏昏暗的油灯光下，王安石用尽平生所学，把自己对整个国家的担忧和建议都写了出来，一封饱含热泪的奏疏也就这样被送往了朝廷。结果，这封奏疏还是石沉大海，就好像王安石以往遇到的情况那样。还好，王安石早已做好心理准备，或者说他对于当时宋朝官场的这种不作为之风，早就习以为常，臣子们是这样，皇帝自然也没有道理不这样。把理想放在一边，王安石不得不着手解决现实问题，也就是赈济辖区内的受灾百姓。

此时，灾情已经严重到无以复加的地步，每天都有人饿死，难民们都在眼巴巴地等着政府开仓放粮。然而，王安石不是范仲淹，他没有那么大的声望，也没有那么大的协调和平衡能力，他能做的只是把自己的粮食都拿出来分给百姓，和大家一起同甘共苦。但王安石一个人的力量毕竟有限，于是他开始发动所有官员和地主一起借粮给百姓，为了让大家踊跃起来，他还答应官员和商人们可以收取一定的利息。让王安石没想到的是，官员和地主们愿意放贷，百姓却不敢借贷。原来，当时的北宋政府已经失信于民，官商勾结之下，向百姓收取很高的利息，然后强制索租，为此家破人亡的事情层出不穷。

这让王安石意识到，想要推行自己的办法，首先必须取信于民。主意已定，他一面走访各地村民，亲自向他们讲解借贷的利弊，并且保证足够低的利息；另一方面，王安石也在积极和官员、地主沟通，希望他们在大灾之年为国为民出一点力，等到灾荒过去之后，自己会给他们一些优惠政策。这里表现出王安石的政治成熟，他很清楚，官员和地主是自己赈济百姓主要倚重的对象，如果能够得到他们的鼎力支持，赈灾事宜会进行得事半功倍；而如果强制他们割让自己的利益赈灾，则会受到他们的阻挠，到时候必定事倍功半。再加上王安石加强了监督力度，大幅减少了赈灾过程中的贪污受贿行为，鄞县的灾情很快就得到了缓解。

到了第二年秋收，大批百姓扛着粮食送到县衙，要感谢王安石的救命之恩。王安石拒而不受，百姓死活不肯离去，他只好收回自己曾经借出的那部分，利息则一分不取。如此一来，王安石便得到鄞县百姓的高度赞扬，他的政治美名也由此传播开来。王安石得到鼓励，又利用农闲时节发动百姓兴修水利，他筑起坚固的堤防，疏通久淤的河道，大举提高了鄞县百姓抵御自然灾害的能力。等到王安石三年任期结束，全国很多地方刚刚恢复灾前的生活水平，鄞县百姓却已经过上了富足安康的生活。王安石担心百姓送别自己的时候会动情失态，特意在天刚蒙蒙亮的时候偷偷出发，可是借着天边的一丝微弱光亮，他还是看到了满山谷赶来送别自己的百姓，他们在前一天晚上就已经陆续赶到了这里。

游走地方

离开鄞县之后，王安石只是回老家小住了一段时间，便急忙赶往京城了。这一次，他被任命为殿中丞，虽然比上一次的官位高，但同样是一个无所事事的闲职。王安石乃是胸怀报国理想的热血青年，满脑子想的都是建立功勋，这样的闲职注定让他无所适从。应该说，王安石虽然有志于为天下苍生谋福，但是他并不喜欢做官，更不善于官场上的各种钻营，只是为民请命和在朝为官天然结合在了一起，才让他不得不身入宦海。于是，为了给百姓做一点实事，王安石丝毫不顾更加光明的京官前途，主动请命回到地方做官。

别人都在打破脑袋往京城挤，王安石却主动申请去地方做官，这样的要求自然很容易得到同意，他也因此看到了宋朝官员少有的高效率。很快，王安石被任命为舒州（今安徽安庆）通判，成了一方大员的副手。然而，通判虽然名为副职，实际上只是充当朝廷的耳目，确切地说就是替朝廷监视地方大员，所以这一官职并没有实权，王安石自然也不例外。因此，舒州虽然是一个大州，但王安石面对种种不合理，却无法做成任何纠正。不过，从另外一个角度来讲，王安石被任命为通判，也足以证明朝廷对他的信任。自身有能力，又能够得到朝廷的信任，得到重用便是迟早的事。

果然，一次集贤院出缺，赵祯向当时的宰相文彦博询问合适人选，文彦博便推荐了王安石。赵祯的案头一直压着王安石关于地震上书的那封奏折，他虽然认为王安石还很年轻，但是对于他的抱负和能力还是极为肯定的，因而欣然接受了文彦博的建议。但是让赵祯和文彦博没想到的是，王安石接到朝廷调令，居然以老母年迈体弱，不宜长途劳顿为由，谢绝了他们的好意。其实，王安石也想到朝廷为官，毕竟地方官只能为部分百姓谋福，在朝为官却可以为天下苍生谋福。但是他又不愿陷入政争旋涡，把自己的精力都浪费在毫无意义的钩心斗角中。

与此同时，王安石拒为朝官的做法引起了广泛关注，赵祯认为自己的威严受到挑衅，因而强令王安石入朝为官。然而，王安石是一个非常有主见的人，加之他对权力丝毫没有留恋，也就不在乎皇帝的态度，因而一连递上四封奏疏请辞。奏疏中，他虽然极尽言辞，寻找各种理由，但实际上已经相当于公开违抗圣命了。眼看陷入僵局，一封来自欧阳修的秘信送到王安石手上，他只用一句话就点明了王安石——君不见范公乎？

欧阳修所说的"范公"，自然指的是范仲淹，王安石截止到此时的人生和官场经历，几乎与范仲淹如出一辙。在王安石心中，范仲淹就像是自己的指路明灯，他的很多做法都值得自己学习甚至效仿，尤其是他长年在地方为官，却始终心向朝堂。虽然最终没能实现变法，并且被奸佞小人赶出京城，却为天下所有正直之士开启了一扇光明之门，让大家找到了努力的方向和方法。就这样，王安石终于下定决心，追随范仲淹的脚步，完成他未竟的事业，哪怕明知前面的道路艰险曲折。退一步讲，就算最终失败，大不了也像范仲淹一样，被贬回到地方为官。

这个时候，不便公开用强的赵祯，也提高了王安石的职务，从集贤院校理擢升为群牧判官。这一职位统辖朝廷上下的坊监判司，不仅品阶提高，俸禄加厚，同时也可以让王安石有所作为。来到京城之后，王安石并没有急着去述职，而是首先拜访了欧阳修，这也是二人第一次正式见面。此时的欧阳修已经是当朝重臣，不仅官场得意，而且在文学界有极高的地位，再加上他是范仲淹的至交好友，无论从哪个方面来讲，王安石都没有不去拜访的道理。此时，由于范仲淹已死，欧阳修看到王安石这样一位风骨与其极为相似的后生晚辈，内心当中自然激动不已，二人的见面大有相见恨晚之意。

值得一提的是，二人的此次见面，实际上是一次小型聚会。除了欧阳修和王安石以外，在座者还有大名鼎鼎的包拯、司马光、沈括和曾巩等人，每个人都是当时的政治明星。然而，在尽欢之后，王安石却提出了一个让大家瞠目结舌的想法，他还是想回到地方任职，希望得到在座各位的帮助。不过，这一次王安石也说出了自己的真实想法，即自己在地方积累的政治经验尚且不足，无法支撑他在朝为官的能力需要。闻听此言，欧阳修等人也不便再强留，找了一个合适的机会便上书赵祯，终于让王安石回到了地方任上。

这一次，王安石被任命为常州（今江苏常州）知府，官职也由此改为太常博士。当时的常州是一个较为偏远的地方，加之地方长官时常轮换，且多为贬谪官员，并没有人致力于这里的振兴，因而积弊很深。王安石到任后，首先着手整顿农业，立志凭借常州的优良自然条件，将其打造成为鱼米之乡。为了达成这一目标，王安石经过多方调查和慎重思考，决定在常州开凿一条贯穿全境的大运河。这样的工程对于国家事小，但是对于一方政府来说，却是一件惊天动地的大事。

由于耗费巨大，甚至会加重百姓的负担，同僚都不赞同王安石的做法。但是出于长远考虑，王安石还是顶住巨大压力，强力推行这一工程。比如在初期测绘的时候，很多地主和退休官员得知运河要在自己的田地里通过，纷纷活动起来进行阻挠。王安石集中宴请了他们，在动之以情、晓之以理的同时，也给出了相当多的优惠政策，少数拒不接纳的地主和官员，王安石便派出官兵将其软禁，终于在当年农忙结束后破土动工。可惜天公不作美，运河开挖之后连续多天降雨，导致传染病在民夫中肆虐蔓延。本来王安石还想等到天气好转之后继续开凿，可是不知是人力所为，还是天意使然，朝廷的调令忽然传到王安石手中，他也只好匆匆赶赴新任了。

王安石的新职位是饶州知府，这里自古就是茶叶产地，因而当地的百姓主要以种植经济作物为主。然而，古代社会对于商业的重视不足，茶业虽然被政府垄断买卖，但具体实行运作的却是大大小小的商人。于是，官商勾结和处于弱势的茶农博弈，寄生在茶业经济上的势力越来越大,对于茶农的盘剥也越来越重,最终导致饶州的茶业经济日趋衰退。针对这种情况,王安石找出了当时实行的《榷茶法》十二大弊病,挥笔写就《议茶法》上交朝廷,希望对茶叶买卖进行改革,允许民众自由买卖茶叶。

然而,由于人们在日常生活中对茶叶的巨大需求,茶业在当时已经形成完整的产业链条,表面之下便是巨大的利益链条。从地方官吏到朝廷大员,都有相关利益者,而王安石的建议显然大举侵犯了这些人的既得利益。很快,大批势力开始阻挠王安石的建议,还好由于欧阳修等人的努力运作,尚算明智的赵祯派出了亲信大臣到饶州进行调查,结果对王安石的建议形成了有力支持。最终,王安石的《议茶法》在饶州得以推行,百姓自由买卖,朝廷按时收税,居于中间的官商寄生层被彻底砍除。如此一来,百姓的收入大幅增加了,朝廷的收税也相对上升了不少,一时间朝野上下对王安石赞誉不绝,尤其令对他寄予厚望的欧阳修大感欣慰。

此次变革的成功,让王安石积攒了巨大的信心,于是他决定趁热打铁,对饶州的地方吏治进行整顿。但是,由于他触动的利益群更加强大,这次改革不幸无疾而终了。而实际上,王安石的此次改革,也仅仅属于试探性的,因此才没有进行系统的规划和推行。他很清楚,想要改革一方的吏治,如果没有中央政府的大力支持,是基本无望的。想到此,已经年近不惑的王安石终于把目光投向了朝堂,他已经坚信自己的能力足够强大,接下来就需要用一番具体的作为来进行验证了。

第二章
荣耀的登场

　　王安石在地方任上可谓表现突出，同时也让他积累了足够丰富的政治经验，再加上朝中重臣的欣赏，他的政治前途看似一片光明。然而，上天想要一个人担起重大使命，通常会让他饱经磨难，以便在遭遇不幸时能够以坚定的意志走到最后，拥抱胜利。王安石进入京城后虽然春风得意，但是对于他来说，真正的挑战才刚刚开始。而王安石也将以他一贯的风骨，迎接各种各样的挑战，直至完成自己的梦想。

上书

　　奉调回到京城任支度判官，王安石便着手参与中央政务，这也是继承先贤的脚步。受寇准和范仲淹影响，王安石对于解决国家问题的根本思想，也在于进行变法革新。为此，他上书赵祯，提出了系统的改革方案。在奏疏中,他明确提出了"法先王之意",而不是"法先王之制"的思想,意思是说,先王的法律是根据当时社会问题制定的,因而只适用于当时的社会。随着历史的发展和问题的变化,先王的制度已经逐渐不适用了,只有根据先王制定法律的主旨,重新制定符合当下社会问题的法律,才能让整个国家的秩序恢复井然。

为了进一步阐明自己的改革思想,王安石还做出了一些具体的建议,首先必须为变法做好充足准备,而重中之重就是人才储备。王安石认为,之前的变法之所以会失败,就在于没有一支强有力的执行团队,这样就让变法失去了坚固的武器。为此,王安石建议,朝廷要精心挑选一批年轻学子,在传授他们报国理想的同时,也教给他们治国的能力。王安石以"教之、养之、取之、任之"四步骤为总体指导,提醒赵祯在人才任用方面多加留意。

与人才准备一衣带水的就是科举制度改革,由于宋朝滥用"恩荫制度",导致士大夫阶层基本垄断了国家的高级官位。一些出身低微贫贱的学子,即使本身颇具才华,也只能长期游弋在官场边缘。这不仅浪费了大量人才,也磨去了锐意进取和为国为民者的决心,等到这些人终于进入官场上层,多半已经养成了"不求有功,但求无过"的消极官场习惯,导致整个士大夫阶层的办事效率低下,热衷于谋求一己之私利,置国家社稷和万民福祉于不顾。对此,王安石建议大幅减免恩荫做法,改为主要依靠审核与举荐制度选贤任能。与此同时,还要废止科举考试中的一些表面文章,注重提高和培养学子的德行,尤其要注重他们的报国之思和治世之能。

另一条重要的改革思想是注重经济建设,王安石提出了"因天下之力生天下之财"的宏观建议，意思是调动天下的所有百姓，根据他们所处的地方特点和资源，进行不同的财富创造和积累，以便将国家的产能激发到最大限度。比如某地盛产粮食，朝廷要着重关注那里的粮食生产，然后适当增加那里的粮食税收，但必须减少当地的徭役和兵役等负担。再比如某地比较贫瘠，就要减少他们的粮食税收，同时可以适当增加那里的徭役和兵役等负担，其他情况以此类推。总之，朝廷要"因地而行，量力取用"，而不是笼统地"一刀切"，因为这样虽然方便了朝廷，却纵容了官吏，又害苦了百姓，到头来也必定让国家的税收陷入举步维艰且大打折扣的困境。

　　奏疏递交皇帝后，还是一如既往地杳无音信，王安石也只能耐心地等待。这个时候，由于王安石的另类做派，很多人都开始关注他。一天，王安石闲来无事，到某地游览，一时诗兴大起，在山崖上刻了几行小诗。结果引来很多人观看，其中不乏一些朝廷重臣派来的耳目，他们甚至想要通过王安石的诗句，分析他的政治思想，以便确定他是敌是友。后来，受到欧阳修的建议，王安石才知道自己的做法有些高调，为了避免授人以柄，很少再有公开文字发表出来了。

　　有了这样的关注度，赵祯再将王安石闲置不用，就有些说不过去了。然而，新的任命下来，着实令王安石哭笑不得，因为他虽然被任命为皇帝的近臣，却只是负责记录起居注一类的琐碎差事。本来，王安石还想借故推脱，但是赵祯已经意识到他会这样做，因而对王安石的调令不仅有吏部的批文，还有皇帝亲自拟定的圣旨，如此王安石也就只好勉强上任了。但是很快，王安石就发现在赵祯身边做事，有很多职务以外的事情可以做，比如劝谏皇帝大胆起用贤才，为此他还写了一篇《人才论》，对如何使用人才进行了系统的论述。

然而，赵祯此人仁厚有加却优柔寡断，内心向治，却又害怕因治生乱。当时，宋朝面临的最大威胁是雄踞北方的辽国和西夏，但是经过寇准和范仲淹的经营，北宋和他们都签订了相互约束的条约，赵祯也就乐得做一个太平天子。然而，王安石却很清楚，辽国和西夏都是狼子野心，他们之所以一时按兵不动，是因为忌惮北宋的强大，同时又遇到了寇准和范仲淹这样的强手。但是，如果按照当前的形势发展下去，不用外敌入侵，宋朝内部的腐朽就会导致败亡，再加上朝廷风气日渐不古，像寇准和范仲淹一样的正直大臣都遭到排挤，一旦辽国和西夏发难，后果将不堪设想。

在这种情况下，王安石不顾个人利益和安危，再次向赵祯递上了一封言辞激烈的奏疏，希望他能够下定决心励精图治。看完王安石的奏疏，赵祯心中也惊起一丝波澜，但是说到在全国范围内推行大改革，他无论如何也下不了决心。不过，为了奖励王安石的拳拳报国之心，赵祯升了他的官。可王安石的心思并不在此，因而虽然得到封赏，却丝毫没有喜悦之情，反而更加愁眉苦脸，着实令那些蝇营狗苟的奸佞官员们为之不解。一些人甚至攻击王安石故作姿态，意在沽名钓誉，谋求更加丰厚的官爵。本来，王安石还想发文斥责这些人一番，但是在韩琦和欧阳修等人的劝阻下，他并没有这样做。

与此同时，王安石还从二人口中得到了一个惊人的消息，貌似风华正茂的赵祯，身体已经每况愈下。王安石只是一心扑在国家社稷上，对于赵祯的关注也仅限于政务方面，其身体变化根本没有觉察到。当然，为了避免引起政治风波，赵祯的身体情况也始终不为外人所知，只有一些极为亲近的大臣和每天服侍他的内臣才知道详情。因此，当王安石明白这一情况之后，才发现很多政治嗅觉敏感的大臣，都已经开始为自己的将来铺路。宋嘉祐三年（1063）三月三十日，仁宗皇帝赵祯驾崩，这个消息不禁让王安石悲痛万分，除了痛失仁宗皇帝的悲伤，他倾尽努力所取得的一点成绩，也极有可能因此付诸东流。

新的开始

　　皇位传承正在紧锣密鼓地进行，王安石却被最高权力阶层排除在外。面对这种情况，他倒也乐得安享宁静，独自一人在家赋闲。恰逢这个时候，王安石母亲的病情日趋加重，他干脆把大量工作任务交给下属去做，用更多的时间在家中照顾老母。可惜，王安石虽然为人至孝，对母亲的照顾尤其无微不至，但是天不假年，这一年的晚些时候，王母不幸离世。按照当时的惯例，王安石要居家为母亲守丧三年，于是在告假之后，他便举家服丧，回到江宁（王安石出生时，其父王益任临江军判官，按照当时"落地为籍"的规定，王安石便为临江人。后来，王益出任江宁府通判，两年后去世，家业便落在了江宁。王安石读书、守丧、参加府试，都在江宁，其父母和早亡的两个哥哥，也都葬于江宁）。居家期间，王安石除了按例丁忧，还一连给赵祯写了四封挽词，这也表明了他心向朝堂的真实想法。

闲来无事，王安石只能每天寄情山水，还好江宁紧靠长江天险，有很多景致可以供他游览。作为一名读书人，王安石除了远大的政治抱负，吟诗作赋也是他性情中不可抹去的一部分。在这段时间里，他广结四方好友，时常聚在一起谈古论今，又有万卷书籍可读，日子倒也过得逍遥自在。但是，王安石毕竟不是一个纯粹的诗人，国家社稷和苍生福祉始终寄存在他的心头，现实的境遇不禁让他郁郁寡欢。因而即便是在诗词当中，他也透露出了不尽的感怀，忧国忧民之心溢于字里行间。应该说，王安石内心当中是非常矛盾的，一方面他想要入朝为官，为国为民成就一番作为。但另一方面，皇帝的不作为，以及群臣的相互倾轧，又让他四顾茫然。

但是无论如何，王安石还是无法放下自己的抱负，而且生活越是安逸，他的内心就越是焦急。于是，利用这段难得的平静时间，王安石翻遍各类古今书籍，对于历史上的历次变法进行了系统研究，再结合当时宋朝社会的实际情况，重新整理了自己的变法思路。应该说，王安石就是为变法而生的，他的个人成长经历和理想形成，几乎都是在为变法做准备。与此同时，大宋王朝想要继续发展下去，并且实现理想中的伟大复兴，也需要进行一次脱胎换骨的改革。而这样的历史潮流，无疑也需要王安石这样一个强干人物，所有的一切都预示着他将成为站在风口浪尖的那个人。

然而，新继位的英宗皇帝赵曙因循旧制，不愿改革。对外方面，赵曙和辽国、西夏也只是维持现状，国家局面和赵祯时期相比并无变化。这对于那些安于现状且热衷于蝇营狗苟的奸佞之臣来说，无疑是难得的福音。但是对于那些正直大臣来说，却无疑是一个噩耗，因为国家发展如同逆水行舟，如果不前进就只能不断走向衰亡。何况，此时的辽国和西夏正处在国运上升期，对于北宋王朝的威胁正在日益加重。当然，赵曙之所以毫无作为，还有一个非常重要的原因，那就是皇太后曹氏把持朝政。欧阳修和韩琦等大臣，只能不断周旋于皇帝和太后之间，以便维持国家秩序的正常运转。等到赵曙好不容易熬到亲政，国家又发生了大规模的自然灾害，加之赵曙一心想要为自己的生父（仁宗皇帝赵祯原本无子，赵曙是过继来的宗室之子，后来赵祯虽然生子，却不幸夭折，如此才由赵曙继任皇位）正名，又不得不与大臣们长期斗法，使得举朝上下都无暇顾及政事。

如此一来，奉行改革的王安石便逐渐被朝廷淡忘，以至于在他守孝期满后，一直闲居在江宁。在这种情况下，始终思忖自身使命和国家未来的王安石，也只能寄希望于明日之君，也就是下一任皇帝。恰逢这个时候，王安石的好友韩维出任太子讲师，其间主动到江宁来拜访王安石。他告诉王安石，太子赵顼有旷世之才，且一心图治，将来必定能够有所作为，届时他也将得到起用，希望他不要灰心丧志。王安石也在始终密切关注时事，加之好友的用心安抚，希望之火越烧越旺。

由于赵曙体弱多病，且安于享乐，又纵欲无度，所以他仅仅在位五年，便一命呜呼，太子赵顼继承皇位，是为宋神宗。在韩维的长期教导下，赵顼不仅想要成就一番功绩，而且经常听人提起王安石的名字。事实上，赵顼对王安石的了解，仅限于道听途说，但是在看到王安石当年写给赵祯的《万言书》后，随即认可了韩维的说法，这也让他最终想到了起用王安石，因为奏疏中的内容基本吻合了他的治国思想。为此，王安石很快被任命为江宁知府，但是他意在入朝为官，于是以退为进，称病不仕。赵顼不解其意，经韩维等人从旁指点，旋即擢升王安石为翰林学士，使他从此进入国家高级官员的备选行列。

离开江宁之前，王安石便邀好友在家中聚会，作为临行前的宴请。在此次宴会上，王安石难掩心中的激动，即兴写了一首小诗，名曰《赠宝觉》：

大师京国旧，兴趣江湖迥。
往与惠询辈，一宿金山顶。
怀哉苦留恋，王事有朝请。
别来能几时，浮念剧含梗。
今朝忽相见，眸子清炯炯。
夜阑接软语，令人发深省。
化城出天半，远色有诸岭。
白首对汀洲，犹思理烟艇。

物极必反，王安石从江宁知府转而成为朝堂翰林，基本上暗合了这样的规律。当时，赵顼只有20岁，赵曙为他选定了两位辅政大臣，其中一位是韩琦，另一位是曾公亮，二人背后也都有着强大的势力。在权力面前，二人面和心不合，各种明争暗斗的伎俩接连上演。王安石作为范仲淹的后继者，也得到了欧阳修等一干正直大臣的鼎力相助，在当时属于新生势力。如此一来，为了壮大自身实力，韩琦和曾公亮都有意拉拢王安石。

本来，韩琦作为王安石进入朝廷的领路人，理应得到他的无条件支持。可惜，由于二人政见不和，王安石入朝为官之后，与韩琦之间的关系渐行渐远，虽然没有公开矛盾，却基本上已经没有联盟的可能。曾公亮及时抓住机会，主动在赵顼面前举荐王安石，希望对他委任更加重要的官职。韩琦不甘落后，也向赵顼举荐王安石，并且将王安石引为自己的门生。再加上欧阳修和韩维等人的推波助澜，以及赵顼本人的一心求治，王安石的政治前景之乐观也就可想而知了。

执掌朝政

所谓一朝天子一朝臣，在王安石正式进入朝廷之前，赵顼已经对最高权力阶层进行了一场大换血。曾公亮、欧阳修、文彦博和吴奎等大臣纷纷担任要职，而韩琦作为保守势力的代表人物，已经被驱离出核心权力层。赵顼虽然年仅20，但是仅从这套领导班子的组合来看，就足以表明他的政治智慧和远见。比如曾公亮和欧阳修，都是持重老成的大臣，只要有他们坐镇，就不怕朝政紊乱。与此同时，他也提拔了很多新锐之臣，在他们的作用下，北宋政权的革新又势在必行。当然，新锐之臣中还有一位属于重中之重，那就是王安石。

宋熙宁元年（1068），王安石受到了赵顼的召见，这在之前是不可想象的。即便是在当时，王安石想要觐见皇帝，也需要经过复杂的手续和流程，因而赵祯的直接召见，足以表明对王安石的重视程度。更为重要的是,王安石等待这一天的到来已经很久了,同时他也为这一天的到来做足了准备,他的满腹经纶,即将在这次召见中显露。史料记载,君臣二人之间的此次会谈,进行到当天深夜,赵顼从来没有如此长时间地接待过一位臣子,王安石也从来没有表现出如此兴奋。

当天夜里回到家中,王安石彻夜未眠,他将自己与赵顼的谈话进行书面整理,最终写出了一封《本朝百年无事札子》。在这封奏疏中,王安石纵横捭阖,论述天下大势,切中时弊,力透纸背。当赵顼看到这封奏疏之后,他的内心当中已经无比坚信,王安石就是那个帮助自己中兴大宋的理想人选,一场改天换地的运动也随之酝酿开来。然而,在王安石的内心深处,还存在一层忧虑,那就是赵顼年轻气盛。此时的他虽然锐意进取,但是改革成功必定面临重重险阻,只要他稍有沉不住气,很可能就会以虎头蛇尾收场。因此,赵顼越是着急,王安石就越是动作迟缓,因为他深知,改革不可能一蹴而就,还是决定按照自己的既定计划逐步实行为好。

在当时,由于宋朝政府奉行以文抑武策略,国家权力逐渐转移到文人手中,但是自古文人相轻,拥有了权力的文臣更是极善相互攻击,其中尤其以谏官为主。所谓谏官,最早分为两种,一种监察王室和宫廷,一种监察百官,皆由宰相节制。但随着皇权的集中,谏官改为只对皇帝负责,监察包括宰相在内的百官。久而久之,谏官的权力越来越大,只要他们攻击谁,即便以"莫须有"的罪名也能得逞。发展到赵顼一朝,谏官势力已经不把皇帝放在眼里,他们自己不做任何实事,却对每一个做实事的大臣妄加评论和攻击,偶尔还会对皇帝指指点点。因此,王安石想要推行改革,首先就要杀一杀谏官的威风。

赵顼对于王安石的想法予以大力支持，授命他为文德殿讲师，名为和谏官们坐而论道，实际上是要通过辩论让谏官们理屈词穷，知难而退。由于王安石满腹经纶，当朝的大多数谏官都不是他的对手，几番激辩下来，王安石开始占据上风。然而，就在这个时候，他也遇到了一个强劲的对手，这就是他曾经的朋友和盟友——司马光。王安石是一个凡事从现实出发的政治家，因而主张对朝廷礼法进行全面革新；但司马光却是一个凡事从历史出发的理想者，因而主张改良旧法。双方都有坚实的理论依据，辩论也进行得势均力敌，一时间难分难解。最终，由于赵顼站在了王安石一边，司马光不得不败下阵去。

应该说，在皇权集中的古代社会，任何势均力敌的政治集团发生争斗，皇帝选择站在谁的一边，都将直接左右结局。王安石代表的革新势力虽然羽翼未丰，但是毕竟源远流长，又代表着普天之下所有读书人的意愿，因而在赵顼的支持下，没有丝毫悬念地占据了上风。不过，赵顼想要重用王安石，还必须履行一道手续，那就是让他出任宰相。但宰相乃是国家重器，皇帝想要任命宰相，也必须通过主要大臣的同意和支持。而赵顼需要询问的主要有两个人，一个是欧阳修，另一个则是曾公亮。欧阳修自不必说，曾公亮虽然已经对王安石心存芥蒂，但是一来他先前举荐过王安石，二来他是极聪明的人，心中知道赵顼已经决定重用王安石，于是也做了个顺水人情，同意重用王安石。

就这样，在宋熙宁二年（1069），王安石被赵顼正式任命为参知政事。然而，出乎所有人的意料，王安石居然上书请辞，理由是自己升官太快，不符合国家的体制规定。赵顼虽然年轻，也知道王安石此举是对职位的不满，何况他已经多次以退为进，想要谋求更高的权位。

而在副宰相之上，就已经是位极人臣的宰相，在重文轻武的宋朝，这一官位意味着绝对的"一人之下，万人之上"。而仅仅在一年之前，王安石还仅仅是一个居家丁忧的挂职官员，此时也不过是一介翰林。虽然此前他已经积累了丰富的地方政治经验，但是在朝廷当中，基本没有经历过政治运动的锤炼和打磨。

事实上，王安石的做法也无可厚非，推行改革毕竟不是一件容易的事，如果权力过小，哪怕有皇帝的支持，也会处处被掣肘，何况当时的宰相富弼乃是一个典型的保守派。因此，在性格倔强的王安石看来，赵顼做出这样的人事安排，不仅是对他的不信任，甚至是对改革的没信心，是对君臣二人之前达成协议的一种背叛。然而，如果站在赵顼的角度来看，这样的做法却也不是没有道理。因为王安石虽然极合他的心意，但是毕竟根基不稳，如果信马由缰地让他去推行改革，势必搅得朝政大乱，到时候不要说改革，即使维持稳定都会成问题。如此一来，君臣二人陷入了尴尬的僵持当中，谁也不肯做出让步。

关键时刻，又是欧阳修出面调解，即便是当年的寇准执掌朝政，也还有一个牵制他的毕士安。因循守旧的人不仅都是一些奸佞小人，也有很多为国为民的正直之士，只不过他们不敢冒太大的风险而已。毕士安虽然也是保守势力的代表，但是他和寇准珠联璧合，也创下了大宋历史上不可磨灭的功绩。甚至可以说，如果没有毕士安的保驾护航，就算赵祯鼎力支持寇准，很可能也无法完成万世瞩目的伟业。欧阳修的劝导，从根本上对王安石就具有一定的说服力，何况他所言的道理句句发人深省。王安石得到他的指点，也就主动做出让步，上书表示愿意接受参知政事的任命。

第三章
熙宁变法

所谓变法，从来都是一件风险性极高的事情，比如春秋战国时期的吴起和商鞅，尽管变法取得了一定成效，最终却都落得名败身死的下场。但是，为了人间正道，也为了国家社稷和万民福祉，还是有无数仁人志士前赴后继，敢于冒天下之大不韪去除旧布新，王安石就是这一洪流中的代表人物。北宋的积贫积弱，到神宗一朝已经无以复加，整个朝廷陷在一片内忧外患当中，官员贪腐成风，外敌虎视眈眈。而更为严重的是，所有的这些危机，都被掩盖在歌舞升平之下。

"三不足"

任何一项重大的政治运动，舆论宣传都是首先要任务，王安石因此在变法前提出了"三不足"口号，即"天变不足畏，祖宗不足法，人言不足恤"。这三句口号的提出，应该说是王安石变法的一面鲜明旗帜，它不仅扫除了保守势力的思想障碍，更为革新派提供了理论和精神指导。由于王安石注重舆论宣传，这三句口号很快传遍大江南北，就连辽国和西夏也都有所耳闻，每个人都知道大宋王朝即将掀起一阵狂风暴雨般的改革。在这种情况下，所有正直之士都闻风而动，主动为王安石变法做舆论宣传，使得天下百姓都对变法充满期待。

当然，"三不足"口号之所以如此响亮，还因为它有充分的理论依据：

首先是"天变不足畏"。按照传统的儒家思想，自然界中的一些罕见现象，如地震、日食和彗星等，都与人类社会中的政治失当存在联系。事实上，儒家本初的想法是用这些现象约束君王的行为，不让他们做出为所欲为的事情。但是，经过后世学者的不断加工，一些别有用心的朝廷大臣，往往利用江湖术士的传言，捏造自己需要的事实，以此打击自己的政治对手。这一做法在今天看来虽然愚昧至极，但是在科学落后的古代社会，由于儒家思想的深入人心，却往往能够产生充分效果。对此，王安石引用荀子所做《天论》中的内容，对这一观点进行否定，从思想上断绝了自然现象可能对政治运动产生的负面影响。

其实，王安石提出"天变不足畏"口号，在理论选取方面还是非常巧妙的，而且他从很早以前就在对这一理论做准备。比如《尚书·洪范篇》中有"狂恒雨若"和"僭恒旸若"的语句，按照传统解释，如果君主有了放纵的行为，上天就会降下水灾；如果君主有了僭越的行为，上天就会降下旱灾。这样的解释对于皇帝来说是非常不利的，因为就算他们能够循规蹈矩，水灾和旱灾还是每年都可能发生，而只要水灾和旱灾发生，就是皇帝失德的表现。王安石对专门选取这些对皇帝不利的语句重新解读，同样以"狂恒雨若"和"僭恒旸若"为例，他的解释成了"如果皇帝有放纵的行为，老百姓就会遭受水灾一样的磨难；如果皇帝有了僭越的行为，老百姓就会遭受旱灾一样的磨难"。

不难想象，这样的文字解释一定会得到赵顼的认可，由此王安石的"天变不足畏"口号也就得到了最有利的支持。在此基础上，王安石还提出了实际勘测的科学建议，并且引用王充所做《论衡·治期篇》中的内容，表明自然界中的日月星辰都是实际存在的事物，并且按照一定的规律往复运转。至于自然界中的一些现象，也都是按照一定规律发生的，只要人类掌握了这些规律，就能够了解自然，躲避灾害，甚至利用自然。由此可以看出，王安石提出的这些见解，已经与现代科学非常接近了，在当时具有极为先进的意义。当然，古代社会从根本上讲求"君权神授"或者"君权天授"，神治也是君主的重要统治手腕之一，或者说"天变不足畏"和"君权天授"本身就是一对矛盾体。因此，王安石的"天变不足畏"口号虽然一时得势，却有其根本的局限性，不可能得到广泛、深入和长久的推广。

其次是"祖宗不足法"。孔子作为儒家学派的创始人，其政见中最为核心的一条，就是"法先王"，具体说来就是让国家恢复周王朝的制度。这样的想法一脉相承下来，让所有的儒家学子都形成了这样一种想法，即古代的制度都是好的，都是需要当代人进行学习和效仿的。如果现代社会状况不够好，那么原因只有一个，就是对古代法度的学习和效仿程度还不够，司马光的根本想法即来源于此。而众所周知的是，自西汉武帝独尊儒术以来，我国历史上的读书人就基本只读儒家书籍了。隋唐科举制度之后，将儒家书籍定为"教科书"，更是将其他类别的书籍抛至云端，发展到重文轻武的宋朝，儒家思想对读书人的影响也就可想而知了。

为此，王安石提出，古代社会的制度，是古代圣人根据当时情况思索而来。当前社会，也当有圣人根据实际情况进行思索，然后制定符合当前社会的制度。至于祖宗的制度，可以拿来参考，但是绝不能生搬硬套，否则只能是东施效颦、邯郸学步。通过与守旧派大臣的一番争论，王安石最终做出一定程度的妥协，表示可以学习古代圣人制定法度的思想，但必须根据当前社会的实际情况进行思考。这才有了"法先王之意，而非法先王之法"的口号，在变法过程中，这一思想也起到了极大的推动作用。

需要说明的是，已经形成的社会秩序，对于守旧派势力来讲，无疑是敞开利益大门的。王安石之所以得到部分势力的支持，其中固然不乏一些正直之士，但是也夹杂着一些谋取私利者。新旧两股势力相比，守旧派自然是远远大于革新派的，王安石之所以能够一时得势，众人的支持只在其次，赵顼的相助才是关键。而在众多守旧派大臣中，真正像司马光一样单纯为了理想而奋斗的人，也是凤毛麟角，更多的人都是在为一己之私利奔走忙碌。换句话说，无论是王安石还是司马光，都不过是当时社会的弄潮儿，历史大势不会根据他们的意志而发生转移。这里面最关键的影响力，一个是皇帝赵顼，另一个就是庞大的利益相关团体，王安石和司马光实际上分别代表了二者。

最后是"人言不足恤"。这一点实际上是最值得玩味的，王安石之所以提出"三不足"口号，就是要大造舆论优势，让变法得以在"名正言顺"中进行。而所谓"人言"，即便到了今天，也是最为重要的舆论工具之一。而在注重德治高于注重法治的古代社会，人言虽然不杀人，却足以令人自杀。因此，"人言"不可不恤才是真的，王安石之所以提出"人言不足恤"口号，实际上是要抵御那些流俗之言和流俗之人，同时更是在指导变法人员注意占据舆论优势。而占据舆论优势，实际上就是拥有民意基础，古人常讲"得道多助，失道寡助"，王安石自然懂得这一浅显的道理。

当然，王安石之所以提出"人言不足恤"口号，还有更深一层含义，那就是赢取赵顼的长期支持。不难想象，王安石要推行变法，虽然于己无利，于万民有利，却必定会侵犯众多权贵的利益。而这些权贵无论是在朝廷还是在地方，都有非常强大的势力，他们不会顾及国家社稷，更不会顾及老百姓死活，因而一定会拼死反扑。而在这些人当中，也不乏一些饱读诗书之士，他们也会研究王安石的策略，并且首先会在舆论上大做文章。王安石在变法之前即已让"人言不足恤"的观念深入赵顼内心，如果将来遭到守旧势力的舆论反扑，王安石也就容易应付得多了。

与此同时，王安石还有更为高明的一招，这也是他主持的变法比范仲淹走得更远的原因之一。面对流言、非议，王安石在占据绝对优势的情况下，并没有采用强力压制的策略，而是鼓励不同意见的发表，甚至还会积极采取其中一些有价值的建议作为补充。如此一来，只要有负面舆论产生，总能被王安石及时化解和吸收，避免了反对势力和反对言论的日益积聚，同时大力拉拢了中间势力。作为守旧势力的代表人物，司马光采用了和王安石完全不同的策略，即"非我族类，其心必异"，结果不仅排斥了大量中间势力，很多守旧势力都倒向了王安石一边。

在"三不足"思想的指引下，王安石将北宋的内外政策进行了大幅调整，首先，在对外政策方面，王安石采取了积极的策略，在给赵顼的奏疏当中，王安石每言必谈恢复汉唐旧土。为了说服赵顼，王安石还制定了一系列的策略，主张先吞并依附西夏的吐蕃小族，继而覆灭西夏，然后吞并辽国，最终创造出像强汉盛唐一样的国家。这个时候的赵顼也急于建立功绩，因而授命王安石进攻吐蕃小族，同时对西夏进行试探性进攻。但此时的西夏已经和辽国狼狈为奸，宋朝这边对西夏稍有动静，辽国就迅速作出策应。王安石的主要精力尚在内政改革方面，这个时候还不便全力应对外敌，因而只能将此事暂且搁下。

内政方面，王安石针对北宋长期以来的积贫积弱现象，制订了诸多具有针对性的改革方案。由于王安石始终注重经济作用，因而他在着手改革之后，首先想到将国家财政大权收归己有。前面已经提到过，宋朝的财政大权掌握在"三司"手里，王安石因此设置了一个专门统辖"三司"的机构，称为"制置三司条例司"。由于得到了赵顼的鼎力支持，在王安石的亲自主持下，"制置三司条例司"对"三司"进行了大刀阔斧的改革，很快让国家财政收入有了可观的提高。王安石此举，不仅为国家增加了财政收入，同时也为改革提供了强大的物质基础，可谓一举两得。

王安石的"野心"

宋熙宁二年（1069）七月，变法大幕正式拉开，每一个变法条文，无不昭示着王安石的"野心"。

王安石首先推行"均输法"，对国家税收方式进行改革。宋朝向百姓征税，大多都是实物，比如某地产粮，就规定每年上缴多少粮食作为税收。这种税收方式看似合理，实际上不免理想化，尤其在执行过程中有很大难度。同样以产粮纳粮为例，如果某地区发生严重自然灾害，导致颗粒无收，那么当地百姓不仅要花钱买粮自给，还要花钱买粮缴税。因而既然该地区颗粒无收，倒卖粮食的商人自然坐地起价，凭空增加百姓的负担，而且这样的倒卖权大多由官府授予，具有绝对的垄断权。

对此，王安石颁布新法规定，如果某地发生自然灾害，导致颗粒无收，可以按常年市价折成现钱，上缴政府作为税收。现钱集中到政府手中，再由转运使负责到丰收物贱的地区去采购粮食，然后运回灾区售卖。如此一来，价格便牢牢掌握在朝廷手中，不法官员和商人无空可钻，财富转而流入国家财政，百姓的生活也得到了保证。与此同时，开封作为北宋国都，也在国库内储备各种物资，以备全国调度之用。粮食如此，其余如盐、酒、茶、糖和各种工艺制品等，也都奉行此法，该举措对当时北宋社会之繁荣作用颇大。

其次是"青苗法"。宋朝建立之后，统治阶级效仿唐朝制度，在各地建立"常平仓"。所谓"常平仓"，就是由政府出面，在丰收的年份大量采购粮食，然后在灾荒的年份出售给灾民。因为这种买卖行为属于政府保障性措施，因而不存在谋利现象，对于国家统治和百姓安乐具有重要作用。但是在长期的执行过程中，各地官员往往在买卖过程中假公济私，他们或者提高售价，或者以次充好，甚至直接运到灾区卖掉。更为严重的现象是，在与辽国和西夏用兵的过程中，北宋朝廷还曾大量调用"常平仓"内的粮食，不法官员更是在此过程中大发横财，以至于"常平仓"制度名存实亡。

对此，王安石改变了"常平仓"丰年买入和灾年卖出的呆板做法，即便在平常年份，也允许百姓进行借贷，是为"青苗法"。这一举措有两点优势，其一是满足那些急需粮食糊口的百姓，这些百姓不仅包括一些难民，还包括城市中的手工业者。在此之前，他们只能通过一些高利贷商人购买粮食，不仅耗费颇高，而且在质量上没有保证，在国家法令上还不允许；其二，"青苗法"既然是一种借贷方法，就表明它借贷给百姓并非无偿，而是需要支付一定利息的，因而也就增加了政府的财政收入。

接下来是"免役法"。在古代社会，百姓对政府通常需要承担两大义务，一项是纳税，另一项就是服役。而所谓服役，就是无偿为政府服务，比如当兵打仗称为兵役，兴建各种工程称为徭役，在政府中充当小吏称为差役等。由于我国自古就是农业社会，因而这些人都注定要从农民家庭中抽调，但是农民的天职是种田，一旦将他们抽调出土地，农业生产就会受到负面影响。而且按照宋朝律法规定，越是壮丁多的家庭，需要服役的名额就越多。如此一来，就出现了一个极为不合理的现象，即某户人家刚刚通过繁衍生息恢复劳动力，却又因为服役而变得劳动力不足。

对此，王安石制定了"免役法"，也可以称为"募役法"或"雇役法"。具体来说，就是即便某户人口众多，只要他们不愿服役，也可以向政府支付相应的钱粮，然后再由政府集中这些钱粮，去雇佣那些愿意服役的人。如此一来，农民被强征服役的现象基本消除了，由于服役可以得到相应的报酬，一些无地或者不愿种地的百姓，也极大增加了服役的积极性。需要提出注意的是，宋朝的服役只限于差役和徭役，其中尤其以差役为甚，而兵役则早已实行"募役法"。从某种程度上来说，王安石之所以要在差役和徭役等方面推行"募役法"，也是受到"募兵法"的影响。

再者是"市易法"，该举措的推出，实际上是针对商业活动的，这一点也再次显现了王安石的经济思想。众所周知，北宋是我国历史上经济发展最为繁荣的时期，在当时的京城和各大主要城市，以及边境重镇等地，都形成了规模庞大的货品集散地，极大地促进了当地经济发展。张择端所绘的《清明上河图》，就极其直观地表明了北宋社会的经济兴盛，今天看来也是极为震撼的。然而，北宋的经济和任何自发形成的市场一样，也是黑恶势力横行，官商勾结压榨底层商贩并侵犯百姓利益的现象屡禁不止。

对此，王安石推出"市易法"，在全国各大城市设立"市易司"或"市易务"。其主要作用是防止一些不法商人囤积居奇，操纵物价，侵害底层商贩和百姓利益。具体措施包括低价收购那些滞销的货品，然后在供小于求的时候平价出售，或者利用国家权力调集紧缺货品到市场上出售。如此一来，物价基本保持平稳，城市中的老百姓得到了生活保障。对于那些小本经营的商贩，也不必担心被大商人排挤出局，从而全面保证了市场秩序的良性循环。更为重要的是，"市易司"和"市易务"还可以贷款给那些想做生意的人，这自然又提高了国家的财政收入。

最后是"方田均税法"。北宋政权的建立，主要是以大地主阶层为基础的，任何一位官员为国家做出贡献，最终都会以封赐土地的形式进行奖励，即所谓的"恩荫制度"。为了巩固皇权，统治者对大地主阶级寄予了各种政策优待，以至于这些人可以凌驾于国家法度之上，肆意兼并土地，导致大量百姓沦为难民和流民。应该说，古代社会虽然自然灾害频发，人力抵御方法有限，但是天灾带给人们的危害和人祸比起来，几乎是不值一提的。而大地主们在拥有土地之后，通常又会与当地的官员勾结，想尽各种办法逃避国家税收，最终造成北宋政府的根基动摇。

对此，王安石主张重新丈量天下土地，然后按人口和户籍分配给那些无地百姓，再按照人口和户籍收缴税赋，是为"方田均税法"。具体来讲，可以分为"方田"和"均税"两部分，其中"方田"是指在每年九月，由政府派出官员，丈量各地耕田，根据地质优劣条件化为五等；"均税"则是按照"方田"划定的耕田等级，统一收取定额税赋，如果遇到灾荒年份，也可以按照"均输法"的规定，将所需缴纳的税赋折成现钱上交。而在此之前，国家税收是按照人头来计算的，比如某地主坐拥良田千顷，家中只有人丁十口，而某小农只有劣地十亩，家中人丁也是十口，他们所承担的税赋却是一样的，其中弊病可想而知。

军事变革

改革政务虽然是变法根本，但是，如果失去强有力的军事保障，最终很可能会面临"竹篮打水一场空"的下场。而在当时，即便是重兵布防的京师附近，也经常出现治安问题，全国其他各地的社会保障情况也就不言而喻了。对此，王安石根据"授人以鱼，不如授人以渔"的根本思想，决定教民自保，并据此推出"保甲法"。简单来说，就是把农民按照军事编制武装起来，教授他们基本的御敌和自救方法，最终达成全民皆兵的局面。如此一来，民兵只要在一定程度上牵制盗匪，官军就可以赶来对其实施围剿。

"保甲法"内容规定，各地百姓以十户人家为一保，推选出一位首领，称为保长，领导大家维持治安；以五十户人家为一大保，由各保长推举出一位首领，称为大保长，职责同上；以十大保为一都保，由各大保长推举出正副两位首领，称为都保长和副都保长。除此之外，都保长还可以在各保中选取勇气可嘉和身体壮的人组成"逐保"，作为机动和突击力量支援各地保民。除此之外，保民可以持有朝廷允许范围内的武器，同时还可以学习武艺和兵法，以备不时之需。为了让保民充分自律，王安石还制定了一系列法令，对于那些敢于违反的人严惩不贷。

"保甲法"的大举推行，还有一个重要作用，就是为正规军提供源源不断的兵源。北宋政府一方面要抵御辽国和西夏的强大威胁，一方面又要防止军人掌握过大的权力威胁朝廷，因而形成了"养兵而不强兵"的军事惯例。截止到王安石掌管朝政时，北宋军队人数已经超过140万，但是其作战能力却极为低下。之所以会出现这种情况，除了一些不法军官"吃空饷"之外，士兵的家属也有很多被计数，这些人无疑都成了北宋王朝的沉重负担。针对这种情况，王安石把农民和士兵结合起来，让他们在平时务农，成年之后服役，战争的时候打仗，也就是通常所说的"征兵法"。

应该说，王安石的"保甲法"居于募兵制和征兵制之间，进一步可以成为征兵制，退一步也可以成为募兵制。而在王安石的内心当中，实际上是倾向于征兵制的，这与差役和徭役不同，征兵制能够为国家节省大量财政开支。与此同时，征兵制虽然会在一定程度上削弱军队的战斗力，但是与北宋王朝"养兵而不强兵"的既定策略并不冲突。何况，募兵制所养出来的一些职业士兵，也存在一定的弊端，那就是出现了越来越多的"兵油子"。这些士兵在打仗的时候精于保命，对战事成败毫不关心，平时又善于抢夺私利，在军队中形成了很坏的影响。

于是，王安石一面积极推行征兵制，一面要求裁减兵源，一面又忙于加强保民的军事训练。然而，王安石的做法虽然有助于加强国家武备，但是在很多人看来也是有悖国策的，同时也背离了宋朝统治者

"养弱兵"的惯例。原因很简单，军事其实是一把双刃剑，它可以用来斩杀敌人，但是一旦敌人被清缴干净，也可能反过头来威胁中央政权。赵顼作为一名年少有为的君主，也早就意识到了这一点，因而在募兵制转向征兵制一事上，他的动作相对迟缓。还好王安石及时捕捉到了他的这一微妙心理，引经据典又结合事实进行了一番讲解，才终于得到了赵顼的支持。

接下来，王安石又在"保甲法"的基础上推行"将兵法"，即选用经验丰富且战功卓著的将领到各个部队讲授军事知识和经验，同时邀请所有追求上进的部队将领到优秀将领的部队进行学习。该措施意在加强军官的素养，同时也是在用无形的荣誉激励将领图强，毕竟大家都是军队将领，一旦有了优秀与不优秀之分，不优秀的将领终归要做些上进的事情。如此一来，整个宋朝军队就形成了一个良性竞争，即使没有出战对敌，本身也能够得到不断地成长和完善。再加上"保甲法"如期推行，训练出的士兵涌现出了大批后起之秀，宋朝官军的气象一时大为改观。

一般认为，北宋自"澶渊之盟"签订之后，就采取了消极防御的对外政策，苟且偷安的风气也随即在军队中弥漫开来。而北宋王朝既然与辽国和西夏都签有协约，也不便在边境上有大的举动，再加上边境地带无险可守，只能用人力造出一些羁绊。比如宋朝曾经让边民大面积种植水稻，造成千里泽国，这样辽国的骑兵就很难任意驰骋。但是对方很快就弄明白了北宋的意图，因而在冬天的时候趁着天冷结冰，都会派出小股精锐骑兵到北宋境内烧杀抢掠，造成北宋边民生灵涂炭。王安石接掌朝政之后，一改消极防御态势，他首先派出大批优秀将领进入边军任职，又频繁举行军事演练，震慑并遏制了辽国的觊觎之心。

可惜，尽管王安石推行的新法在短期内即产生明显效果，却因为侵犯了一些权贵的利益而遭到强力阻挠。而且阻挠的人群中不仅包括一些蝇营狗苟之辈，也包括一些与王安石政见不和，担心他过于激进而大乱朝纲的正直之士。由于王安石得到了赵顼的支持，在政治上占尽了优势，因此以上两股势力很快合流，开始共同对付王安石。王安石虽然有所准备，但是没想到对手的反扑来得如此迅猛，而且在变法进入"深水区"后，他受到的阻力和压力也越来越大。在这种情况下，赵顼便不免产生了一丝动摇，尽管他还没有明确表态，但对于王安石的支持力度已经在明显减弱。于是，王安石不仅要操心变法事宜，还要分出大量精力与对手缠斗，更要时刻关注赵顼的心理变化，时局的发展也由此变得越来越不明朗。

第四章
改革之外

王安石的一生和变法密切相关，当我们提到王安石的时候，几乎总会把他和变法视为一个词组，即"王安石变法"。事实也正是如此，王安石从小立志变法，为了变法而努力读书，进入仕途之后也从来都是以变法解决问题。直到他执掌朝政，铺天盖地的变法运动更是在整个北宋朝野掀起一阵风潮，直至传为历史佳话。应该说，王安石因为变法而登上政治舞台，在登上政治舞台之后又以变法为己任，直到他走向生命的终点。

水利与科举

除了在政治和军事方面的重大改革，王安石在当时社会的诸多方面都有建树，本节主要罗列三点内容。

首先是兴修水利。众所周知，中华文明属于农耕文明，所谓的国家经济也基本属于农业经济。王安石据此提出了"兴国家必先兴经济，兴经济必先兴农业"的整体战略方针，在农业生产方面倾注了巨大精力。其中，王安石最主要的功绩是推行"农田水利法"，这一法令功在当代，利在千秋，受到官民的普遍拥护，乃是变法过程中推行最快、最顺利和最彻底的法令。比如在当时的濮州（今山东濮城），仅一项"马陵泊工程"的完工，就使得4000多顷荒地变为良田，为当地农民和国家税收做出极大贡献。

史料记载，宋朝的京西路州府多荒凉，比如唐州（今河南唐河）、邓州、襄州（今湖北襄阳）、汝州（今河南汝州）等，常年歉收，只有靠朝廷救济才能勉强度日。这不仅因为自然灾害频发，同时也因为地方官员的不作为。变法运动开始后，王安石派人到各地主持赈灾治水工作。这些变法派的官员经过王安石悉心调教，到任之后变朝廷的赈灾钱粮为有偿回报，让灾民去修筑水利，开垦土地，并带领百姓引淤流灌溉荒田。为了尽可能地恢复生产，王安石不仅分给农民土地，还贷给他们种子。如此一来，短短三五年时间，京西路绵延千里的荒地山林，就变成了满目绿色的丰沃农田。

在整个兴修水利的过程中，王安石也发明了很多科学的治水方法，"淤田法"就是比较具有代表性的创举。所谓"淤田法"，即选择适当的季节和时令，掘开河堤，让激流把淤积在河底的泥沙冲到农田里。众所周知，古代社会的施肥手段比较有限，大多数新开垦的土地产量颇丰，但是在随后的种植过程中，产量就会逐渐递减。由于一些地区的土壤过于贫瘠，农民不得不将一部分土地闲置，等到三五年之后再行种植，造成了土地资源的巨大浪费。而河流当中淤积的泥沙，不仅每天都会从上流冲刷下来，而且对于土壤增肥效果显著。更为重要的是，由于河底淤泥被冲出，使得河床的盛水量增加，大幅减少了水灾发生的可能性，王安石此举让很多大河流域的农民都受益匪浅。

为了确保决堤和灌溉事宜顺利进行，王安石还在京城设立了"淤田司"，统一规划和指导全国疏淤工作。总领"淤田司"工作的程师孟，正是"淤田法"的创造者，并且在王安石主持变法之前，他就已经在地方工作中实践过该方法。在此，王安石还在人才任用方面不拘一格，当时有一位名叫程昉的宦官颇具治水才能，深受他的器重。革新派的人都以与宦官共事为耻，纷纷劝阻王安石任用此人，但王安石力排众议，不仅任用了程昉，而且让他担任了非常重要的职位。而程昉也不负众望，在整个王安石变法过程中，累计灌溉良田达数万顷，是整个水利系统改革中表现最抢眼的得力干将。

其次是治理水患。提到治水，就不得不说到中华民族的母亲河——黄河。作为中华文明的摇篮，黄河流域曾经是土地肥沃、物产丰盈的。但是自五代十国以来，黄河上游林木毁坏严重，水土流失情况越来越严重。河水裹挟着大量泥沙倾泻而下，到了下游之后，宽广的河道和平坦的地势放缓了水流，泥沙便逐渐下沉淤积。在最严重的地方，甚至出现了河床高于堤坝以外地面的情况，形成了所谓的"地上河"。当地官员和百姓为了防止水患，只能不断增加堤坝高度，从而造成更高风险的水患。北宋时期，流经河南境内的黄河，曾经频频发生水患，两岸百姓深受其害。

史料记载，黄河于仁宗年间在澶州发生了一次大决口。河水奔涌向前，在大名府向北折去，流经恩州（今河北清河）、冀州（今河北冀州）和乾宁军（今河北青县）之后，注入渤海。仅仅十年之后，黄河流经大名府和恩州之间的时候，忽然一分为二，除了上述故流，又分出一支经德州（今山东德州）和沧州（今河北沧州）流入渤海。在当时，上至北宋朝廷，下至各地官员，应对黄河水患的方法都是加高堤坝，顾此失彼的现象非常多见。王安石接掌朝政之后，随即开始对二分流进行清淤，并且采用机械设备，利用了科学原理。再加上"淤田法"已经在全国各地实行，王安石积累了丰富的治水经验，对黄河的治理最终得以顺利完成，造福沿岸百姓何以万计。

最后是针对科举考试的改革。早在变法之前，王安石就已经多次向赵顼提到科举考试的弊端，即国家录取的人才多半都是书面理论知识丰富，实际办事能力不足，对于国家和人民贡献不大，危害却不小。对此，王安石主张去掉一些注重理论知识的考试科目，增加一些注重实际能力的考试科目，同时开展科学知识的普及和考试。应该说，这一变革不仅限于科举考试，更是一场思想和文化的革新，经新规定考取进士的学子，对于变法必然抱有好感，同时也乐于见到新法的长久维系，这就让新法得到了源源不断的助力。

可惜的是，科举考试中的一些科目虽然无实际用处，但是对于学子的思想灌输有着重要作用。而众所周知的是，古代统治者之所以能够维系国家机器的基本运转，思想道德武器是重中之重，这也是儒家思想大行其道的根本原因。为此，赵顼虽然同意了王安石对科举考试的改革方案，却经过了大幅度的修改，所以科举制度的改革并不彻底，这也为王安石变法的最终成败留下悬念。王安石不是不知道科举考试对国家社稷的重要性，但事分轻重缓急，当时的他忙于政务和军务改革，且面对顽固守旧势力的疯狂反扑，赵顼对科举考试的改革又摇摆不定，王安石也就只能把此事暂时放在一边了。

斗争

变法进入"深水区"，新政的利好作用逐渐显现出来，王安石的名望一时达到巅峰。百姓奔走称颂，同僚信心百倍，学子推崇备至，就连王安石的对手都开始质疑自己。当然，也有一些对手不甘放弃，自始至终一直在和王安石唱对台戏，其中最难缠的就是司马光。应该说，如果从司马光的理论角度来讲，他是完全有理由反对王安石变法的，因为我国自古就是人治社会，再好的法律也要靠人来制定和执行。如果没有人作为基础，那么再好的法律也会流于形式，所以治理国家的关键不是制定什么样的法律，而是如何去执行法律，何况先王的法律还可以进行适当修改。

对此，王安石的思考高度显然更胜一筹，他发文辩驳司马光的观点称：无论是人治还是法治，都不可能独立存在，而应该是相辅相成的。最理想的状态当然是好的人才执行好的法律，次之是好的人才执行坏的法律，再次之是坏的人才执行好的法律，最次之是坏的人才执行坏的法律。但是，如果从事实角度出发，大批官员都是被动接旨办差的，因而只能退而求其次，为他们提供一套良好的法律。这不仅是为他们提供办事依据，同时也是向他们下达办事指标，如果他们不能依法办事，会有相关的问责制度跟进，从而促进更多的好官出现。

事实上，仅限于理论层面的争论，是没有任何意义的，因而王安石和司马光之间的论战也一直在持续。当然，在他们的交锋过程中，赵顼的立场至关重要，而他最终站在了王安石一边，也让司马光萌生了退意，主动提出到地方上去做官。但赵顼并没有同意他的申请，而是采用安抚政策，将其留在京城任职。赵顼站在了王安石一边，却把司马光继续留在京城，看似前后矛盾，实则再合理不过，这里也表现出了年轻的赵顼在政治上的成熟。他的用意很简单，就是用司马光给王安石上一道"紧箍咒"，从而让他时刻感觉到自己的权力受到威胁，这是每个皇帝必修的权力平衡技巧。

王安石天资聪慧，又在官场摸爬滚打多年，虽然性格有些执拗，但这点小把戏还是能看懂的。与此同时，司马光也很清楚自己处在什么样的位置上，因而他虽然明知王安石的变法运动不可撼动，却还是不遗余力地进行攻击，而王安石也只是见招拆招。需要说明的是，赵顼把司马光留在京城，王安石虽然没有反对，但是他对司马光的同僚就没有这么客气了。因此，风头正劲的变法派对以司马光为首的保守派穷追猛打，使得司马光麾下的很多得力干将都被赶出了京城，赵顼也乐得坐山观虎斗。不过，无论是王安石还是司马光，在他们的内心当中都很清楚，这样的打击根本不会起到任何实质性作用，因为只要赵顼同意，所有被贬官员都可以在一夜之间回到京城。

当然，王安石和司马光之间必然是存在竞争的，而他们的成败已经不取决于包括赵顼在内的任何人，而是整个时局的发展。由于改革成效逐渐显现，王安石的风头逐渐盖过司马光，赵顼也只能顺势利导，把主要宠幸倾注到王安石身上。如此一来，司马光的失势就显而易见了，在他的持续要求下，赵顼也只好让他暂时离开京城，到地方任上做官。不难想象，此时的司马光心中是积郁了极大苦闷的，这苦闷虽然主要来自赵顼，但是司马光又只能发泄到王安石身上。因此，司马光在离京之前发文痛斥王安石，昔日在欧阳修家中同席饮酒作乐时的惺惺相惜，在此消失殆尽。

司马光的离京，表明赵顼对王安石的信任大幅提升，而提升的表现也很快作用到了王安石的官位上。于是，在宋熙宁三年（1070），王安石正式成为大宋王朝的宰相。然而，出乎大多数人的意料，王安石在接受任命诏书之后，却没有表现出应有的喜悦，反而神情略显落寞。应该说，在他的内心当中，对司马光十分敬佩，而且不仅敬佩他的学识，同时也很敬重他的品格。但是，由于变法事关重大，来自方方面面的建议实在太过繁复，王安石不得不按照自己的想法乾纲独断。这样做的结果，虽然让国家法度日益严明，确保天下百姓得以雨露均沾，却也让王安石几乎得罪了所有人，包括他曾经的朋友。

当然，在王安石看来，自己付出这些代价是值得的，因为个人的得失固然重要，但是和整个国家和民族未来相比，就太微不足道了。可惜，物极必反，正值事业巅峰期的王安石不会想到，自己如履薄冰地办理每一件事，不留余地地对待每一个人，问题却还是出现了，而且出现在了他最引以为傲的变法规定上。前面已经提到过，"青苗法"的核心内容是让老百姓自愿向政府借贷钱粮，以避免没有炊米下锅甚至没有种子下地的困难情况。应该说，这本是一项利国利民的好政策，可是在执行过程中却走了样。一些不法官员擅自提高借贷利息，同时又强迫无须借贷的百姓借贷，对新法造成了极其恶劣的影响。

本来，这样的事情很容易查清办理，但是由于王安石和守旧派大臣正斗得难解难分，对于变法的不利消息一律被改革派选择性忽略。这样一来，新法出现问题的报告就迟迟没有上交到王安石手中，以至于他对自己制订的改革方案出现了盲目的自信。在一次早朝回家的路上，王安石的官轿忽然被一群百姓围住，由于事发突然，王安石的随行仪仗和警戒人员都被冲散了。等到王安石终于弄明白来人的用意，才知道新法出了问题，眼前这些正是被不法官员逼得走投无路的百姓。原来，新法推行下去之后，官员渔利的方法增加了，国家的税收增加了，老百姓的负担也加重了。

很快，朝臣当中就有人上书陈述新法的弊端，要求赵顼废止新法，恢复旧制。由于时局发生逆转，不仅有一些大臣在朝堂上弹劾王安石，还有一些奸佞大臣雇用街头无赖，到王安石家的门前闹事，甚至派人潜入他的府中破坏，搞得王安石府中鸡飞狗跳。这些小人伎俩对于大多数人根本不足为虑，但是作为一名纯粹的君子，王安石却立即生出了厌倦之心，或者说从一开始他就没有想过和奸佞之徒打交道。更为关键的是，王安石已经看明白，真正践踏国家法律的人，都是那些有权有势的皇亲国戚。赵宋王朝想要维系统治，需要直接得到这些人的支持，因而想要扳倒他们是不可能的，何况以皇太后为首的这一势力已经严阵以待。

事实上，王安石将变法推行到一定程度后，就已经进入到了举步维艰的境地。他只能选择一些势力较弱的皇亲国戚铲除，但是这项工作进展得越深入，也就意味着难度越大，直到完全陷入僵局。在这种情况下，王安石便效仿司马光的做法，主动上书要求到地方任上为官。此时的赵顼仍然没有放弃希望，他对王安石好言抚慰了一番，勉励他继续帮助自己完成改革大业。但王安石深知无力回天，从此开始称病不朝，开始的时候是陆陆续续，到后来干脆长期居家不出。

如此一来，整个宋朝的守旧势力都闻风而动，针对王安石的攻击有愈演愈烈的趋势。然而，即便是在这种情况下，由于赵顼的力保，王安石还是稳居相位，同时赵顼也在力促他归朝理政。王安石无可奈何，虽然勉励办事，但还是不断上书请辞，并且以年老多病为由，请求归隐江宁老家。宋熙宁七年（1074），一场大旱袭击了中原地区，导致整个北宋王朝犹如患了病的老人。群臣借机掀起一阵"天怒人怨"的弹劾风潮，攻击的对象当然是王安石，王安石也"引咎"再次上书请辞。赵顼终于意识到王安石的无心作为，确切地说是体会到了他的无能为力，因而只好顺势批准了他的辞呈。

终老江宁

辞去宰相一职后，王安石回到江宁出任知府，由于公务相对轻松，他将自己的主要精力放在了修撰经义上。当然，王安石和所有心忧天下的读书人一样，虽然已经远离权力中心，却仍然记挂着国家大事。在他离任之后，赵顼任命吕惠卿为宰相继续推行变法，由于变法受到重重阻力，赵顼却并未放弃，当时的宰相一职已经成为烫手山芋，朝廷任命谁做宰相，对方都如同大祸临头一般。但是吕惠卿却主动请缨，希望接替王安石的地位，最终得以用副宰相的身份执掌朝政。

然而，吕惠卿和王安石大有不同，他之所以知难而上，完全是出于对宰相权力的觊觎。因而在出任宰相之后，他的精力丝毫没有放在变法事宜上，而是费尽心机地编织势力，一时间闹得整个北宋朝野乌烟瘴气。在王安石做宰相时，由于受到顽固势力的挑唆，很多中间势力都对他颇有微词。此时吕惠卿为相，一比之下才知道王安石是无法取代的，于是在王安石遗留势力的推波助澜下，尤其是在赵顼的一力促成下，朝野上下掀起了一片希望王安石复相的强烈呼声。

接到朝廷的拜相诏书，已经做好安度晚年准备的王安石真所谓欲哭无泪，他千里迢迢举家回到江宁，实在没想到还要被朝廷召回。本来，王安石无论如何也不会回京复命，但是他从侧面了解到，此时的朝廷已经被吕惠卿搞得满目狼藉，局面已经糟糕得不可收拾，如果不回去主持大局，北宋王朝很可能会因此生出一场政治风波，到时候受苦的还是老百姓。在这种情况下，王安石强打精神，拖着年老久病的身体，再一次踏上了赴京之路。事实上，王安石之所以决定赴京，还有一个更深层面的原因，那就是被赵顼委以重任的吕惠卿，实际上是王安石举荐的。在王安石主持变法期间，吕惠卿是他最得力的助手之一，所以王安石此次赴京大有为自己善后的意味。

很快，王安石从吕惠卿手中接过了革新派的大旗，吕惠卿也由此被贬为陈州（今河南周口）知州。由于王安石复相是导致吕惠卿被贬的直接原因，吕惠卿对王安石生出极大怨气，居然发文公开谴责王安石。王安石看到吕惠卿的文章，一时间觉得天旋地转，他实在没有想到，自己曾经器重和赏识的人才，居然如此不识大体和不辨是非。经过吕惠卿的一通折腾，很多有识之士都失望而去，整个革新派的势力大幅削弱。王安石复相之后，虽然重掌革新派大旗，却再也无法重振当年的旗鼓，因而王安石再一次采取了消极态度，仍旧借口病重拒不入朝理政。

事实上，这个时候的王安石已经年近花甲，虽然病情不致膏肓，却也是常年疾病缠身。经过吕惠卿事件后，王安石眼见大好山河笼罩在一片阴霾之下，且与自己有莫大的关系，急火攻心之下病情日重，甚至已经影响到了正常行动能力。赵顼虽然仍有不甘，见到王安石如此也确实没有办法，只能再次批了他的请辞奏疏，放他回到江宁安度晚年。此次回归故里，王安石的心绪更加低落，回想自己的人生起伏，一条回家路走得五味杂陈。回到江宁之后，王安石索性连江宁知府的官职一并辞去，从此过起了两耳不闻窗外事的读书生活。

晚年闲居在家的王安石，虽然每天能够在家人面前强颜欢笑，但是每个人都清楚他内心当中的苦楚。一方面，王安石知道自己对于国家命运和民族未来已经无能为力，因而只能让自己表现得尽量洒脱，这样至少能够让家人过得舒心一点；另一方面，他的内心深处又始终放不下黎民百姓，每每朝廷有新的法令颁布，他总是命仆人到公告墙前阅览，回来之后一五一十地复述给自己听。应该说，王安石对于自己辞相之后的北宋政权是不抱任何希望的，但是每次听完仆人复述公告，他还是会大为失望一番。有时候实在看不过去，他也会在仆人面前唠叨几句，但也仅此而已。

宋元丰元年（1078）元月，新近更改年号的赵顼大赦天下，同时为有功之臣做出封赏。王安石也在受封之列，得到了舒国公的爵位，这让王安石百无聊赖的生活出现了一丝色彩。为此，王安石一连写了数封奏疏，表示对赵顼的感谢。不难想象，王安石对高官厚禄并不在乎，他在意的是自己的功绩得到了肯定，同时能够流芳千古。也许，对于王安石这样一个心忧天下，却生不逢时的知识分子来说，历史对他的一份肯定评价，已经是他内心当中最大的慰藉了。

为了让自己的身心得到更好修养，王安石还在城外建造了一处别院，由于院落建在半山腰，因而取名"半山园"。让人颇感悲凉的是，在王安石住进别院之后，经常到附近的东晋名士谢安墓前祭拜，一去就会坐上几个时辰。在这段时间里，王安石最为珍视的东西是赵顼送给他的一匹良种名马，每次他去山间探访谢安墓，陪伴他的就只有这匹马。后来，连这匹马也老死了，整个山谷中也就只剩下了垂垂老矣的王安石，以及一座孤独而荒凉的墓碑，情景愈加悲怆。有时候，心中积郁的情感实在难以抒发，王安石也会挥笔写下一首小诗，可怜这个时候的他，仍然记挂着朝中之事，尽管他已经淡出了大多数人的记忆。

宋元丰三年（1080），王安石被朝廷封为荆国公，因而后世多称呼他为"王荆公"。再过四年，到了宋元丰七年（1084）秋，王安石的病体日渐沉重，终于卧床不起了。挨到第二年初，王安石已经病入膏肓，但他每天仍然一副心事重重的样子，总是不住地环看四周，似乎在寻找什么答案。三月，神宗皇帝赵顼驾崩的消息传来，王安石悲从中来，号嚎之后喋血数口，自此不再有环看四周的异动。四月的一天，王安石忽然在夜间起身，命令仆人扶自己登上院中高台。仆人不知所以，只见他登上高台后，向北遥望良久，行三拜九叩之礼后，正襟危坐，溘然离世。

图书在版编目(CIP)数据

帝国的智囊团. 大宋名相 / 姜峰著. —北京：
中国华侨出版社, 2015.8 （2021.2重印）

ISBN 978-7-5113-5635-2

Ⅰ. ①帝… Ⅱ. ①姜… Ⅲ. ①宰相-列传-中国-宋代
Ⅳ. ①K827=2

中国版本图书馆 CIP 数据核字(2015)第200830号

帝国的智囊团. 大宋名相

著　　者 / 姜　峰
责任编辑 / 文　蕾
责任校对 / 孙　丽
经　　销 / 新华书店
开　　本 / 670毫米×960毫米　1/16　印张/18　字数/262千字
印　　刷 / 三河市嵩川印刷有限公司
版　　次 / 2016年2月第1版　2021年2月第2次印刷
书　　号 / ISBN 978-7-5113-5635-2
定　　价 / 48.00元

中国华侨出版社　北京市朝阳区静安里26号通成达大厦3层　邮编:100028
法律顾问:陈鹰律师事务所
编辑部:(010)64443056　64443979
发行部:(010)64443051　传真:(010)64439708
网址:www.oveaschin.com
E-mail:oveaschin@sina.com